[F]ICHES [T]out-en-un

1re et 2e années

MCO

Management commercial opérationnel

Objectif BTS

W0203955

MATIÈRES PROFESSIONNELLES

Nicolas BLOCH

Armelle LIARD

Séverine SÉGUY-MASSON

CEJM

Bruno BONNEFOUS

Marc GÉRONIMI

David LECCIA

hachette
ÉDUCATION

Pour réviser efficacement les matières fondamentales !

Des fiches synthétiques et complètes

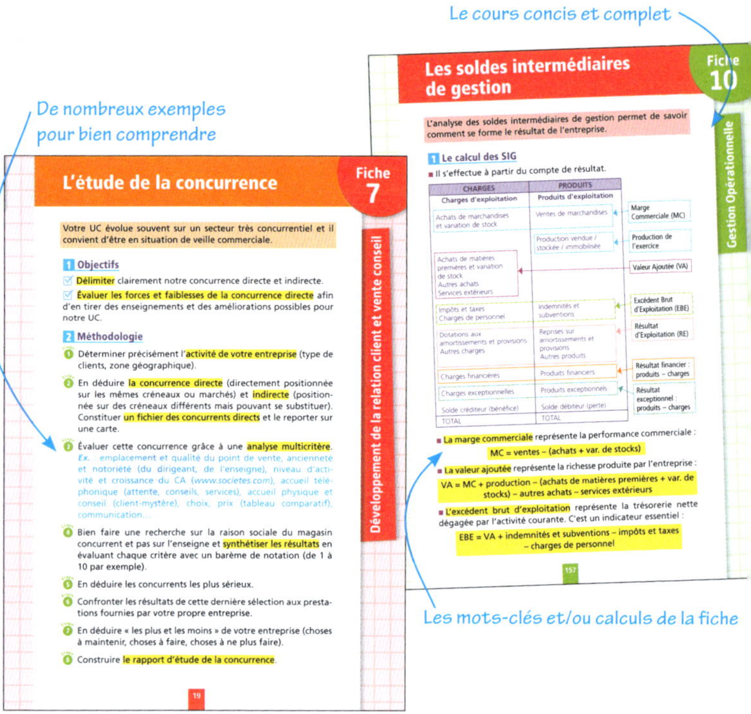

Conception graphique
Couverture : Stéphanie Benoit
Intérieur : GRAH'in-folio

Schémas : Ma petite FaB – L. Grolleau

Édition : Jeanne Mauboussin

Mise en pages : Ma petite FaB – L. Grolleau

ISBN : 9782017122883

www.hachette-education.com

Sommaire

PARTIE 1

PARTIE 2

PARTIE 3

PARTIE 4

PARTIE 5

Développement de la relation client et vente conseil

Bloc de compétences 1

Sommaire

Notes

Descriptif de l'épreuve « Développement de la relation client et vente conseil »

Coefficient 3
Dossier numérique et personnel + entretien

1 Les modalités

- Tous les candidats ne sont pas évalués de la même façon.
- Si vous êtes dans un établissement habilité à valider l'épreuve en CCF, vous la passerez de cette façon.
- Sinon, vous passerez cette épreuve en forme ponctuelle orale, à la fin de la formation. Dans ce cas, elle durera 30 minutes.

2 Organisation de l'épreuve

- Cette épreuve est une sous-épreuve de l'épreuve E4.
- Elle nécessite que vous rédigiez un dossier numérique devant comporter les descriptifs des différentes situations professionnelles vécues en unité commerciale ou au cours de votre formation.
- La commission d'interrogation est composée de deux personnes : un professeur de la matière et un professionnel du secteur.
- Voici ci-dessous un exemple de fiche que vous pouvez suivre :

Fiche d'activité n° : ....

Nom : .... Prénom : ....

Unité commerciale ou contexte de l'activité : ....

Domaine d'activité : (À reprendre du référentiel)

Compétence : (À reprendre de votre référentiel)

Description de l'activité

Contexte professionnel : Il faut décrire ici, les dates, lieu et durée de l'activité ainsi que le degré d'autonomie. Vous présenterez également les raisons de la mise en œuvre de cette activité.
Objectifs poursuivis : Vous préciserez les objectifs quantitatifs et qualitatifs de l'activité.
Méthodologie utilisée : Vous décrirez ici toutes les étapes de l'activité en les structurant en trois parties : Avant, Pendant, Après l'activité. Vous prendrez soin de montrer que vous avez utilisé des méthodes et des outils en lien avec le bloc de compétences 1.
Moyens mis en œuvre : Vous listerez les moyens humains, matériels et financiers mis en œuvre durant cette activité.
Résultats obtenus : Il s'agit de lister les résultats quantitatifs et qualitatifs obtenus, au regard des objectifs poursuivis et listés ci-dessus.

La réalisation d'une veille informationnelle

Fiche 1

La veille informationnelle est essentielle pour le manager d'un point de vente ; sa compétitivité en dépend.

1 Quels sont les niveaux de veille informationnelle ?

■ Il existe deux niveaux de veille informationnelle :
– au niveau du macro-environnement (environnement global qui concerne toutes les entreprises) ;
– au niveau du micro-environnement (environnement local du point de vente).

2 Comment mener une veille du macro-environnement ?

■ Il existe un modèle très utilisé pour mener ce type de veille : le modèle PESTEL qui permet d'étudier les facteurs d'influence globaux qui impactent toutes les entreprises sur un marché.

Points à étudier	Veille à effectuer
Politique	→ Politique sociale, fiscale
Économique	→ Chômage, inflation, revenus de la population
Socio-culturel	→ Éducation, loisirs, modes de vie…
Technologique	→ Nouvelles technologie
Écologique	→ Protection de l'environnement
Légal	→ Droit du travail, lois, réglementations

■ Ces informations sont disponibles dans les magazines spécialisés mais aussi généralistes, sur les sites Internet officiels, dans des études menées, dans des mémoires de chercheurs par exemples.

Notes

3 Comment mener une veille du micro-environnement ?

■ Le manager doit compléter sa veille du macro-environnement par une veille du micro-environnement : étudier d'une part les tendances du marché en termes de produits mais aussi sa clientèle. Il devra également étudier sa concurrence sur son marché local.

■ Pour cela, le manager mènera des études de clientèle, de besoins, de satisfaction (*via* l'application Google form ou Critizr) ou de e-réputation par exemple.

■ Il pourra également effectuer des visites de client-mystère s'il souhaite veiller la concurrence. Il s'attachera à rechercher, entre autres, des informations sur leur clientèle, leurs produits, leur zone de chalandise.

■ Pour mener toute cette veille, le manager peut également automatiser la collecte d'informations ce qui lui permettra de gagner du temps. Des outils permettent d'agréger des contenus et de générer automatiquement l'information en temps réel. Ce sont des agrégateurs de flux RSS.

Ex. : veiller sur le web avec Netvibes.

4 Comment exploiter les résultats ?

■ Une fois les études menées et les informations collectées, le manager doit diffuser ces informations à ses équipes.

■ Pour cela, la réunion d'équipe reste le moyen le plus classique mais d'autres outils peuvent être utilisés comme les alertes mails, les newsletters internes, l'intranet ou les espaces d'échanges comme la plateforme Trello.

À retenir !

- La veille informationnelle peut se faire à deux niveaux : macro et micro-économiques.
- Le manager dispose aujourd'hui d'outils performants pour la mener comme les agrégateurs de flux RSS.

Le système d'information commerciale (SIC)

Fiche 2

Le SIC représente l'ensemble du dispositif (moyens, procédures, personnes) de collecte, d'analyse et de diffusion de l'information commerciale au sein d'une entreprise.

1 Qu'est-ce que le SIC ?

■ Le SIC – Système d'Information Commerciale a pour but de produire un flux d'informations pertinentes issues de sources internes et externes, de manière à servir le management opérationnel.

■ Pour être plus efficace, donc prendre les bonnes décisions au bon moment, les entreprises ont besoin de disposer d'information de qualité (pertinente, fiable, précise et récente).

> **Remarque**
> Pour l'essentiel, l'information commerciale à collecter et à analyser provient de l'activité commerciale de l'UC, de son réseau, de sa clientèle, de ses partenaires commerciaux (fournisseurs) et éventuellement de son environnement commercial proche.

■ Le plus souvent, cette information servira également de base pour des actions de marketing direct dans le but de fidéliser ou de développer sa clientèle.

■ Pour les entreprises, l'information est donc une ressource stratégique qu'il est essentiel de maîtriser car elle contribue à la qualité des décisions prises, qu'elles soient de nature stratégique ou opérationnelle. C'est le rôle du SIC que de collecter cette information, de l'analyser et de la diffuser auprès des acteurs de l'entreprise.

2 Quels outils numériques pour le SIC ?

■ Un Progiciel de Gestion Intégrée (PGI) est un **logiciel** qui permet de gérer tous les processus opérationnels d'une entreprise, en intégrant l'ensemble des fonctions de cette dernière comme la gestion des ressources humaines, la gestion comptable et financière, mais aussi la vente, la distribution, l'approvisionnement, le commerce électronique.

■ Les avantages des PGI :

– Optimisation des processus de gestion (flux économiques et financiers).

– Cohérence et homogénéité des informations (un seul fichier articles, un seul fichier clients, etc.).

– Intégrité et unicité du système d'information.

– Partage du même système d'information facilitant la communication interne et externe.

Notes

– Minimisation des coûts : pas d'interface entre les modules, synchronisation des traitements, maintenance corrective simplifiée car assurée directement par l'éditeur et non plus par le service informatique de l'entreprise (celui-ci garde néanmoins sous sa responsabilité la maintenance évolutive : amélioration des fonctionnalités, évolution des règles de gestion, etc.).
– Globalisation de la formation (même logique, même ergonomie).
– Maîtrise des coûts et des délais de mise en œuvre et de déploiement.

3 Comment sécuriser son SIC ?

■ La Commission Nationale de l'Informatique et des Libertés (CNIL) a récemment publié **10 conseils pour sécuriser son système d'informations**.

■ Destinés aux entreprises, organismes et administrations manipulant des données sensibles, ces conseils peuvent néanmoins être partiellement adoptés par de simples particuliers.

1. Adopter une politique de mot de passe rigoureuse : mot de passe individuel, difficile à deviner et secret.
2. Concevoir une procédure de création et de suppression des comptes utilisateurs.
3. Sécuriser les postes de travail : les postes des agents doivent être paramétrés afin qu'ils se verrouillent automatiquement au-delà d'une période d'inactivité (10 minutes maximum).
4. Identifier précisément qui peut avoir accès aux fichiers.
5. Veiller à la confidentialité des données vis-à-vis des prestataires.
6. Sécuriser le réseau local : un système d'information doit être sécurisé vis-à-vis des attaques extérieures.
7. Sécuriser l'accès physique aux locaux.
8. Anticiper le risque de perte ou de divulgation des données.
9. Anticiper et formaliser une politique de sécurité du système d'information.
10. Sensibiliser les utilisateurs aux « risques informatiques » et à la loi « informatique et libertés ».

À retenir !

■ Le SIC est essentiellement alimenté par l'activité commerciale de l'entreprise. Il nécessite l'utilisation d'outils informatiques pour l'enrichir.

Les différentes études commerciales

Globalement, on distingue 2 grands types d'études de marché : les études quantitatives et les études qualitatives.

1 Définitions des études

- **Étude *ad hoc*** : étude ponctuelle, réalisée pour un seul client.
- **Étude en souscription** : étude ponctuelle, réalisée pour plusieurs clients.
- **Étude omnibus** : étude périodique multi-client. Chaque client achète le nombre de questions qu'il souhaite.
- **Panel** : étude périodique, réalisée à intervalles réguliers, pour plusieurs clients, sur une population identique.
- **Baromètre** : mêmes caractéristiques que le panel, le nombre de questions étant plus limité.

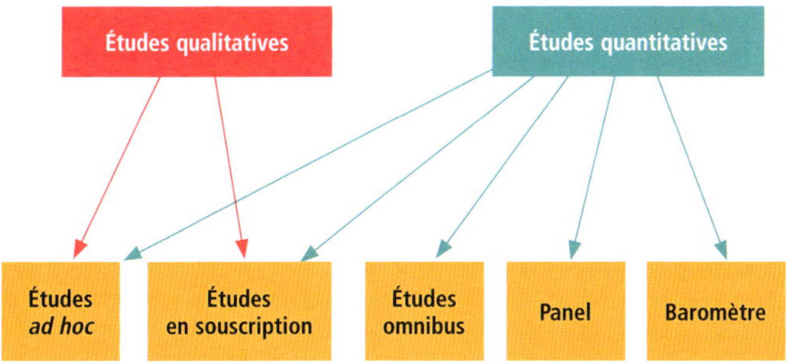

2 Les étapes d'une étude de marché

Étape 1 Définition de l'objectif

Étape 2 Conception du plan d'étude

Étape 3 Collecte des informations

Étape 4 Analyse des résultats

Étape 5 Présentation des résultats

Notes

3 Les études quantitatives

■ Elles consistent à interroger un échantillon d'individus appartenant au marché qui nous intéresse afin d'obtenir leur avis sur un produit, un service, ou plus généralement connaître leurs attentes, leurs habitudes, leur état d'esprit à un moment donné.

Remarque

Les études quantitatives sont les études de marché les **plus courantes**.

■ On les qualifie de « quantitatives » car elles permettent de quantifier sous forme de pourcentage les réponses aux questions et d'effectuer des **tris croisés** et différentes analyses sur ces résultats.

Tris croisés

Calcul de pourcentage effectué en croisant plusieurs questions.

4 Les études qualitatives

■ L'objectif des **études qualitatives** est d'étudier le plus précisément possible les comportements et motivations d'un groupe restreint de consommateurs.

■ On ne cherchera pas à extrapoler les résultats obtenus à l'ensemble de la population (il n'y a donc pas de notion de représentativité) mais à comprendre les attitudes et sentiments.

À retenir !

■ Deux catégories d'études existent. Les études quantitatives permettent de quantifier et les études qualitatives étudient davantage les comportements.

La méthodologie de l'enquête

L'enquête par questionnaire permet de sonder une population d'individus afin d'en connaître l'opinion sans pour autant avoir à interroger toutes les personnes, ce qui serait long et fastidieux.

1 La population-mère et l'échantillon

■ La population-mère est constituée de l'ensemble des individus dont nous souhaitons connaître l'opinion (*ex.* : La clientèle d'un point de vente).

■ L'échantillon représente les individus que l'on va sonder parmi ceux de la population-mère. Il doit en respecter les caractéristiques. Si la population-mère est constituée de X % d'hommes et X % de femmes, il faudra qu'à la taille de l'échantillon, on retrouve ces caractéristiques. L'échantillon doit être représentatif de la population-mère.

2 Les méthodes de sondage

A. Les méthodes probabilistes

■ Avec les **méthodes probabilistes**, l'échantillon est tiré au sort à partir d'une liste exhaustive d'individus. Elles impliquent de connaître l'ensemble des individus qui constituent la population-mère.

■ Parmi ces méthodes nous retrouvons :

– Le sondage aléatoire simple : les individus sont tirés au sort à partir d'une liste (fichier).

– Le tirage au sort systématique : les individus sont tirés au sort selon une fréquence systématique. ***Ex. :*** si la population-mère est de 1 000 individus et que notre échantillon doit comporter 100 individus, le tirage au sort se fera de la manière suivante : 1 000/100 = 10. On interrogera systématiquement une personne sur 10 du fichier.

B. Les méthodes non-probabilistes

■ Les **méthodes non-probabilistes** ne nécessitent pas la liste exhaustive des individus.

■ Parmi ces méthodes, nous retrouvons :

– L'échantillon à participation volontaire : les individus volontaires sont les seuls interrogés.

– La méthode des quotas : la structure de l'échantillon doit respecter la structure de la population-mère en termes de sexe, de professions et catégories socioprofessionnelles, d'âge, etc.

Notes

3 Le mode de sondage (d'administration)

■ Trois principaux modes existent et vont conditionner la rédaction du questionnaire : ① Le face-à-face : l'enquêteur interroge en face-à-face le sondé. ② Le téléphone : le sondage se fait par téléphone, ce qui nécessite un fichier client. ③ En ligne : un lien vers un questionnaire est envoyé en ligne. De nombreux logiciels existent dont le plus utilisé est Google Forms.

4 Le calcul de l'échantillon

■ Le calcul de la taille de l'échantillon se fait à partir d'une proportion. Ce calcul est établi grâce à la formule statistique suivante :

$$n = \frac{t^2(p \times q)}{e^2}$$

n : taille de l'échantillon ; t^2 : seuil de confiance au carré ; p : proportion des individus concernés ; q : complément de p pour arriver à 100 ; e : marge d'erreur acceptée (100 – x % de confiance).

■ On peut aussi estimer que la taille de l'échantillon dépendra du budget alloué à l'enquête. Le nombre d'interrogés dépendra ainsi du coût de sondage d'une personne.

$$\frac{\textbf{Budget alloué}}{\textbf{Coût de sondage d'un individu}} = \textbf{Nombre de personnes à interroger (taille de l'échantillon).}$$

5 L'analyse des résultats

■ Les résultats doivent être analysés de deux façons :

① En effectuant des tris à plats : il s'agit de répartir les différentes réponses pour chaque question.
Ex. : à la question : « Êtes-vous client du magasin ? », 35 % des individus sondés ont répondu OUI et 65 % des sondés ont répondu NON.

② En effectuant des tris croisés : on croisera ainsi les réponses à deux questions différentes, ce qui permettra d'avoir une analyse plus fine des réponses des sondés.
Ex. : on peut croiser les réponses de la questio (ci-dessus) et le sexe des sondés. On saura ainsi combien d'hommes et de femmes sont clients et combien d'hommes et de femmes ne le sont pas.

À retenir !

- L'enquête nécessite de définir précisément la population-mère et d'en calculer et constituer un échantillon. L'administration peut se faire selon différents modes.
- L'analyse des résultats se fait à l'aide de tris à plat et de tris croisés.

La construction du questionnaire

Fiche 5

Le questionnaire se construit différemment selon le mode d'administration de celui-ci.

1 L'élaboration du questionnaire

■ Il doit être organisé et faire apparaître les parties des différents thèmes pour lesquels on souhaite obtenir l'avis des sondés.

■ Il doit débuter par une introduction et se terminer par une conclusion. Il doit comporter une fiche signalétique des personnes sondées (âge, sexe, lieu d'habitation, PCS…). Elle sera placée à la fin du questionnaire lorsqu'une relation de confiance aura été instaurée.

2 Les différents types de questions

■ Les questions fermées proposent un choix de réponses au sondé :
– **La question à choix unique** : une seule réponse possible (*ex. :* « Mangez-vous du pain ? » Le sondé choisit OUI ou NON).
– **La question à choix multiple** : plusieurs réponses sont possibles dans une liste (*ex. :* « Mangez-vous : des pommes, des bananes ? »).

■ Les questions ouvertes : le sondé n'est pas enfermé dans un choix de réponses et il répond librement (*ex. :* « Que pensez-vous de l'ambiance générale du point de vente ? »). Ces questions sont à utiliser avec parcimonie car elles sont souvent difficiles à traiter.

■ Les questions à échelle : elles proposent au sondé une échelle à renseigner (*ex. :* « Sur une échelle de 1 à 10…).

3 Le test du questionnaire

■ Le test du questionnaire doit être réalisé sur un échantillon de l'échantillon (échantillon de 100 individus, questionnaire sur 10 %, soit 10 personnes) afin de détecter d'éventuelles incompréhensions de questions, de formulations mal comprises.

4 Les logiciels de traitement d'enquête

■ De nombreux logiciels existent mais les plus courants sont Sphinx et Ethnos. En ligne, on peut citer Google Forms.

À retenir !

■ Le questionnaire se structure par parties et comporte une fiche signalétique. Pour un traitement plus rapide des résultats, on utilise des logiciels spécialisés.

Notes

L'étude qualitative

Ce type d'étude cherche à comprendre quelles sont les motivations et les comportements des clients.

1 Les différentes méthodes

■ **Les tables rondes** : un animateur est chargé d'interroger les membres d'un groupe de 10 personnes environ sur leur comportement d'achat. Les individus ne se connaissent pas et échangent pendant environ 30 minutes. En général, les échanges sont filmés et analysés par différentes personnes expertes.

■ **Les entretiens individuels** :
– Directifs : un guide d'entretien est utilisé par l'animateur. Celui-ci comporte des questions fermées uniquement.
– Semi-directifs : l'animateur anime un débat à l'aide de questions ouvertes exclusivement.
– Non-directifs : un thème est lancé par l'animateur et les participants échangent librement sans que l'animateur n'intervienne.

■ **L'observation sur place** : on peut également observer les consommateurs en situation d'achat. Ils seront ainsi filmés et leur comportement sera analysé.

Remarque
Certaines entreprises développent aujourd'hui des outils innovants pour « tracker » le client.

2 L'observation sur place

■ Cette observation nécessite une préparation en amont. Le manager doit déterminer combien de clients il faut observer, ce qu'il veut observer et où il veut l'observer dans le point de vente.

■ Ces observations vont lui permettre de calculer certains indices qui vont mesurer l'attractivité des différents rayons comme l'indice de passage ou l'indice d'attractivité (voir fiche 40 p. 109).

À retenir !

■ Plusieurs techniques existent selon l'objectif fixé : les tables rondes, les entretiens individuels et l'observation sur place.

L'étude de la concurrence

Fiche 7

Votre UC évolue souvent sur un secteur très concurrentiel et il convient d'être en situation de veille commerciale.

1 Objectifs

- ☑ **Délimiter** clairement notre concurrence directe et indirecte.
- ☑ **Évaluer les forces et faiblesses de la concurrence directe** afin d'en tirer des enseignements et des améliorations possibles pour notre UC.

2 Méthodologie

Étape 1 Déterminer précisément l'**activité de votre entreprise** (type de clients, zone géographique).

Étape 2 En déduire **la concurrence directe** (directement positionnée sur les mêmes créneaux ou marchés) et **indirecte** (positionnée sur des créneaux différents mais pouvant se substituer). Constituer **un fichier des concurrents directs** et le reporter sur une carte.

Étape 3 Évaluer cette concurrence grâce à une **analyse multicritère**.
Ex. : emplacement et qualité du point de vente, ancienneté et notoriété (du dirigeant, de l'enseigne), niveau d'activité et croissance du CA (*www.societes.com*), accueil téléphonique (attente, conseils, services), accueil physique et conseil (client-mystère), choix, prix (tableau comparatif), communication...

Étape 4 Bien faire une recherche sur la raison sociale du magasin concurrent et pas sur l'enseigne et **synthétiser les résultats** en évaluant chaque critère avec un barème de notation (de 1 à 10 par exemple).

Étape 5 En déduire les concurrents les plus sérieux.

Étape 6 Confronter les résultats de cette dernière sélection aux prestations fournies par votre propre entreprise.

Étape 7 En déduire « les plus et les moins » de votre entreprise (choses à maintenir, choses à faire, choses à ne plus faire).

Étape 8 Construire **le rapport d'étude de la concurrence**.

Notes

Grille d'évaluation pour savoir quelle entreprise est la plus dangereuse

CRITÈRES	ITEMS	NOTATIONS		TOTAL
Facilité d'accès				
	Balisage	Oui Non	1 P 0 P	
	Embouteillage fréquent à proximité	Oui Non	0 P 1 P	
	Transports en commun	Oui Non	1 P 0 P	
TOTAL SUR 3 P				
Emplacement				
	Facilité de stationnement	Parking du magasin À proximité Difficultés	2 P 1 P 0 P	
	Locomotive (magasin qui attire la clientèle comme un hyper)	100 à 500 m 500 à 1 km + 1 km	2 P 1 P 0 P	
TOTAL SUR 4 P				
Aspect extérieur				
	Bâtiment	Neuf/récent Défraîchi « Délabré »	2 P 1 P 0 P	
TOTAL SUR 2 P				
Accueil téléphonique				
	Temps d'attente	≤ 3 sonneries + 3 sonneries	1 P 0 P	
	Ton	Convivial Impersonnel	1 P 0 P	
	Accès à un vendeur	Oui Non	1 P 0 P	
	Temps d'attente	– 30 s + 30 s	1 P 0 P	
	Le vendeur se présente	Oui Non	1 P 0 P	
	Ton	Convivial Impersonnel	1 P 0 P	
	Réponse à la sollicitation	Oui totalement Incomplète Pas du tout	1 P 0,5 P 0 P	
TOTAL SUR 7 P				

à retenir !

- Sur un marché ultra-concurrentiel, le point de vente doit très régulièrement étudier sa concurrence en procédant à des visites de client-mystère à l'aide d'un outil d'analyse.

La zone de chalandise

La zone de chalandise d'un point de vente est la zone géographique d'influence d'où provient l'essentiel des clients de ce point de vente.

1 Les critères de construction

■ La zone de chalandise se construit en fonction de différents critères. Elle est propre à chaque point de vente.

■ Elle est influencée par :
– les distances ;
– les temps d'accès ;
– l'attractivité du point de vente ;
– la concurrence.

Remarque
La zone de chalandise est un élément essentiel lors de l'ouverture d'un point de vente.

2 Les méthodes de délimitation

■ La représentation de la zone de chalandise peut donner lieu à l'utilisation de :
– Courbes **isochrones** (en fonction du temps de trajet du client).
– Courbes **isométriques** (en fonction de la distance parcourue par le client).

■ Courbes isochrones :

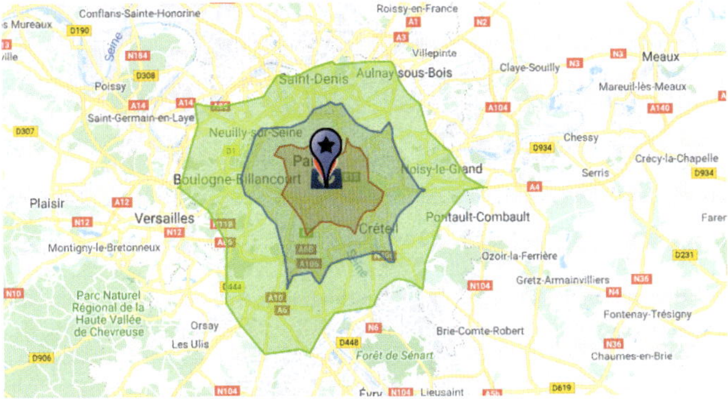

• Zone primaire = 8 minutes = cercle rouge.
• Zone secondaire = 13 minutes = cercle bleu.
• Zone tertiaire = 20 minutes = cercle vert.

Les courbes isochrones sont déformées par l'influence variable des voies d'accès sur le temps de déplacement. Ces dernières sont en général plus pertinentes.

Notes

■ Courbes isométriques :

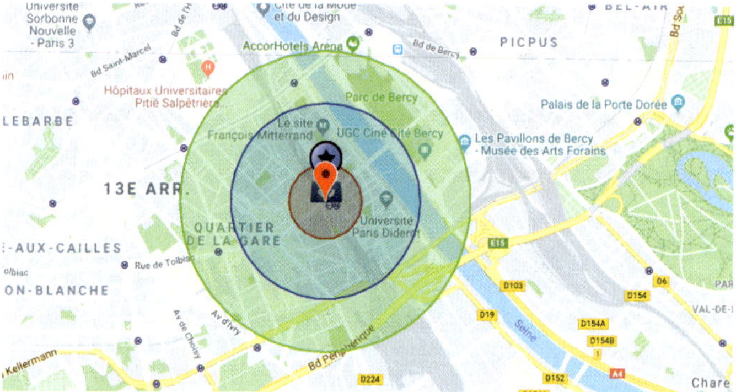

• Zone primaire = 250 mètres = cercle rouge. • Zone secondaire = 650 mètres = cercle bleu. • Zone tertiaire = 1 000 mètres = cercle vert.

Les courbes isométriques ne prennent pas en compte les obstacles pour se rendre à l'UC.

3 Pourquoi connaître sa zone de chalandise ?

☑ À des fins prévisionnelles lors d'une ouverture.

☑ Pour optimiser les investissements publicitaires (définition des zones de distribution des ISA, choix des emplacements d'affichage, choix des supports de presse locaux, etc.).

☑ Pour connaître la provenance de ses clients et adapter son offre.

Définition

ISA : imprimé sans adresse. Ensemble des supports de communication distribués dans les boîtes aux lettres sans utilisation de l'adresse complète.

4 La structuration de la zone de chalandise

■ La zone de chalandise est souvent divisée en trois zones : primaire, secondaire et tertiaire.

■ Ceci correspond à des intervalles de temps de déplacement (moins de 5 minutes, de 5 à 10 minutes, de 10 à 20 minutes) qui peuvent être variables selon la nature et l'attractivité des points de vente.

À retenir !

- La zone de chalandise se structure en trois parties et rassemble la majorité des clients potentiels du point de vente.
- Elle se délimite grâce à des courbes isométriques ou isochrones.

Le chiffre d'affaires potentiel

Le chiffre d'affaires (CA) potentiel de la zone de chalandise permet au futur manager d'estimer son chiffre d'affaires à venir, au regard de la concurrence présente sur la zone.

1 Comment calculer le CA potentiel ?

■ Le calcul se fait en fonction du nombre de foyers de la zone et des dépenses moyennes effectuées par foyer pour un produit.

Nombre de foyers × dépenses moyennes = dépenses totales par zone

■ Chaque région n'ayant pas les mêmes caractéristiques de consommation, il s'agit de rectifier ce chiffre en le multipliant par l'indice de disparité de la consommation ou l'indice de richesse vive. On obtient le total de dépenses révisé par zone.

■ Ce chiffre doit ensuite être augmenté de l'invasion (achats réalisés dans la zone de chalandise par les habitants n'en faisant pas partie) et/ou diminué de l'évasion (dépenses effectuées par des habitants de la zone en dehors de la zone).

■ L'unité commerciale peut ensuite espérer récupérer une part de ce CA potentiel, le reste se partageant entre ses concurrents. Il s'agit de l'emprise de l'unité commerciale sur la zone et elle est exprimée par un pourcentage appelé taux d'emprise.

CA potentiel de la zone =
(Nombre de foyers × dépense moyenne par foyer révisé)
+ invasion – évasion

CA potentiel de l'unité commerciale =
CA potentiel de la zone × taux d'emprise

2 Quels sont les intérêts de ce calcul ?

☑ Prévoir les ventes potentielles de la future unité commerciale et ainsi de faire des prévisions de divers ordres : achats, personnel nécessaire, surface de vente…

☑ Bâtir son business plan et obtenir des concours bancaires.

à retenir !

■ Le calcul du chiffre d'affaires potentiel de la zone se fait en prenant en compte le potentiel de la zone, l'invasion commerciale et l'évasion commerciale.
■ Ce chiffre d'affaires se partage entre les différents acteurs de la zone de chalandise.

La zone de chalandise virtuelle

Notes

Il s'agit de la zone de chalandise d'un site marchand.

1 La construction de la zone de chalandise virtuelle

■ Le client ATAWAD (« Any time, Anywhere, Any Device ») nécessite que sans cesse les enseignes surmontent des contraintes techniques pour pouvoir le satisfaire n'importe où dans le monde.

Remarque

En théorie, la zone de chalandise d'un site marchand est illimitée mais en pratique, on constate qu'elle est assez restreinte.

■ Un certain nombre de contraintes (coût du transport, différences culturelles, moyens de paiement…) font qu'un site marchand recrute ses clients autour de son lieu d'implantation.

2 La distribution omnicanale

■ Un « Pure Player » (« tout en ligne ») est une enseigne qui ne commercialise ses produits qu'en ligne. Il n'y a pas de point de vente physique. Leur zone de chalandise est illimitée.

Ex. : Amazon, Cdiscount…

■ Une enseigne « Click and Mortar » est, à l'inverse, une enseigne qui vend à la fois sur Internet mais aussi en point de vente physique. Ces derniers influencent la taille de la zone de chalandise car les clients connaissent les unités commerciales physiques et complètent leurs achats sur le site marchand.

Ex. : FNAC, Decathlon…

3 La mesure de la zone de chalandise virtuelle

■ Certains outils comme le compteur XITI ou encore Google Analytics permettent de mesurer la fréquentation des sites Internet et la provenance des clients.

À retenir !

■ En théorie, la zone de chalandise d'un site marchand est illimitée mais en pratique, on constate que la majorité de la clientèle se trouve à proximité du siège de l'enseigne virtuelle.

La relation commerciale

Fiche 11

La relation commerciale est constituée des différents échanges entre une unité commerciale et ses clients.

1 L'évolution de la relation commerciale

- Le comportement du client a évolué ces dernières années. Il veut le meilleur rapport qualité/prix et ne pas perdre de temps.
- Les enseignes ont donc été contraintes de s'adapter et de proposer d'autres canaux de distribution : magasins physiques, sites marchands, magasins éphémères…
- La relation commerciale s'est fortement digitalisée et se développe aujourd'hui *via* les outils numériques : réseaux sociaux, blogs, influenceurs…

2 Les différentes phases de la relation commerciale

- La relation commerciale se décompose en plusieurs phases :

1. L'avant-vente : il s'agit de l'organisation de l'espace de vente, la préparation des outils d'aide à la vente (fiches-produits, argumentaires de vente…).
2. La vente : il s'agit de la phase en présence du client. Le vendeur a un rôle de conseil.
3. L'après-vente : il s'agit de mesurer la satisfaction du client et de faire face à d'éventuels aléas (retours produits, mécontentements des clients…).
4. La pérennisation de la relation commerciale : il s'agit de la phase de fidélisation du client.

- Cette relation commerciale peut se faire grâce à différents modes de contacts : vitrine, aménagement intérieur du point de vente, mise en valeur de l'offre, vendeur, information sur le lieu de ventre (ILV), catalogues, newsletter, e-mail…

Notes

3 Les modes de contact

- Deux modes de contacts existent :

Le contact direct	Le contact à distance
Il s'agit principalement du face à face sur le point de vente ou lors de manifestations du type salon.	Téléphonique : *call center, hotline*…
	Électronique : mail, newsletter…
	Écrit : publipostage, prospectus…

4 Les enjeux de la relation commerciale

☑ **La connaissance du client** : plus la relation commerciale est entretenue, plus le client et ses besoins sont connus. La relation peut ainsi être plus personnalisée.

☑ **Le recrutement du client** : développer une relation commerciale permet d'augmenter son fichier client.

☑ **La fidélisation et la satisfaction du client** : une bonne relation commerciale doit permettre de pérenniser le contact avec le client et de mesurer régulièrement son degré de satisfaction.

À retenir !

- La relation commerciale se constitue de l'avant-vente, la vente, l'après-vente. Les enjeux de la commercialisation reposent sur la fidélisation, la digitalisation de la relation commerciale et la satisfaction du client.

La réglementation des méthodes de vente

Fiche 12

L'évolution du commerce et l'arrivée des nouvelles technologies ont fait apparaître de nouvelles méthodes de vente dans lesquelles le vendeur n'intervient plus directement. Certaines sont réglementées, voire illicites.

1 Les différentes méthodes de vente

Les méthodes de vente
Il s'agit de l'ensemble des techniques utilisées par les distributeurs et les producteurs pour proposer les produits aux clients.

- La vente de contact : intervention d'un vendeur.
- La vente traditionnelle : la vente s'effectue en magasin par l'intervention d'un vendeur qui a un contact direct avec le client.
- La vente en libre-service assisté : elle laisse la possibilité au client de se servir seul ou de faire appel à un vendeur pour demander conseil (vente en grande surface spécialisée).
- La vente à domicile : elle se caractérise par la visite d'un vendeur au domicile du particulier. Elle comprend :

– **La vente à domicile classique** : le vendeur se déplace au domicile de ses clients. *Ex. :* vente de cuisine, d'assurances.
– **La vente par réunion chez des particuliers**. *Ex. :* Tupperware®, lingerie.
– **La vente en porte-à-porte** : le vendeur effectue du démarchage à domicile sur un secteur donné.
– **La vente itinérante** : c'est la vente traditionnelle avec le lieu de vente mobile. *Ex. :* Les marchés et la vente par camions.

- La vente impersonnelle : n'impliquant pas le vendeur.
- La vente visuelle : le client choisit et se sert seul. Cette méthode comprend :

– **Le libre-service** : le consommateur choisit librement ses produits et paie.
– **La vente par distributeur automatique** : le client sélectionne son produit et le règle directement au moyen de l'automate.
Ex. : Parapharmacie, distributeurs de boissons.
– **La vente à distance** : le client choisit et commande les produits à son domicile, par courrier, téléphone, Internet ou télévision.
– **La vente par Internet** : commerce en ligne qui permet au client de faire ses achats sur des sites du monde entier.

Notes

2 La réglementation

■ Certaines ventes sont réglementées par des dispositions du Code du commerce afin de garantir l'exercice d'une concurrence loyale et d'assurer la protection du consommateur.

■ Les soldes sont des ventes qui ont été annoncées avec une réduction de prix pour écouler le stock, ce dernier ne devant pas être renouvelé pendant la période définie. La revente à perte est permise. Deux périodes de 6 semaines sont autorisées en France.

■ Les liquidations sont des ventes qui ont été annoncées avec une réduction de prix pour écouler le stock lors d'une cessation d'activité.

■ Les ventes au déballage n'ont pas lieu dans des locaux destinés à la vente de marchandise : vide-greniers, ventes sur les parkings des grandes surfaces…

■ Les magasins d'usine ne prennent ce nom que lorsque les producteurs vendent directement au public la partie de leur production non écoulée dans le circuit de distribution ou faisant l'objet de retour.

■ Les ventes illicites :

Vente avec prime	Les ventes avec prime sont licites à condition de ne pas être trompeuses. Il faut que la prime soit conforme à l'attendu et soit bien remise.
Vente par envoi forcé	Le client reçoit un produit sans l'avoir demandé. L'entreprise réclame soit le paiement soit le renvoi du produit.
Vente subordonnée	Une entreprise qui demande à son client d'acheter obligatoirement un produit complémentaire s'il souhaite acheter le produit voulu.
Vente « boule de neige »	L'entreprise demande au client de recruter plusieurs autres clients en échange d'un cadeau.

À retenir !

■ Il existe différents types de ventes : avec prime, « boule de neige », par envoi forcé, subordonnée, réglementées, etc.

La segmentation des clients

Fiche 13

La segmentation des clients est importante pour l'entreprise afin d'être la plus compétitive possible.

1 Définition

■ La segmentation est l'action de découpage d'une population (clients, prospects) en sous-ensembles homogènes selon différents critères :
– données socio-démographiques ;
– besoins ;
– comportement d'achat ;
– RFM : la Récence (date de la dernière commande), la Fréquence des commandes et le Montant (de la dernière commande ou sur une période donnée).

■ On parle alors de segmentation du marché ou de segmentation de la clientèle selon le contexte.

■ Les critères de segmentation choisis doivent permettre d'obtenir des segments de population homogènes, de taille suffisante et opérationnels. La taille des segments retenus doit être suffisante pour permettre la rentabilité d'une approche spécifique de ces segments.

Remarque
Un segment est dit opérationnel lorsqu'il est possible de l'adresser de manière spécifique.

■ La segmentation permet d'effectuer des actions marketing différenciées en fonctions des segments et de proposer éventuellement une offre produit spécifique à chaque segment tout en veillant à éviter d'éventuels conflits de segments. Il est également possible de faire le choix de ne s'adresser qu'à un seul segment de marché.

2 Les méthodes de découpage

■ Le *scoring* est une technique qui permet d'affecter un score à un client ou prospect.

■ Le score obtenu traduit généralement la probabilité qu'un individu réponde à une sollicitation marketing ou appartienne à la cible recherchée. Il mesure donc l'appétence pour l'offre potentielle.

Notes

■ Le score peut également exprimer la valeur potentielle d'un client, un prospect ou l'espérance mathématique de gain qui peut lui être associée.

■ Le score peut être obtenu et calculé à partir des données quantitatives et qualitatives disponibles sur l'individu. Un **modèle de *scoring*** est ainsi appliqué à partir de :
– données socio-démographiques ;
– données RFM ;
– données de consommation ou usage du produit ou service ;
– réponses précédentes aux sollicitations marketing ;
– comportement de visite sur un site web.

■ La typologie consiste à regrouper des clients qui se ressemblent. On parle de méthode ascendante car on part de l'observation des comportements et on classe ensuite les individus.

■ La segmentation classique consiste à découper une population selon 3 critères successifs
– socio-économiques : profession, niveau de revenus…
– démographiques : âge, sexe, taille…
– géographiques : lieu de résidence, lieu de travail…

À retenir !

■ Il existe 2 types de segmentations des clients : le scoring et la typologie.

La connaissance des clients

Bien connaître ses clients permet de mieux cibler ses actions commerciales. Une motivation d'achat est une raison poussant le consommateur à réaliser son acte d'achat.

1 Connaître les motivations des clients

■ Trois types de motivations existent chez un client :

- Motivations hédonistes → **Satisfaction personnelle :** je me fais plaisir en allant au restaurant.
- Motivations oblatives → **Faire plaisir :** je t'emmène au restaurant pour ton anniversaire.
- **Motivations d'auto-expression** → **Désir de paraître, de s'affirmer :** j'aime être remarqué(e) lorsque je sors.

■ Les freins sont néanmoins nombreux et représentent des motifs qui peuvent empêcher l'achat (les risques, les peurs, les inhibitions…).

2 Connaître les besoins des clients

■ La pyramide de Maslow :

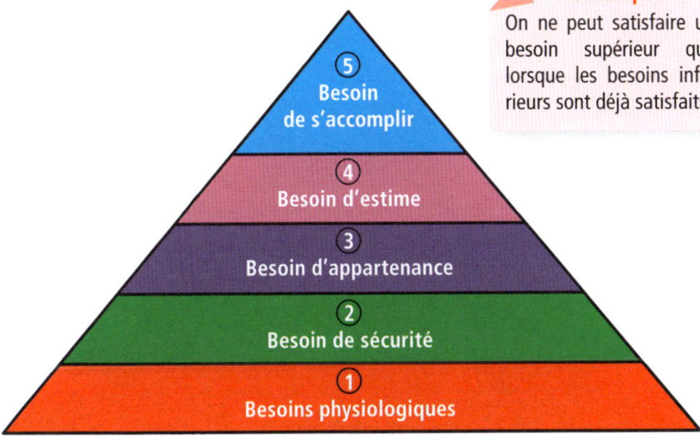

Remarque

On ne peut satisfaire un besoin supérieur que lorsque les besoins inférieurs sont déjà satisfaits.

❶ Besoins physiologiques : liés au maintien de l'équilibre de l'organisme, régulation des grands équilibres biologiques nécessaires au maintien d'un état de santé physique. Nécessaires à la survie de la personne, ils sont indispensables (respirer, boire, faire ses

Notes

besoins, manger, dormir, se réchauffer) et peuvent l'emporter sur la conscience s'ils ne sont pas satisfaits.

2 Sécurité : besoin lié à l'aspiration de chacun d'entre nous à être assuré du lendemain physiquement comme moralement. Cela recouvre le besoin d'un abri (logement, maison), la sécurité des revenus et des ressources, la sécurité physique contre la violence (délinquance, agressions, etc.), la sécurité morale et psychologique, la stabilité familiale ou, du moins, une certaine sécurité affective et la sécurité sociale (santé).

3 Reconnaissance et appartenance sociale : il s'agit de la recherche de communication et d'expression, d'appartenance à un homme et une femme. Ce besoin d'intégration dans le lien social va de pair avec le besoin de reconnaissance et de considération. Il passe par l'identité propre (nom, prénom), le besoin d'aimer et d'être aimé, d'avoir des relations intimes avec un conjoint (former un couple), d'avoir des amis, de faire partie intégrante d'un groupe cohésif, de se sentir accepté et, conséquence logique, de ne pas se sentir seul ou rejeté.

4 Besoin d'estime : l'Homme a besoin d'être respecté, de se respecter soi-même et de respecter les autres. Il a besoin de s'occuper pour être reconnu, avoir une activité valorisante, qu'elle soit dans le domaine du travail ou dans celui des loisirs. Il s'agit en particulier du besoin de se réaliser, de se valoriser (à ses propres yeux et aux yeux des autres) à travers une occupation.

5 Besoin d'auto-réalisation : besoin de poursuivre certains apprentissages avec l'implication du goût de l'effort, de connaître de nouvelles techniques et d'avoir des activités purement désintéressées. Besoin de communiquer avec son entourage et de participer, fût-ce modestement, à l'amélioration du monde.

■ Le fondement du modèle de Maslow est la hiérarchisation des besoins. Or, l'individu cherche parfois à satisfaire des besoins d'ordre supérieur même lorsque ceux de la base de la hiérarchie demeurent insatisfaits. Cette hiérarchie impose qu'un besoin supérieur n'est atteint qu'à condition de satisfaire les autres, alors qu'un palier peut être passé.

Ex. : Un travailleur précaire peut être plus motivé que ceux qui bénéficient de la sécurité de l'emploi.

À retenir !

- Il existe 3 types de motivation chez le client : oblative, hédoniste, auto-expression. La pyramide de Maslow permet de classer les besoins des clients.

Le processus d'achat

Fiche 15

Le processus d'achat comporte différents phases et nécessite de connaître les besoins du client.

Étape 1 La recherche des besoins

■ Le processus d'achat débute par l'existence d'un besoin. Il s'agit de l'écart existant entre une situation présente et une situation désirée.

■ Pour combler cet écart, le consommateur peut procéder à un acte d'achat. Il existe donc bien un besoin à satisfaire. Mais pour le passage à l'acte, les stimuli entrent en jeu. Ce sont eux qui vont le pousser à procéder à l'achat.

■ Un stimulus peut être interne comme externe :
– interne pour tout ce qui concerne l'individu (psychologie, santé, besoins primaires – la pyramide de Maslow) ;
– externe, par l'influence d'un membre de sa famille, de son entourage, ou bien encore par un message publicitaire très pertinent.

Étape 2 La recherche de solutions

■ Une fois la décision prise de satisfaire le besoin identifié, le consommateur va rechercher les options possibles. Pour ce faire, 2 types de recherches possibles :
– interne : en faisant référence à sa mémoire et expériences passées ;
– externe : encore une fois grâce aux échanges avec son environnement direct (sa famille) ou indirect, *via* les différentes informations émises dans les lieux de vente, sur les sites internet et réseaux sociaux, le bouche-à-oreille, etc.

Remarque
Le crédit de la source est primordial dans la prise de décision.

■ Au-delà des sources internes, les informations externes des proches sont les plus rassurantes.

Étape 3 L'évaluation des options possibles

■ Les différentes informations collectées dans la phase de recherche viennent étayer le jugement du consommateur.

■ Il évalue les différentes solutions à travers leurs attributs. Ses préférences personnelles servent de filtres pour choisir les produits ou services correspondant le mieux à ses attentes objectives

Notes

et subjectives, conscientes ou non. En effet, les questions d'image jouent un rôle important dans l'expression des préférences.

■ De nombreux autres facteurs internes et externes peuvent avoir un impact sur la *short list* finale. Par exemple, une mauvaise expérience avec un vendeur condamnerait un produit qui, au regard de ses fonctionnalités, aurait eu toutes ses chances d'être choisi.

Étape 4 Décision et acte d'achat

■ Le consommateur détient tous les éléments pour décider. Son choix définitif repose sur la hiérarchisation de ses critères, mais aussi sur des éléments de dernière minute. Une promo « flash » peut faire basculer son choix.

■ Si l'achat revêt une importance marquée pour le consommateur, d'autres facteurs entrent en ligne de compte comme les risques encourus.

■ Le consommateur peut également être influencé par les recommandations et expériences de son entourage.

Étape 5 Évaluation post-achat

■ Le processus d'achat ne se termine pas une fois que le client est passé à l'acte. Sa satisfaction va naître de la différence entre ce qu'il attendait du produit et ce que ce dernier lui apporte vraiment.

■ Il est inutile d'insister aujourd'hui sur l'importance de la satisfaction d'un acheteur après son achat, avec principalement des enjeux de fidélité et de réputation.

■ Concernant la réputation, il suffit d'observer à quel point les réseaux sociaux sont des amplificateurs redoutables d'insatisfaction avec de lourdes conséquences à la clé pour les marques. L'image d'une entreprise est un capital à soigner.

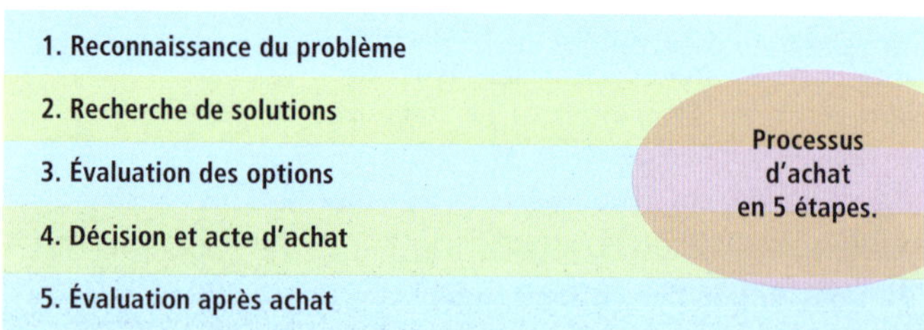

À retenir !

■ Le processus d'achat se décompose en 5 étapes : besoins, solutions, options possibles, évaluation, capital marque.

Les étapes de la vente

Fiche 16

La vente est l'accord passé entre un vendeur qui a l'obligation de livrer un bien ou un service et un acheteur qui s'engage à le payer.

1 Les différentes étapes de la vente

■ Il existe huit étapes incontournables dans une vente.

Étape 1 **L'accueil / la prise de contact :**
- sourire ;
- formuler une phrase d'accueil ;
- établir un climat favorable.

Étape 2 **La recherche des besoins :**
- poser toutes les questions qui permettent de cerner les besoins du client ;
- écouter attentivement les réponses ;
- reformuler pour être sûr d'avoir bien compris.

Étape 3 **La présentation des articles** :
- présenter des articles qui correspondent effectivement aux besoins du client ;
- les présenter de manière attractive (le client doit les toucher ou les essayer si c'est possible) ;
- ne pas présenter trop d'articles pour éviter la confusion (trois articles paraît être un grand maximum).

Étape 4 **L'argumentation :**
- argumenter c'est plus que décrire. C'est transformer chaque caractéristique en avantage pour le client ;
- prouver la réalité de l'argumentation.

Étape 5 **La réponse aux objections** :
- bien écouter l'objection ;
- utiliser les techniques de réponses classiques comme « le oui, mais », « le boomerang ».

Étape 6 **La conclusion de la vente** :
- accompagner le client à la caisse ;
- lui poser une question fermée qui implique l'achat ;
- repérer les signaux d'accord.

Notes

Comment repérer l'intérêt du client pour le produit :

Signaux verbaux	Signaux non-verbaux
Le client pose des questions sur les avantages supplémentaires qu'il pourrait avoir. Il accepte le traitement de l'objection qu'il vient d'émettre et acquiesce.	Le client garde le produit en main. Il est ouvert et agréable. Il sourit.

Étape 7 **La vente additionnelle** :
– à la fin de la vente principale ;
– pendant la vente principale (c'est plus difficile mais plus efficace).

Étape 8 **La prise de congé :**
– formuler une phrase de prise de congé ;
– rassurer le client.

2 Le cas spécifique de la vente d'un service

■ La vente d'un service respecte les mêmes étapes que la vente d'un bien ; cependant, il y a deux particularités :
– Le service est co-construit avec l'acheteur. Il faut donc apporter une attention toute particulière à la phase de découverte des besoins.
– Le service est intangible, c'est-à-dire qu'il n'a pas de matérialisation. Le vendeur devra donc communiquer sur celui-ci autrement qu'en le montrant. ***Ex.*** : plaquette, témoignages d'acheteurs.

À retenir !

■ La vente se fait en plusieurs étapes : découverte des besoins, argumentation, traitement des objections, conclusion. La vente additionnelle se fait après la vente principale ou en parallèle.

Les outils d'aide à la vente

La vente, pour être bien menée, nécessite que le vendeur prépare en amont un certain nombre d'outils qui vont l'aider à convaincre son client.

1 La fiche-produit

■ Une fiche-produit doit reprendre les caractéristiques techniques et commerciales du produit.

■ Vous pouvez la construire en distinguant dans deux colonnes, ces deux types de caractéristiques. Vous pouvez également ajouter une photo du produit.

Tablette de chocolat/Référence ACV1679

Caractéristiques techniques	Caractéristiques commerciales
70 % de cacao 2 % de sucre	3,80 € : PV TTC la tablette de 100 g.

2 La plan de découverte

■ Il s'agit d'un outil qui permet de découvrir les besoins du client et son profil. Il se construit à partir d'un questionnement respectant la technique de l'entonnoir. Les questions vont du plus général au plus précis et doivent être courtes et claires.

Pourquoi ? Les objectifs	Comment ?	
	Type de question	Exemples
Pour s'informer	Ouverte	Qu'est-ce que, quel est votre avis, pourquoi ?
	Fermée	Est-ce que, êtes-vous, avez-vous, qui, combien ?
Pour approfondir	Miroir-écho	C'est désagréable ?
	Relais	Qu'en pensez-vous Monsieur G ?
	Ricochet	C'est-à-dire ? et alors ?
	Reformulation, résumé (contrôle)	Si je comprends bien, vous recherchez … ? En fait pour vous …
Pour orienter	Suggestive	Ne pensez-vous pas que … ?
	Contre-question	Comment fonctionne cet appareil ?
	Polémique	Croyez-vous vraiment cela ?
	Alternative	Préférez-vous un rendez-vous le matin ou l'après-midi ?

Notes

Pour conclure	Ouverte ou fermée appelant une réponse positive	Cela vous rendrait-il des services ?

3 L'argumentaire de vente

■ Dans ce document, il faut :

– Lister l'ensemble des **caractéristiques** du produit/service.

– Transformer ces caractéristiques en **avantages**.

– Traduire ces avantages en **bénéfices** pour le client.

– Apporter une **preuve**.

Remarque

Durant l'argumentaire de vente, si le vendeur couvre bien les champs d'investigation du SONCAS, il aura favoriser la vente.

SONCAS	Caractéristiques	Avantages	Preuves
Sécurité			
Orgueil			
Nouveauté			
Confort			
Argent	*Ex. :* 9,99 €	Moins coûteux que chez notre principal concurrent	Relevé de prix
Sympathie			

4 Le guide de traitement des objections

Listing des objections potentielles du client	Réponses possibles du vendeur
• Prix trop élevé	• Rappel de la qualité de la prestation / geste commercial
• Proposition concurrente meilleure	• Rappel des avantages
• Pas convaincu	• Rassurer / revoir les avantages principaux
• Besoin d'un délai de réflexion	• Offre exclusive à durée limitée

À retenir !

■ Les outils d'aide à la vente sont la fiche-produit, le plan de découverte, l'argumentaire, le guide de traitement des objections.

Le contrat de vente

La vente doit être matérialisée par un contrat de vente entre le vendeur et l'acheteur. Dans un point de vente, il s'agit souvent du ticket de caisse.

1 Le contrat de vente

- Le contrat de vente est une convention par laquelle l'une des parties (le vendeur) s'oblige à livrer une chose et l'autre partie (l'acheteur), à la payer.
- Une des particularités du contrat de vente est que celui-ci est synallagmatique, c'est-à-dire qu'il fait naître des droits et des obligations à l'égard des deux parties.

2 L'intérêt d'un contrat écrit

- Il n'est pas obligatoire que le contrat soit écrit.
- Cependant il existe un certain nombre de contrats dont la nature impose une forme écrite (*ex. :* vente d'une maison ou souscription d'une assurance).

3 Les conditions de formation du contrat de vente

- Les conditions sont au nombre de quatre et sont absolument nécessaires pour que le contrat soit valide :
– consentement des deux parties au contrat, exempt de vices (erreur, dol, violence) ;
– capacité de contracter (aucun des cocontractants ne doit être mineur ou majeur protégé) ;
– objet déterminé ou déterminable, sont hors commerce les organes humains, la drogue et les choses contraires à l'ordre public. L'objet du contrat doit appartenir au vendeur, le prix doit être déterminé ;
– cause généralement définie comme le mobile d'achat qui inspire chacune des parties dans leur volonté de contracter. Cette cause doit exister, et être licite.

À retenir !

- Le contrat de vente est bien souvent matérialisé par le ticket de caisse mais il peut aussi prendre la forme d'une facture. Il doit respecter certaines conditions de forme et de fond.

La vente en *B to B*

Notes

La vente en *B to B* (*Business to business*) a quelques spécificités.

1 Définition

■ Il s'agit de l'ensemble des relations commerciales entre deux entreprises. On le rencontre parfois sous la mention « Commerce interentreprises ».

■ Les relations *B to B* se déroulant entre professionnels, elles ne portent pas sur les mêmes variables et les mêmes facteurs que les relations *B to C* (*Business to consummer*), même si le prix est devenu un critère essentiel en raison d'une certaine généralisation de la qualité.

2 Les spécificités

■ Rendre sa marque désirable et attachante tout au long du parcours.

■ Les entreprises qui s'adressent aux professionnels se sont longtemps considérées comme des « enseignes » apportant des produits et services adéquats, sans toujours accéder à un vrai statut de « marque », porteuse d'identité et de valeurs.

■ Mais générer la préférence en *B to B* à l'heure du digital et de la mondialisation implique de savoir émerger auprès de ses clients directs et indirects comme une marque désirable et pas seulement un fournisseur compétent offrant un bon rapport qualité-prix.

Remarque

Pour être désirable, l'enseigne *B to B* doit affirmer son statut de marque, avoir une identité propre et reconnaissable, tant graphiquement qu'en termes de contenus véhiculés. Elle doit aussi maîtriser le parcours et convaincre à chaque point de contact.

■ Le discours commercial purement informatif laisse désormais la place à un discours inventif de marque, porteur d'une identité forte, qui fait pénétrer le client dans une expérience propre à l'attirer puis à le retenir.

À retenir !

- La vente en *B to B* comporte quelques spécificités même si la fidélité est plus importante qu'en *B to C*.
- La marque se doit d'être désirable et ne doit pas être seulement vue comme un fournisseur.

La mercatique après-vente

La mercatique après-vente a de nombreux enjeux dont le premier est la fidélisation du client.

1 Définition et domaines

■ Il s'agit de l'ensemble des outils mis en place pour fidéliser le client une fois l'achat réalisé.

■ Cela va au-delà du service après-vente. Le service consommateur, la communication personnalisée, les actions successives de fidélisation en font également partie.

■ Les domaines de la mercatique après-vente sont :
– Le SAV, les garanties, les réclamations. La réglementation distingue les prestations gratuites relevant de la garantie commerciale des prestations payantes (installation, formation…).
– La fidélisation, qui correspond à l'ensemble des actions mises en place pour créer une relation durable entre le client et le point de vente.

2 Les enjeux de la mercatique après-vente

Meilleure connaissance de la clientèle → Augmentation du CA possible
Meilleure connaissance de la clientèle → Recommandations accrues des clients

Rentabilité du point de vente → Coût des réclamations
Rentabilité du point de vente → Augmentation du CA

3 Les outils de la mercatique après-vente

■ De nombreux outils existent et on peut les classer en trois catégories :

Pour le SAV	Pour les réclamations	Pour la fidélisation
Enquête de satisfaction après la vente Numéro vert Formulaire en ligne FAQ	Courrier ou mail Appel téléphonique Compensation (bon d'achat par exemple)	Carte de fidélité Club clients Lettre d'information Réseaux sociaux

Notes

4 Le service après-vente

- Cela désigne l'ensemble des services fournis au client après son achat ainsi que la gestion des différentes réclamations.
- Les acheteurs bénéficient légalement de trois types de garanties :

La garantie commerciale	La garantie légale de conformité du bien	La garantie légale des vices cachés
Elle peut être contractée au moment de l'achat et n'est pas obligatoire (ex. : l'extension de garantie de l'enseigne DARTY).	Elle est obligatoire et couvre les défauts à venir du bien. Le client peut exiger une réparation immédiate.	Elle couvre les défauts cachés du produit qui l'empêche de fonctionner normalement. Le client peut se faire rembourser.

5 Les réclamations

- Les réclamations peuvent concerner plusieurs points :

	Le prix	Le produit	Le personnel	Les services	Le magasin
Exemple	Prix plus élevé que la concurrence	Mauvaise qualité	Désagréable, peu à l'écoute	Retard de livraison	Manque de propreté
Traitement	Contrôler le prix en rayon et le baisser éventuellement	S'excuser et procéder au remboursement ou à l'échange	S'excuser pour le vendeur	S'excuser pour le retard	S'excuser et prendre sa remarque en compte

À retenir !

- La mercatique après-vente concerne le SAV, les garanties, les réclamations mais aussi la fidélisation de la clientèle.

La mesure de la satisfaction client

Fiche 21

La satisfaction du client doit être en permanence mesurée afin de ne pas le perdre.

1 Les enjeux

- Suivre en continu la satisfaction des clients.
- Piloter finement la stratégie dont le client est au centre.
- Améliorer le management des équipes.
- Identifier les motifs d'insatisfaction des clients et les corriger.

2 Les indicateurs les plus courants

■ La satisfaction client est devenue une des préoccupations principales des entreprises aujourd'hui, pour ne pas dire vitales. Mais comment mesurer la satisfaction des clients ? Il existe trois principaux indicateurs :
– le *CSAT* (*Customer Satisfaction Score*) ;
– le *NPS* (*Net Promoter Score*) ;
– le *CES* (*Customer Effort Score*).

A. Le *Customer Satisfaction Score*

■ Le *Customer Satisfaction Score* est l'indicateur de satisfaction historique et le plus basique. Il est construit à partir des réponses obtenues à la question suivante : « Quel est votre niveau de satisfaction ? » ou, formulé autrement, « Êtes-vous satisfait de X ? ».

■ Les réponses donnent une idée de la satisfaction des clients suite à un achat par exemple. La plupart du temps, quatre choix de réponses sont proposés aux clients : Très satisfait / Plutôt satisfait / Peu satisfait / Pas du tout satisfait. Cette échelle de réponse peut être raccourcie ou rallongée en fonction des besoins.

■ On obtient le CSAT avec ce calcul :

$$\text{CSAT} = \frac{\text{Somme des réponses positives}}{\text{Somme des réponses totales}} \times 100$$

■ Le CSAT est très utilisé dans le cadre de campagnes promotionnelles ou publicitaires pour vanter les mérites de telle entreprise ou tel produit. La question posée peut concerner l'entreprise, un service ou un produit en particulier, etc.

Notes

B. Le *Net Promoter Score*

■ Le *Net Promoter Score* est l'indicateur de satisfaction utilisé pour identifier ses promoteurs : il mesure la propension des clients à recommander vos produits ou votre marque et est construit à partir des réponses données à la question : « Sur une échelle de 0 à 10, quelle est la probabilité que vous recommandiez notre entreprise (ou notre marque, notre produit, etc.) à vos amis ou collègues ? »

■ L'intitulé de la question peut légèrement varier. Les promoteurs sont les clients qui répondent 9 ou 10.

■ On obtient l'indicateur NPS avec ce calcul :

NPS = % des promoteurs – % des détracteurs

■ Cet indicateur permet :

– D'identifier vos promoteurs : à l'heure des réseaux sociaux, la connaissance de ses promoteurs est d'un intérêt stratégique. Vos promoteurs peuvent se transformer en de fidèles ambassadeurs de votre marque.

– D'identifier vos détracteurs. C'est tout aussi important. Les détracteurs sont les clients qui répondent entre 0 et 6. Ils peuvent potentiellement nuire à l'image de votre marque.

■ Le NPS s'intéresse à la satisfaction générale, il permet de déterminer à quel point vos clients se sentent attachés à votre marque. Par conséquent, il mesure aussi la fidélité. Tandis que le CSAT, lui, se focalise sur la satisfaction relative à une interaction définie : un achat, un service, etc.

C. Le *Customer Effort Score*

■ Le *Customer Effort Score* est l'indicateur de satisfaction le plus objectif et est relativement récent. Il a fait son apparition pour la première fois dans un article de la *Harvard Business Review*, en 2010. Depuis, le CES a acquis ses lettres de noblesse. Il est de plus en plus utilisé par les entreprises.

■ Dans le cadre du CES, il s'agit de demander aux clients d'évaluer le niveau d'effort qu'ils ont dû déployer pour que leur demande obtienne satisfaction. Les clients sont invités à répondre sur une échelle de 1 à 5 (1 = degré d'effort le plus faible). Le CES est très utile pour déterminer le niveau de qualité d'un service client.

■ Caractéristique de cet indicateur : il évacue toute la dimension subjective et humaine de la relation client pour se focaliser sur une approche fonctionnelle et objective, le niveau d'effort fourni.

À retenir !

■ Mesurer la satisfaction du client implique l'utilisation d'indicateurs performants comme le CSAT, le NPS ou encore le CES.

La stratégie de fidélisation

Les entreprises sont aujourd'hui confrontées à un contexte si concurrentiel que leur stratégie de fidélisation requiert toute leur attention.

1 Définition

■ La fidélisation s'exprime par un pourcentage qui mesure le nombre de clients qu'une entreprise conserve à la fin d'une période donnée, ainsi que le nombre affecté par le nombre de nouveaux clients acquis et de clients perdus.

Remarque

La fidélisation des clients reflète la capacité d'une entreprise à fidéliser ses clients sur la durée.

■ Le taux de fidélisation des clients peut être calculé à l'aide de la formule suivante :

$$\frac{\text{Nb de clients en fin de période} - \text{Nb de clients acquis pendant la période}}{\text{Nb de clients en début de période}} \times 100$$

Ex. : si votre entreprise débute l'année avec 20 clients, qu'elle en gagne 5 au cours du premier trimestre et qu'elle en perd ensuite 1, son taux de fidélisation des clients est le suivant : (24 – 5) / 20) × 100 = 95 %

2 L'importance de la fidélisation

■ La fidélisation des clients est essentielle pour :

– La rentabilité : l'acquisition d'un nouveau client coûte entre 5 et 25 fois plus cher que la fidélisation d'un client existant.

– Le ROI (retour sur investissement) : une augmentation de 5 % du taux de fidélisation des clients peut conduire à une augmentation du chiffre d'affaires de l'entreprise de 25 à 95 %.

– La fidélité : les clients récurrents achètent plus souvent et dépensent plus que les nouveaux clients. Ils connaissent la valeur ajoutée d'un produit ou d'un service, et ils lui restent fidèles.

– Les recommandations : les clients satisfaits et fidélisés sont plus enclins à faire l'éloge d'une entreprise et à la recommander à leurs proches. L'entreprise attire ainsi de nouveaux clients sans rien débourser.

■ Chaque entreprise devrait chercher à fidéliser ses clients.

Notes

3 Élaborer un programme de fidélisation des clients

■ L'une des façons les plus judicieuses d'encourager la loyauté et la fidélisation des clients consiste à leur apporter davantage de valeur ajoutée, par exemple sous la forme d'un programme de fidélité ou de récompenses (voir la fiche 23).

4 Chiffres sur la fidélisation

– 20 % de vos clients font 80 % de votre chiffre d'affaires.
– 10 % de vos clients font 90 % de vos profits.
– Un client très satisfait en parle à 3 personnes.
– Un client mécontent en parle à 12.
– Un client très mécontent en parle à 20.
– 98 % des clients mécontents ne se plaignent jamais, ils se contentent de vous quitter.
– Les expériences négatives pèsent pour 65 % des clients perdus.
– 75 % des expériences négatives n'ont pas de rapport avec le produit.
– La raison principale pour laquelle les clients vous quittent est le fait qu'ils ne se sentent pas considérés.
– Recruter un client coûte trois fois plus cher que de le fidéliser.
– Reconquérir un client mécontent coûte 12 fois plus cher.
– Sur une période de 5 ans, une société arrive à conserver en moyenne 20 % de ses clients.
– 5 % d'augmentation de la fidélité augmente vos profits de 25 à 55 %.

À retenir !

- Fidéliser un client est nécessaire pour le point de vente. En effet, acquérir un client coûte trois fois plus cher que de le fidéliser.
- La fidélisation se mesure essentiellement grâce à un indicateur : le taux de fidélisation.

Le programme de fidélisation

Les entreprises doivent élaborer de véritables programmes de fidélisation qui doivent se démarquer des concurrents.

1 Les outils de la fidélisation

■ Ces outils sont les divers moyens d'action mis en œuvre par un point de vente pour améliorer la fidélité de sa clientèle.

■ Ces programmes peuvent récompenser le client, améliorer la relation avec lui ou encore créer des événements.

Mode de fidélisation	Les outils
Récompenser	• Ce sont essentiellement des programmes construits autour de cartes de fidélité. • Les cartes de fidélité permettent de cumuler des points ou d'obtenir des avantages.
Améliorer la relation client	• Animation de clubs clients • Lettres commerciales • Newsletters • Réseaux sociaux
Créer de l'événementiel	• Expositions • Soirées VIP • Théâtralisation du point de vente

2 Les techniques de fidélisation des points de vente virtuels

■ Les unités commerciales virtuelles peuvent utiliser d'autres techniques pour fidéliser leurs clients.

Techniques	Les questions à se poser
Relation avec l'acheteur	• Le client peut-il consulter son historique d'achats ? • Peut-il, d'un seul clic, récupérer son dernier panier et le commander ? = Gain de temps. • Peut-il créer des listes ?
Ergonomie du site	• Le menu est-il clair et ergonomique ? • Le plan du site est-il optimisé pour la navigation ? • Le design est-il convivial ? • Les techniques pour zoomer ou avoir une vue à 360° sont-elles performantes ?

Notes

Techniques	Les questions à se poser
Connaissance du client	• Le profil client est-il mis à jour régulièrement ? • Le client peut-il adhérer à un club client ?
Sécurité du site	• Les paiements sont-ils sécurisés ? • Des informations sur les délais de livraison sont-elles données ? • La FAQ est-elle actualisée ? • Le site propose-t-il des engagements qualité ?

3 Pourquoi fidéliser ?

1. Fidéliser coûte moins cher que d'acquérir de nouveaux clients.
2. Un client fidélisé achète plus.
3. Un client fidélisé devient un ambassadeur.

À retenir !

- Les programmes de fidélisation sont nombreux et les sites internet marchands utilisent des techniques spécifiques.

La performance du programme de fidélisation

Fiche 24

Les programmes de fidélité ne génèrent pas tous un retour sur investissement.

1 Les taux de rétention et d'attrition

■ Le taux de rétention indique la proportion de clients qui reste clients sur une période donnée. C'est un véritable indicateur de fidélité. Si votre programme de fidélisation est réussi, ce taux devrait augmenter considérablement.

Taux de rétention

$$\frac{\text{Nb de clients restant client}}{\text{période X}} \times 100$$

■ La comparaison entre le taux de rétention des adhérents au programme de fidélité avec le taux de rétention des non-adhérents permet de déterminer si votre programme est efficace.

■ Le taux d'attrition permet d'évaluer le phénomène de perte de clients ou d'abonnés à votre entreprise. C'est un ratio entre le nombre de clients perdus par rapport au nombre de clients total sur une période précise.

Taux d'attrition

$$\frac{\text{Nb de clients actifs et perdus sur la période X}}{\text{Nb de clients total}} \times 100$$

■ De même que pour le taux de rétention, la comparaison entre les taux d'attrition des adhérents et des non-adhérents permet de déterminer si les programmes de fidélité sont efficaces.

2 Le taux d'intention de réachat et le *Net Promoter Score*

■ Le taux d'intention de réachat s'applique à un membre du programme de fidélité. Un porteur de carte de fidélité n'est pas forcément fidèle.

■ Vous pouvez détecter ce taux grâce à une question simple une fois le premier achat effectué ou lors de la création de la carte de fidélité : « Quelle est la probabilité que vous effectuiez un nouvel achat ? » Les réponses allant de 1 à 10. Vous pouvez évaluer cette mesure à froid ou à chaud après une interaction avec votre marque.

■ Le Net Promoter Score est la mesure de satisfaction client la plus célèbre et donc la plus utilisée par les marques.

À retenir !

■ Les indicateurs efficaces d'un programme de fidélité sont les taux de rétention, d'attrition, d'intention de réachat et le NPS.

Notes

La valeur client

Les clients sont une véritable richesse pour l'entreprise. Celle-ci doit sans cesse se préoccuper de sa valeur et la faire fructifier. On appelle cela la valeur client ou encore le capital client.

1 La mesure de la valeur client

■ Deux types de valeur peuvent être évaluées :
- la valeur actuelle ;
- la valeur future du client.

■ La valeur actuelle est déterminée à partir du chiffre d'affaires, de la fréquence des achats, de la marge commerciale.

■ La valeur future est une valeur potentielle qui est mesurée en faisant la différence entre ce que va rapporter le client dans le futur et les coûts engendrés pour le conserver (fidélisation). On parle de « valeur à vie du client » (*Life Time Value*).

2 Le calcul de la valeur à vie du client

■ Ce sont des calculs intermédiaires et « en cascade » qui permettent de calculer cette valeur client.

Valeurs	Définitions	Calcul
Valeur d'acquisition	C'est le premier gain net apporté par le client lors de son premier achat.	Vente 1 – Coût d'acquisition du client
+		
Valeur de fidélisation	Ce sont les gains nets des achats suivants.	CA client sur une période – coût de fidélisation
+		
Valeur du développement client	Ce sont les gains nets espérés en ventes additionnelles.	CA ventes additionnelles – Coûts liés à ces offres (communication...)
=		
Valeur globale	C'est le total des gains nets sur la période.	Valeur d'acquisition + valeur de fidélisation + valeur de développement client

À retenir !

■ La valeur à vie du client se calcule « en cascade ». Elle doit être l'objet de toutes les attentions de l'entreprise car conquérir un client est trois plus cher que de le fidéliser.

Le capital marque

Le capital marque se mesure à partir de la notoriété de la marque, de sa réputation et de son image.

1 La réputation de la marque

- La « réputation de marque » est ce qui est dit au sujet d'une marque par les consommateurs et leaders d'opinion spontanément ou en étant interrogés dans le cadre d'une étude spécifique destinée à mesurer la réputation.

Remarque
La réputation de marque est une notion proche mais cependant distincte de l'image de marque.

- Il existe de nombreux modes de mesure de la réputation de marque et donc de nombreux baromètres et classements de réputation qui peuvent être globaux ou dédiés à un secteur d'activité donné.
- Ces baromètres et classement peuvent être établis classiquement sur la base de données collectées dans le cadre d'études quantitatives ou par des dispositifs de *web listening* ou *social listening* qui peuvent éventuellement utiliser l'analyse des sentiments ou même parfois l'analyse des émotions.

2 L'image de marque

- L'image d'un produit, d'une marque ou d'une société correspond à la façon dont celle-ci est perçue par les consommateurs.
- Cette perception peut se faire sur des critères objectifs (*ex. :* image de produit haut de gamme à prix élevé) ou subjectifs (*ex. :* « produit de vieux »).
- L'image d'une marque peut se mesurer et s'analyser par l'étude des associations faites à l'égard de cette marque par les consommateurs et éventuellement en référence à d'autres marques.

3 La notoriété d'une marque

- La notoriété mesure pour une marque le fait d'être connue par les consommateurs.

La notoriété spontanée →	On cite spontanément la marque.
La notoriété assistée →	On reconnait la marque dans une liste de choix.
La notoriété *top of mind* →	on cite en premier la marque.

À retenir !

- Le capital marque s'évalue grâce à trois indicateurs : l'image, la notoriété et la réputation.

Animation et dynamisation de l'offre commerciale

Bloc de compétences 2

Sommaire

Notes

Organiser l'espace commercial

Développer les performances de l'espace commercial

Concevoir et mettre en place la communication commerciale

Évaluer l'action commerciale

Descriptif de l'épreuve « Animation et dynamisation de l'offre commerciale »

Coefficient 3
Dossier numérique et personnel + entretien

1 Les modalités

■ Toutes les candidates et tous les candidats ne sont pas évalués de la même façon.

■ Si vous êtes dans un établissement habilité à valider l'épreuve en CCF, vous la passerez de cette façon. Sinon, vous passerez cette épreuve en forme ponctuelle orale, à la fin de la formation. Dans ce cas, elle durera 30 minutes.

2 Organisation de l'épreuve

■ Cette épreuve est une sous-épreuve de l'épreuve E4.

■ Elle nécessite que vous rédigiez un dossier numérique devant comporter les descriptifs des différentes situations professionnelles vécues en unité commerciale ou au cours de votre formation.

■ La commission d'interrogation est composée de 2 personnes : un professeur de la matière et un professionnel du secteur.

■ Voici ci-dessous un exemple de fiche que vous pouvez suivre :

Fiche d'activité n° : ....

Nom : .... Prénom : ....

Unité commerciale ou contexte de l'activité : ....

Domaine d'activité : (À reprendre du référentiel)

Compétence : (À reprendre de votre référentiel)

Description de l'activité

Contexte professionnel : Il faut décrire ici, les dates, lieu et durée de l'activité ainsi que le degré d'autonomie. Vous présenterez également les raisons de la mise en œuvre de cette activité.
Objectifs poursuivis : Vous préciserez les objectifs quantitatifs et qualitatifs de l'activité.
Méthodologie utilisée : Vous décrirez ici toutes les étapes de l'activité en les structurant en trois parties : Avant, Pendant, Après l'activité. Vous prendrez soin de montrer que vous avez utilisé des méthodes et des outils en lien avec le bloc de compétences 2.
Moyens mis en œuvre : Vous listerez les moyens humains, matériels et financiers mis en œuvre durant cette activité.
Résultats obtenus : Il s'agit de lister les résultats quantitatifs et qualitatifs obtenus, au regard des objectifs poursuivis et listés ci-dessus.

L'analyse globale du marché

Notes

L'analyse du marché d'une entreprise est indispensable à l'élaboration des actions mercatiques à mener.

1 L'approche globale du marché

Marché
Le lieu de rencontre physique ou virtuel entre l'offre et la demande.

■ Il existe trois principales structures de marché :
– **Monopole** : Un seul offreur sur le marché (*ex* : Marché des transports franciliens).
– **Oligopole** : Quelques offreurs qui détiennent des parts de marché importantes (*ex :* Marché de la téléphonie mobile).
– **Concurrence** : Une multitude d'offreurs qui détiennent chacun des petites parts de marché (*ex :* Marché du prêt-à-porter).

2 Les différents types de marchés

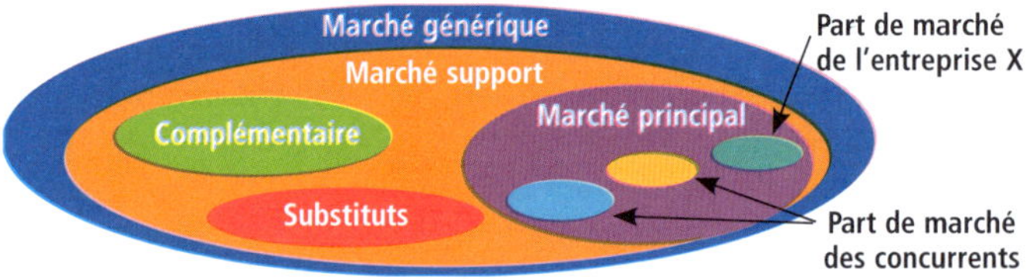

■ **Marché générique** : Ensemble des produits ou services satisfaisant les mêmes besoins génériques (*ex :* Marché de l'alimentation).

■ **Marché support** : Ensemble des produits offerts par l'entreprise et ses concurrents ainsi que les produits complémentaires et substituables (*ex :* Marché du petit-déjeuner).

■ **Marché principal** : Ensemble des produits semblables au produit étudié et en concurrence directe avec lui (*ex :* Marché des poudres chocolatées).

■ **Marché complémentaire** : Ensemble des produits dont la consommation est liée à celle du produit principal (*ex :* Marché des céréales, du sucre…).

■ **Marché substituable** : Marché des produits pouvant remplacer le marché principal (*ex :* Marché du thé, du café…).

À retenir !

■ Pour analyser un marché, il faut étudier ses trois composantes : l'offre (producteurs, concurrents et distributeurs), la demande (sur les plans quantitatif et qualitatif) et l'environnement (voir la fiche 4 p. 63).

L'analyse de l'offre

L'offre sur le marché est constituée de l'ensemble des producteurs et distributeurs qui proposent des produits et/ou services aux consommateurs.

1 Les acteurs de l'offre sur le marché

■ L'analyse de l'offre consiste à repérer et caractériser les acteurs de l'offre ainsi que les produits et services qu'ils proposent.

Acteurs	Rôles	Exemples
Les producteurs ou fabricants	Ils fabriquent les produits ou conçoivent les services.	*Ex. :* Samsung, Nestlé.
Les distributeurs	Ils assurent la commercialisation des produits et services à destination des clients.	*Ex. :* Carrefour, Boulanger.
Les concurrents	Ils proposent des produits capables de satisfaire les mêmes besoins que l'entreprise.	*Ex. :* Auchan et Carrefour, Boulanger et Fnac.

2 Les principaux types de concurrence sur le marché

■ Les différentes offres sur le marché permettent de faire une distinction entre les types de concurrence.

Type de concurrence	Description	Exemples
Directe	Concurrence entre des produits ou services de même nature qui répondent à un même besoin.	*Ex. :* Leroy Merlin et Castorama.
Indirecte	Concurrence entre des produits ou services substituables pour répondre au même besoin.	*Ex. :* Boulanger et Carrefour.
Interne	Concurrence entre des unités commerciales appartenant au même groupe ou réseau.	*Ex. :* Deux unités commerciales du réseau Célio.

3 L'analyse qualitative et quantitative de l'offre

A. Analyse qualitative

■ Elle est basée sur la connaissance des principaux acteurs sur le marché étudié : leur positionnement, leur image, leur assortiment, leur stratégie commerciale…

Notes

B. Analyse quantitative

■ L'entreprise doit étudier le nombre de concurrents ainsi que leurs parts de marché et leur évolution. La part de marché (PDM) permet de positionner une entreprise par rapport à ses concurrents et ainsi mesurer sa position concurrentielle :

– Le *leader* (ou chef de file) possède la part la plus importante du marché.

– Le *challenger* (ou prétendant) se positionne juste derrière le leader et cherche à prendre sa place.

– Le suiveur détient une faible part de marché.

– L'*outsider* (ou le nouvel entrant) représente une offre nouvelle sur le marché et connaît une forte croissance de ses ventes.

– Le sortant peine à maintenir sa position sur le marché et voit ses ventes en net recul.

4 L'évaluation des parts de marché des concurrents

■ Le calcul des parts de marché (PDM) est un indicateur pertinent pour déterminer la position concurrentielle d'une entreprise sur un marché. Il s'exprime en volume ou valeur.

Indicateurs	Signification	Calcul
PDM en volume	Ventes en volume de l'entreprise par rapport aux ventes totales du marché.	$\frac{\text{Ventes en volume de l'entreprise}}{\text{Total des ventes en volume du marché}} \times 100$
PDM en valeur	CA de l'entreprise par rapport au CA total du marché.	$\frac{\text{Ventes en valeur de l'entreprise}}{\text{Total des ventes en valeur du marché}} \times 100$
PDM relative	PDM de l'entreprise par rapport à la PDM du principal concurrent.	$\frac{\text{PDM de l'entreprise}}{\text{PDM du leader}} \times 100$

À retenir !

■ L'analyse de l'offre doit permettre d'évaluer les menaces concurrentielles et de repérer les opportunités possibles sur le marché (places libres sur le marché…).

L'analyse de la demande

L'analyse de la demande sur le marché consiste à mesurer la quantité souhaitée ou consommée d'un produit ou service par des individus, et à identifier les attentes et motivations des consommateurs actuels et futurs.

1 Les niveaux d'analyse de la demande

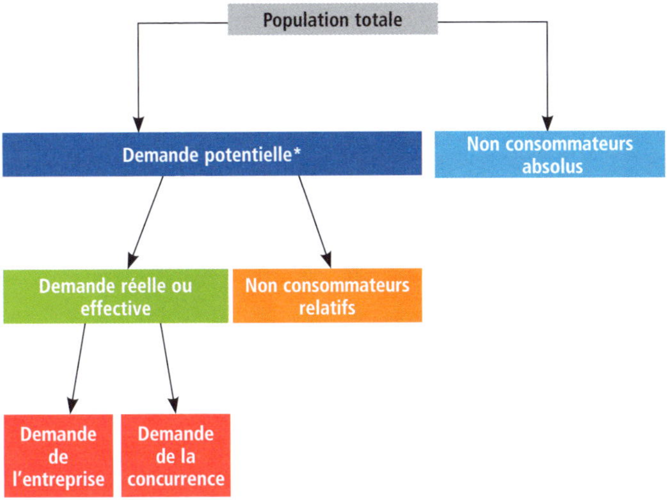

*La demande potentielle est l'ensemble des personnes susceptibles de consommer le produit.

Type de consommateur	Description	Exemples
Le consommateur	Il achète le produit ou service pour répondre à ses besoins.	Le consommateur mange du chocolat Milka.
Le non consommateur relatif	Il ne consomme pas encore le produit ou service mais il est susceptible de le consommer un jour.	Le consommateur ne mange pas de chocolat Milka car il préfère le chocolat Côte d'Or.
Le non consommateur absolu	Il ne consommera jamais le produit ou service pour des raisons d'ordre matériel, physique, culturel ou religieux.	Le consommateur ne mange pas de chocolat Milka car il est allergique au chocolat.

Notes

2 Les acteurs de la demande

Acteur	Rôles
L'acheteur	Il effectue l'achat mais ne le consomme pas forcément lui-même.
Le consommateur	Il consomme mais n'est pas forcément l'acheteur.
Le décideur	Il prend la décision d'acheter le produit ou service.
Le prescripteur	Il recommande l'achat d'un produit sans forcément en retirer un bénéfice direct.
L'influenceur ou le leader d'opinion	Il exerce une influence sur l'achat du consommateur par sa notoriété ou son expertise.

3 L'analyse quantitative et qualitative de la demande

A. Analyse quantitative

■ La demande doit tout d'abord être étudiée sous un angle quantitatif afin de préciser son importance, son évolution et ses caractéristiques.

Indicateurs	Calcul
Demande en volume	Quantité de produits ou services achetés (unités, kg…)
Demande en valeur	Chiffre d'affaires du produit ou service (quantité vendue × prix de vente unitaire)
Dépense par acheteur par an	Demande en valeur / nombre de consommateurs
Fréquence d'achat	Nombre d'achats effectués sur une période donnée
Panier moyen	Chiffre d'affaires / nombre de clients
Taux de pénétration	(Nombre d'utilisateurs du produit / population totale) × 100
Taux d'équipement	(Nombre de produis utilisés / nombre total de consommateurs potentiels) × 100

B. Analyse qualitative

■ Elle est basée sur la connaissance du consommateur et sur la compréhension de son processus d'achat.

Profil type du consommateur	Critères démographiques (âge, sexe…) Critères sociologiques (CSP, revenus…)
Facteurs explicatifs du comportement d'achat	Besoins, motivations, freins, attitudes, attentes, perceptions, influences sociales…
Processus d'achat	Lieux d'achat, étapes et durée du processus d'achat…

À retenir !

■ L'entreprise doit connaître la demande de son marché afin d'adapter sa stratégie commerciale (plan de marchéage). Ainsi elle pourra mieux satisfaire les attentes et motivations de ses clients actuels et potentiels et les fidéliser.

L'analyse de l'environnement

L'analyse de l'environnement permet à l'entreprise de prendre en compte tous les éléments qui composent son marché.

1 Les composantes de l'environnement

- L'analyse PESTEL permet d'identifier les facteurs ayant une influence sur le marché au niveau macro-économique.

Composante	Description	Exemples
Politique	Stabilité politique, élections, lobbying…	Terrorisme.
Économique	Évolutions possibles des variables économiques qui peuvent influencer le marché.	Taux d'inflation.
Socio-culturelle	Évolution des habitudes, des valeurs, des traditions qui influencent le comportement des individus.	Le véganisme.
Technologique	Évolution des technologies du secteur d'activité concerné.	Les nouvelles tendances en e-commerce.
Écologique	Nécessité de préserver l'environnement, de communiquer sur une image de développement durable.	Favoriser le recyclage des emballages.
Légale	Ensemble des lois, des réglementations, des normes à respecter sur le marché.	Normes liées à la sécurité des clients dans un magasin.

2 Les nouvelles orientations sur les marchés

- Les *marketplaces* (ou places de marché) sont des sites qui rassemblent un ou plusieurs acheteurs et fournisseurs pour optimiser les procédures de sélection et d'achat à travers la mise en place de procédures d'*e-procurement* (approvisionnement en ligne).
Ex : Amazon, La Redoute…

- La « consommaction », mouvement soutenu par les associations, reflète une démarche plus responsable de la part du consommateur.

- En consommation, les usages évoluent (produits santé, bio, marques orientées RSE, produits vegan, sans gluten…).

- Les comportements d'achat changent également (consommateur volatile, à la recherche de la meilleure offre, forte digitalisation des achats et des moyens multisupport…).

à retenir !

- L'entreprise doit être en veille permanente sur son marché et sur son environnement concurrentiel.

Le positionnement de l'entreprise

Notes

Après avoir défini son offre, l'entreprise doit trouver sa place parmi l'offre concurrente. Le choix d'un positionnement pertinent fait partie intégrante de la stratégie mercatique de l'entreprise.

1 Notion de positionnement

Le positionnement
Position qu'une entreprise, une marque ou un produit veut occuper dans l'esprit du consommateur par rapport à ses concurrents.

- Le positionnement choisi doit présenter 3 caractéristiques :
  - ☑ répondre aux attentes des consommateurs ciblés ;
  - ☑ être cohérent avec les atouts réels de l'offre proposée ;
  - ☑ permettre de se différencier des concurrents (triangle d'or du positionnement).
- Le positionnement est souvent représenté par une carte perceptuelle (*mapping*). *Ex. : mapping pour les enseignes de la grande distribution.*

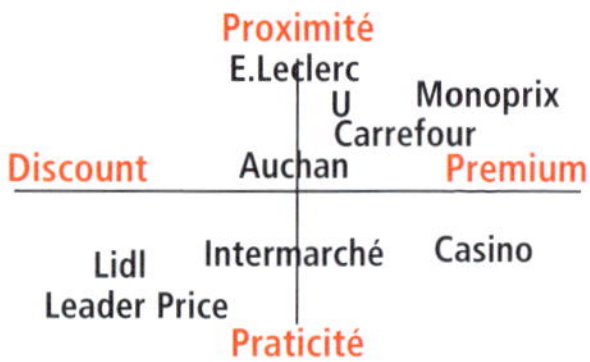

2 Les axes de positionnement des entreprises

- Les enseignes déterminent leur positionnement essentiellement à partir de leur assortiment et de leur stratégie de prix autour de **4 axes principaux** :

1. **L'axe généraliste/spécialiste :** c'est le choix entre un assortiment large et peu profond (*ex. :* Carrefour) et un assortiment étroit et profond (*ex. :* Boulanger).
2. **L'axe prix/différenciation :** c'est le choix entre un assortiment limité avec une stratégie de prix bas (*ex. :* Lidl) et un assortiment large et profond avec des prix plus élevés (*ex. :* Monoprix).
3. **L'axe produit/bouquet :** c'est le choix entre une offre « produit » (*ex. :* Decathlon) et une offre « concept » (*ex. :* Natures et Découvertes).
4. **L'axe achat plaisir/contrainte :** c'est le choix entre un magasin de grande surface avec un acte d'achat « corvée » (*ex. :* Leclerc) et un magasin de type GSS ou grand magasin (*ex. :* Galeries Lafayette).

à retenir !

- La détermination du positionnement est un élément clé de la mercatique qui permet de donner une identité de produit, de marque ou d'enseigne.

La gamme et l'assortiment

La gamme et l'assortiment constituent deux notions distinctes de la variable produit du plan de marchéage.

1 La gamme

Gamme
Ensemble des produits répondant au même besoin et proposé par un même fabricant.

A. Caractéristiques d'une gamme

- **Le nombre de lignes de produits** : familles de produits destinées à satisfaire un besoin spécifique.
- **Sa largeur** : nombre de lignes de produits.
- **Sa longueur** (ampleur) : nombre total de produits dans la gamme.
- **Sa hauteur** : nombre de niveaux de gammes haut, moyen, bas.

Exemple : la gamme Coca-Cola

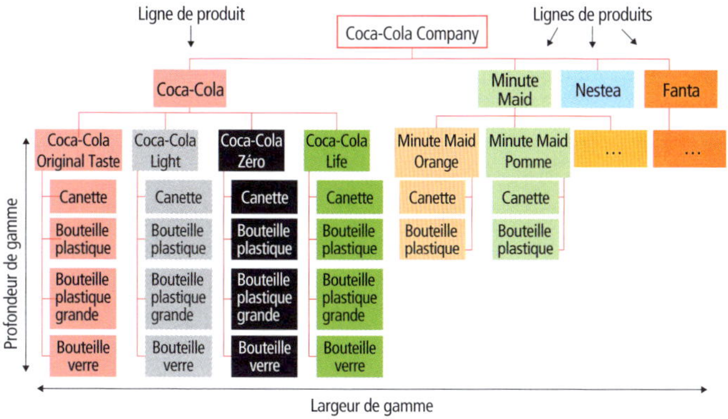

B. Types de produits dans une gamme

Type de produit	Caractéristiques
Produit leader	Produit à forte rentabilité qui génère le plus de CA.
Produit d'appel	Produit qui attire le client vers la marque pour faire vendre le produit leader.
Produit régulateur	Produit qui absorbe les frais fixes afin de compenser les fluctuations des ventes des produits leaders.
Produit contributeur	Produit haut de gamme qui dégage des marges importantes.
Produit tactique	Produit sans innovations quelconque qui permettent de gêner la concurrence.

Notes

■ Un nombre important de produits dans une gamme peut créer une concurrence entre eux et entraîner un risque de « cannibalisation ».

2 L'assortiment

■ L'assortiment est caractérisé par 3 éléments :
– sa largeur : nombre de familles de produits ;
– sa profondeur : nombre de sous-familles ou produits par rayon ;
– son ampleur (longueur) : nombre total de références.

Assortiment
Ensemble de produits ou services proposés par un distributeur au consommateur final dans un point de vente ou un site marchand.

■ Les caractéristiques d'un bon assortiment doivent répondre à 4 contraintes :
– l'image de l'enseigne (politique commerciale, positionnement) ;
– le comportement d'achat du consommateur ;
– la concurrence locale et régionale ;
– les contraintes physiques du point de vente (approvisionnement, logistique, surface…).

Exemple d'assortiment

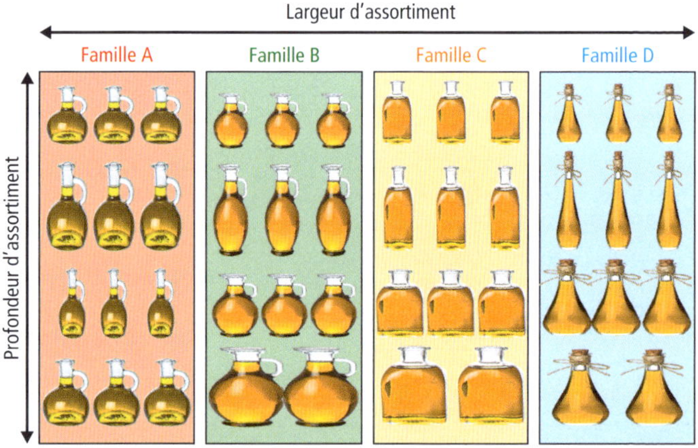

Dans le cas des réseaux, la construction de l'assortiment est réalisée par la centrale d'achat qui propose ou impose des références aux unités commerciales.

À retenir !

■ L'offre proposée doit permettre de satisfaire les besoins de la clientèle ciblée, de la fidéliser et d'assurer la rentabilité du point de vente.

Les produits et les services

Fiche 7

Les produits et les services regroupent les biens matériels dits « tangibles » et les biens immatériels (les services).

1 La distinction produit/service

Un produit est :

- Physique
- Tangible
- Stockable
- Séparable (vendu seul ou par lots)
- Peut être revendu

Un service est :

- Immatériel
- Intangible
- Non stockable
- Inséparable
- Ne peut être revendu
- Co-réalisé par le client
- Délivré par un personnel de contact

2 Les caractéristiques des produits

- **Caractéristiques physiques :** composition du produit, forme, poids, dimensions, contenance du produit.
- **Caractéristiques commerciales :** prix, marque, conditionnement…
- **Caractéristiques fonctionnelles :** ce que le consommateur attend de l'usage du produit.
- **Caractéristiques psychologiques :** ce que le consommateur espère de la détention du produit : image, valeurs de prestige, de confort…

3 La classification des produits

Critère	Description	Classe de produit
Fréquence d'achat	Achat courant	Produit ou service banal
	Achat moins fréquent	Produit ou service anomal
Nature économique	Prix supérieur au coût de revient	Produit ou service marchand
	Prix inférieur au coût de revient ou gratuit	Produit ou service non marchand
Durée d'utilisation	Longue période	Produit durable
	Moyenne période	Produit semi-durable
	Courte période	Produit non-durable (ou fongible)
Complexité d'achat	Pas de démarche de recherche d'informations	Produit « de tous les jours »
	Démarche de recherche d'informations	Produit de comparaison
	Forte implication dans la démarche d'achat	Produit à forte image

Notes

4 Le cycle de vie des produits et des services

■ Le cycle de vie des produits ou services évolue selon les besoins des consommateurs. Cette notion apparaît pour les marques comme pour les enseignes.

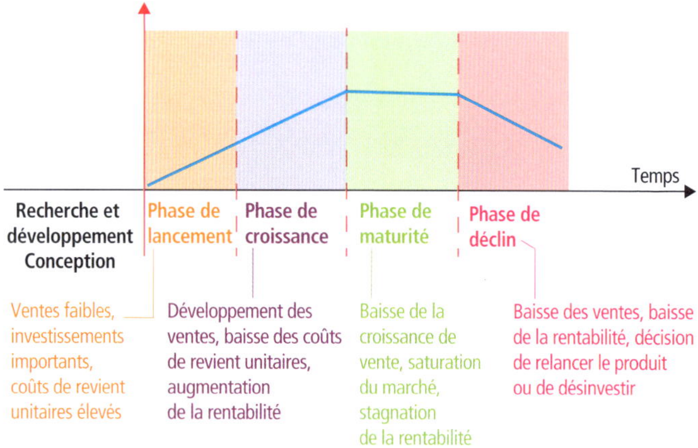

■ La durée du cycle de vie du produit est très variable en fonction de la nature du produit (produits gadgets, produits de mode, produits « sans âge »).

5 La notion de service global

■ Service de base : c'est le cœur du métier de l'entreprise qui correspond au besoin fondamental du client, à sa demande précise. ***Ex. :*** Mise à disposition d'une salle de sport.

Remarque

L'entreprise commercialise plusieurs services ; le service de base est souvent associé à d'autres services.

■ Services facilitateurs : ils concernent directement le service de base en améliorant son utilisation. ***Ex. :*** Conditions commerciales.

■ Services différenciateurs : ils sont centrés sur l'environnement et le confort d'utilisation du service et apportent une valeur ajoutée au service de base. ***Ex. :*** Un espace détente.

À retenir !

■ Pour satisfaire au mieux le consommateur, l'entreprise propose aujourd'hui des services complémentaires au produit ou service de base. Cette stratégie constitue un réel élément de différenciation dans son positionnement.

La marque et sa protection

Fiche 8

La marque est un signe servant à distinguer les produits et services d'une entreprise de ceux des autres. Elle doit répondre à certaines qualités commerciales et juridiques pour perdurer.

1 Les fonctions et qualités d'une marque

Fonctions	Qualités commerciales	Qualités juridiques
• **Identifier** le produit • **Communiquer** une image au public • **Différencier** le produit par rapport aux concurrents • **Sécuriser** les acheteurs	• **Euphonique** : facile à prononcer • **Mémorisable** • **Évocatrice** : renvoie à l'image effective du produit • **Déclinable** : permet de créer une famille de produits à l'image homogène	• Disponible • Distinctive et non-générique • Non-contraire aux bonnes mœurs et à l'ordre public • Non-déceptive ou descriptive • Sans signes interdits

2 Les politiques de marque

Type de marque	Description
Sans marque	Seul le nom du produit est indiqué (bas de gamme). *Ex. : les produits « Pouce » chez Auchan.*
Marque gamme	Elle couvre une ligne de produits. *Ex. : Sony.*
Marque produit	Chaque type de produit a sa propre marque. *Ex. : Ariel.*
Marque ombrelle	Une marque unique pour tous les produits de l'entreprise. *Ex. : LU.*
Marque caution	Une marque « mère » figure à côté d'une autre marque (fille) pour rassurer les consommateurs. *Ex. : Danone.*
Marque distributeur	Marque créée et détenue par une enseigne de distribution. *Ex. : Carrefour.*

3 La protection de la marque

■ La protection de la marque n'est pas obligatoire. Si l'entreprise souhaite acquérir un droit exclusif et interdire à quiconque de l'utiliser comme signe, elle doit déposer sa marque auprès de l'INPI (Institut National de Propriété Industrielle, site www.inpi.fr). Ce dépôt est valable 10 ans (renouvelable) et précise l'étendue de la protection. Le droit est alors exercé devant les juridictions civiles et pénales.

À retenir !

■ Pour être déposée, la marque doit respecter les qualités juridiques.

L'emballage et la stylique

Notes

L'emballage et la stylique constituent des éléments essentiels pour distinguer les produits de l'entreprise de ceux des concurrents.

1 L'emballage

■ L'emballage désigne les enveloppes matérielles successives d'un produit. Il doit séduire le consommateur, lui apporter un véritable service et répondre à des exigences économiques et écologiques.

Fonctions techniques		Fonctions mercatiques	
• Conservation • Usage • Sécurité	• Transport • Protection • Recyclage	• Alerte • Attribution à un univers • Attribution à l'entreprise • Information	• Promotion • Positionnement • Service

■ On constate de nouvelles tendances de consommation en matière d'emballage :
– la prise en compte de l'environnement avec des producteurs responsables ;
– la sophistication des emballages (la durée de vie est de plus en plus courte).

2 L'étiquette

■ L'étiquette est le support de l'ensemble des mentions obligatoires ou non figurant sur l'emballage d'un produit et permettant aux consommateurs de le distinguer.

■ Elle véhicule aussi l'identité et l'image de la marque, et participe au pouvoir vendeur de l'emballage.

3 La stylique (ou *design*)

■ Une bonne stylique doit répondre à 4 critères :
– l'attractivité ;
– la fonctionnalité et l'ergonomie ;
– l'efficience en termes de fabrication ;
– l'identité de marque ou de produit.

Stylique
Ensemble des éléments qui contribuent à l'apparence visuelle d'un produit.

À retenir !

■ Le terme anglais « packaging » regroupe deux notions différentes en français : le conditionnement (première enveloppe du produit) et l'emballage (enveloppes successives ajoutées au conditionnement).

La qualité

Fiche 10

Les signes de la qualité constituent pour le consommateur une garantie de qualité et de sécurité des produits, et offrent une possibilité de comparaison des produits entre eux.

1 Notion de qualité

■ La qualité présente deux types de composantes :
– les composantes objectives : poids, taille, volume, caractéristiques techniques ;
– les composantes subjectives : esthétique, goût, confort…

La qualité
Ensemble des propriétés et caractéristiques d'un produit ou d'un service qui doit le rendre capable de satisfaire les attentes exprimées ou implicites des clients.

2 La gestion de la qualité

A. Les normes

■ Une norme est le résultat d'un processus d'élaboration collectif animé par des organismes normalisateurs internationaux ou nationaux (*Ex. :* En France, l'AFNOR).

■ La normalisation peut porter sur des produits, des services ou la façon d'organiser le travail.

B. La certification d'entreprise

■ La certification d'entreprise permet la reconnaissance par un organisme habilité de la mise en place d'un système d'assurance de qualité portant sur l'organisation du travail et conforme à un référentiel donné *(Ex. :* ISO 9000*).*

C. Les signes de qualité

Moyen	Description
AOC	Appellation d'Origine Contrôlée : sert à désigner l'origine géographique d'un produit.
Label agricole ou de qualité	Garantit l'origine, les spécificités, le niveau de qualité ou la conformité d'un produit.
Certificat de qualité	Garantit les caractéristiques spécifiques d'un produit contrôlées par un organisme certificateur.
Certificat d'assurance qualité	Document prouvant l'efficacité du système mis en place par l'entreprise.

À retenir !

■ Les clients ne peuvent pas évaluer objectivement le niveau réel de qualité. Les signes de qualité constituent donc un enjeu majeur de compétitivité pour l'entreprise.

Les enjeux de la fixation des prix

Notes

La fixation des prix, enjeu majeur pour l'unité commerciale, doit tenir compte à la fois de la politique de l'enseigne et de nombreuses contraintes.

1 Les facteurs à prendre en compte

■ La politique de prix d'une enseigne doit prendre en compte :
– ses objectifs stratégiques (profitabilité, pérennité…) ;
– son image voulue et son positionnement ;
– le coût d'achat des produits (ou coût de revient en cas de production) ;
– la marge souhaitée ;
– les caractéristiques de la zone de chalandise ;
– la clientèle (prix psychologique, élasticité demande/prix…) ;
– les contraintes légales.

Politique de prix
Ensemble des décisions concernant la fixation ou la modification des prix des produits d'une enseigne.

2 La stratégie de prix de l'enseigne

Alignement →	Aligner le prix sur le prix moyen du marché →	Affirmer sa position concurrentielle à travers d'autres éléments (services, communication…)
Pénétration →	Fixer un prix au-dessous du prix du marché →	Conquérir un marché avec un produit peu différencié de ceux de la concurrence
Écrémage →	Fixer un prix au-dessus du prix moyen du marché →	Affirmer un positionnement « haut de gamme » par des produits innovants ou de qualité supérieure

3 Le respect des conditions générales de vente (CGV)

■ Les conditions générales de vente sont affichées en magasin ou proposées à la consultation pour la vente en ligne (Art. L111-1 Code de la consommation).

■ On doit y retrouver : l'identité du vendeur et ses coordonnées, la description du produit/service, le prix et ses éléments de calcul, le délai de livraison, les garanties légales de conformité et de vices cachés, le recours en cas de litige et les modalités d'exercice du droit de rétractation (pour la vente en ligne).

À retenir !

■ Le prix d'un produit ou service doit être adapté en continu en fonction de l'évolution des attentes des clients, des concurrents, du cycle de vie du produit.

La fixation des prix en fonction de la demande

Le niveau de prix d'un produit a un impact direct sur sa demande. L'entreprise devra donc étudier la sensibilité au prix de ses clients pour un produit donné.

1 L'élasticité de la demande par rapport au prix

A. La fixation du prix

■ En général, lorsque le prix d'un produit augmente, la demande diminue et inversement (loi de l'offre et de la demande).

$$\textbf{Élasticité-prix} = \frac{\text{\% de la variation de la demande}}{\text{\% de la variation du prix}}$$

■ L'élasticité de la demande par rapport au prix (élasticité-prix) : mesure la sensibilité de la demande par rapport au prix.

Ex. : Si une baisse de 20 % des tarifs d'un produit entraîne une hausse de 40 % de la demande, alors :

élasticité-prix = (+40 %/–20 %) = +0,4/–0,2 = -2.

B. Interprétation de l'intensité de l'élasticité-prix

Valeur absolue E = 1	Demande parfaitement élastique. Une variation de *x* % du prix génère une variation de *x* % de la demande dans les mêmes proportions.
Valeur absolue E > 1	Demande très élastique. Une variation de prix minime entraîne une variation de demande, plus forte proportionnellement.
Valeur absolue E < 1	Demande peu élastique. Une variation de prix forte entraîne peu de variation de demande proportionnellement moins forte.

C. L'élasticité-prix peut être négative ou positive

Élasticité-prix positive	Le coefficient élasticité-prix est positif si la demande et le prix vont dans le même sens : la demande augmente quand le prix augmente. Effet Veblen (ou effet snobisme) → La demande augmente quand le prix augmente. Effet Giffen → La demande augmente quand le prix augmente. Les consommateurs renoncent à consommer des biens plus chers en achetant des aliments de base.
Élasticité-prix négative	Le coefficient d'élasticité-prix est négatif quand le prix augmente et que la demande diminue (ou inversement).

Notes

2 La détermination du prix psychologique

■ Le prix psychologique est défini à partir d'une enquête auprès d'un échantillon représentatif de la clientèle potentielle à laquelle on présente le produit ou service en posant deux questions :

Prix psychologique
Prix qui paraît acceptable par le plus grand nombre de clients.

Q1 : Au-dessus de quel prix n'achèteriez-vous pas ce produit car vous le jugeriez trop cher ?

Q2 : En-dessous de quel prix n'achèteriez-vous pas ce produit car vous le jugeriez de mauvaise qualité ?

Les réponses sont collectées dans un tableau statistique qui servira de calcul au pourcentage d'acheteurs potentiels pour chaque prix proposé. Le prix psychologique correspondra au pourcentage le plus élevé.

■ *Ex. :* Calcul d'un prix psychologique :

Prix donnés par les personnes interrogées en euros	« Trop cher »			« Trop bas »			% consommateurs potentiels 100 % - A – B
	Nombre Réponses « Trop cher »	% relatif « Trop cher »	(A) % relatif cumulé croissant « Trop cher »	Nombre Réponses « Trop bas »	% relatif « Trop bas »	(B) % relatif cumulé décroissant « Trop bas »	
6,00	0	0,00	0,00	240	30,00	100,00	0,00
6,50	0	0,00	0,00	120	15,00	70,00	30,00
7,00	48	6,00	6,00	80	10,00	55,00	39,00
7,50	80	10,00	16,00	72	9,00	45,00	39,00
8,00	80	10,00	26,00	96	12,00	36,00	38,00
8,50	80	10,00	36,00	104	13,00	24,00	**40,00**
9,00	160	20,00	56,00	64	8,00	11,00	33,00
9,50	176	22,00	78,00	12	1,50	3,00	19,00
10,00	160	20,00	98,00	12	1,50	1,50	0,50
10,50	8	1,00	99,00	0	0,00	0,00	1,00
11,00	8	1,00	100,00	0	0,00	0,00	0,00
TOTAL	800	100,00		800	100,00		

Dans l'exemple, le prix psychologique s'élève à 8,50 € car il correspond au pourcentage le plus élevé d'acheteurs potentiels (40 %).

À retenir !

■ Il est indispensable de tenir compte de la demande potentielle d'un produit pour fixer son prix. Toutefois, il faudra aussi prendre en compte l'évolution de la demande dans le temps ainsi que l'arrivée de certains concurrents sur le marché.

La fixation des prix par rapport à la concurrence

La connaissance des prix pratiqués par la concurrence est un facteur essentiel pour rester compétitif.

1 La nécessité de s'informer sur les prix de la concurrence

- Analyse sur l'offre du secteur : des instituts d'études vendent des analyses de l'offre par secteur d'activité.
- Relevés de prix : les UC effectuent régulièrement des relevés de prix des produits comparables à leur offre auprès des concurrents situés dans la zone de chalandise.
- Enquêtes mystères : un observateur se rend dans une UC concurrente, se fait passer pour un client et remplit une grille d'observation pour comparer les offres. De nombreux réseaux mettent en place ce type d'enquête afin de connaître les prix, les services associés et les remises accordées chez les concurrents.
- Comparateurs de prix : les comparateurs de prix sur Internet proposent de connaître les prix des commerçants en ligne concurrents.

2 L'adaptation du prix en fonction de la concurrence

- En connaissant les prix des produits proposés par la concurrence, l'enseigne pourra adopter une stratégie de prix adaptée avec 4 choix possibles :

1	**Prix de lancement** →	Proposer un premier prix pour un produit afin de valoriser d'autres offres perçues comme de meilleure qualité.
2	**Prix d'appel** →	Proposer un prix très bas pour un produit ou service afin d'attirer les clients et les pousser à acheter d'autres produits au prix du marché ou plus chers pour compenser la marge.

Notes

3 **Premier prix** → Proposer un prix temporairement plus bas que la concurrence pour favoriser l'essai de son produit.

4 **Prix magique** → Proposer un prix qui paraît moins cher aux yeux des consommateurs (exemple : 9,99 €).

Ex. : relevé de prix des pâtes à tartiner dans la zone de chalandise de Meaux en septembre 2019.

Produits/Magasins	Leclerc	Monoprix	Carrefour Market	Auchan
Nutella 600 g	3,62 €	4,18 €	3,58 €	3,92 €
Marque Bio 350 g	2,92 €	4,19 €	3,15 €	3,19 €
Nocciolata 270 g	2,03 €	3,63 €	3,07 €	3,20 €
Marque distributeur 400 g	2,03 €	1,95 €	1,62 €	1,87 €

À retenir !

- En connaissant les prix de la concurrence, l'entreprise pourra définir son positionnement face à elle (leader, challenger ou suiveur).

L'adaptation des prix

Fiche 14

La politique de prix s'inscrit dans une démarche d'adaptation aux clients, au canal de distribution et au moment d'achat.

1 L'adaptation en fonction de la clientèle

■ L'exploitation des bases de données permet de classifier la clientèle dans des typologies. Ainsi, l'entreprise peut choisir d'adapter ses prix en fonction de la typologie de la clientèle en tenant compte de différents éléments : la valeur du client ; l'âge du client ; les achats réalisés et le potentiel d'achat du client ; le segment d'appartenance du client.

■ L'objectif de l'entreprise est double :

☑ fidéliser la clientèle grâce à une relation personnalisée ;

☑ optimiser la relation client en tenant compte de son potentiel d'achat.

2 L'adaptation du prix en fonction du canal de distribution

■ Dans le cadre d'une stratégie de distribution omnicanale, les mêmes produits seront distribués dans des conditions très différentes avec des coûts de distribution variables.

■ L'enseigne doit gérer ses prix avec cohérence pour éviter la concurrence entre les canaux : magasin physique, *click & collect*…
Ex. : Jouer sur le prix de la livraison à domicile.

3 Le cas particulier du *yield management*

■ Le *yield management* fait varier les prix en fonction de trois facteurs :
– La demande : l'entreprise baisse son prix si la demande diminue.
– Le moment d'achat : des prix bas pour développer les achats en avance et des prix élevés en période de forte affluence.
– Le segment de clientèle : l'entreprise adapte son prix en fonction du segment de clientèle (étudiants, séniors, familles…).

> **Le *yield management***
> Le *yield management* consiste pour une entreprise de services à modifier, en temps réel, son offre en prix et en quantité, afin d'assurer un remplissage optimal de son activité.

À retenir !

■ L'entreprise fixe rarement un prix unique pour tous et à long terme.
■ Elle doit assurer sa pérennité par une stratégie de prix adaptée en continu.

Les unités commerciales physiques et virtuelles

Fiche 15

Notes

Aujourd'hui le paysage commercial comprend des unités commerciales physiques et virtuelles.

1 Les différents types d'unités commerciales

Une unité commerciale (UC)

Lieu physique ou virtuel permettant à un client d'être en contact avec l'offre proposée.

- Une UC physique est un lieu qui permet à un client d'accéder à une offre de produits et/ou de services (*ex.* : Boutique, supermarché, agence commerciale…).
- L'UC virtuelle (*e-commerce*) est un site Internet marchand ou espace réservé d'un site qui propose des produits que le client peut payer et commander en ligne (*ex. : Fnac.com, darty.com*).
- L'entreprise de vente par correspondance (VPC) : l'UC propose la vente de produits et de services par catalogue. La commande peut se faire par courrier, par téléphone et en ligne (*ex.* : La Camif, La Redoute).
- L'entreprise de *T-commerce* : l'UC propose des produits et services par le biais d'une émission de télévision qui s'occupe de les présenter.

2 Les formes de commerce

Forme de commerce	Caractéristiques	Exemples
Commerce indépendant	Indépendance commerciale, financière et juridique. Le commerçant ne fait partie d'aucun réseau.	Boucherie de quartier
Réseau associé	Indépendance financière et juridique. Les commerçants s'associent pour optimiser leur communication et leurs approvisionnements.	Intersport Hyper U
Réseau intégré	Aucune indépendance financière, juridique et commerciale. Les UC appartiennent à un même propriétaire et sont sous la même enseigne.	Auchan Picard
Réseau mixte	Réseau de distribution qui comprend à la fois des succursales et des points de vente détenus par des indépendants (franchisés, concessionnaires).	Carrefour McDonald's

À retenir !

- Le degré d'indépendance d'un commerce s'apprécie en termes de responsabilité économique, juridique et commerciale.

La stratégie de distribution omnicanale

Aujourd'hui, les consommateurs utilisent plusieurs canaux d'information ou de transaction dans leur processus d'achat, et ce parfois simultanément. Les unités commerciales se sont adaptées en proposant une distribution omnicanale.

1 Le développement de la distribution omnicanale

Canal simple

Les produits et services ne sont disponibles qu'à travers un seul canal de distribution.

Multicanal

Multiplication de points de contact et de canaux de distribution indépendants pour toucher la clientèle, communiquer et commercialiser le produit ou service (risque de cannibalisation entre les canaux).

Cross canal

Les différents canaux sont utilisés de manière complémentaire et interconnectée dans le parcours client. Le cross canal permet de collecter des données sur le client mais il n'y a pas de véritable concertation entre les canaux au niveau mercatique et commercial.

Omnicanal

Tous les canaux (digitaux et points de vente physiques) sont mobilisés simultanément pour proposer une expérience client unifiée et personnalisée. Le client est au centre du système de distribution mis en place.

Notes

2 Les stratégies de distribution omnicanale

■ La livraison à domicile permet au client de se faire livrer des produits commandés en ligne ou issus de leurs courses en magasin.

■ Le *click & collect* permet de commander des produits en ligne avant de les retirer dans une UC.

Remarque

Les UC développent de nombreux services afin de multiplier les points de contact entre les UC physiques et virtuelles.

■ Le *drive* permet au client de récupérer ses achats commandés sur place ou en ligne, tout en restant dans sa voiture.

■ L'application mobile permet au client de commander les produits (*m-commerce*) et de réaliser des transactions en ligne (payer ou scanner directement des produits, géolocaliser des produits en magasin…).

■ La borne de commande permet au client de commander un produit qui n'est pas disponible en magasin (lien entre l'UC physique et virtuelle).

À retenir !

■ L'omnicanalité permet de développer la synergie entre les différents canaux de distribution et ainsi optimiser le parcours d'achat du client.

Les unités commerciales physiques

Fiche 17

On parle d'UC physique lorsqu'il y a un contact physique entre le client et l'offre. Il existe de nombreux formats d'UC physiques.

1 La classification des unités commerciales

A. Les UC physiques à dominante alimentaire

Type d'UC	Taille	Caractéristiques	Exemples
Point de vente traditionnel	< 120 m²	• Spécialisation • Vente traditionnelle • Accueil personnalisé	Boulangerie
Supérette	120 à 400 m²	• Assortiment peu profond • Centre-ville ou quartier	Carrefour Contact
Supermarché	400 à 2 500 m²	• 2/3 du CA en alimentaire • Assortiment étroit et profond	Super U
Hypermarché	> 2 500 m²	• Plus d'1/3 du CA en alimentaire • Assortiment large et profond • Zone commerciale ou périphérie	Auchan
Hard discounter	400 à 800 m²	• Assortiment peu profond • Pas de mise en valeur de l'offre • Prix bas	Lidl

B. Les UC physiques à dominante non-alimentaire

Type d'UC	Taille	Caractéristiques	Exemples
Magasin populaire	600 à 2 000 m²	• Offre généraliste • Assortiment large mais peu profond • Centre-ville	Monoprix
Grand magasin	2 500 à 92 000 m²	• Assortiment large et profond • Services associés • Centre-ville	Galeries Lafayette
Grande Surface Spécialisée (GSS)	> 2 500 m²	• Assortiment étroit et profond • Périphérie des villes	Decathlon Ikea
Magasin d'usine	Variable	• Produits de second choix ou en fin de série • Prix démarqués • Zone périurbaine	Marques Avenue

Notes

2 Les ensembles commerciaux

■ L'ensemble commercial est un regroupement dans une zone urbaine ou périurbaine de divers types d'unités commerciales, spécialisées ou non, indépendantes ou en réseau, des entreprises de services variées (*ex. :* banques, restaurants…) ainsi que d'autres activités (*ex. :* salle de cinéma…).

Type	Description
Parc d'activités commerciales (Retail Park)	Surface : > 3 000 m² Minimum 5 UC de tous types d'activités Périphérie des villes
Centre commercial super régional	Surface : > 80 000 m² Minimum 150 magasins ou services
Centre commercial régional	Surface : 40 000 à 80 000 m² Minimum 80 magasins ou services
Grand centre commercial	Surface : 20 000 à 40 000 m² Minimum 40 magasins ou services
Petit centre commercial	Surface : 5 000 à 20 000 m² Minimum 20 magasins ou services
Centre à thème	Spécialisé dans un domaine (décoration, fabricants…)
Galerie marchande	Surface : 3 000 à 5 000 m² Plusieurs UC spécialisées avec ou sans locomotive (hypermarché…)

■ Un centre commercial est un ensemble de points de vente et de services regroupés autour d'une ou plusieurs locomotives (*ex. :* grandes surfaces alimentaires spécialisées) assurant un flux de clientèle potentielle important.

■ Selon le Centre National des Centres Commerciaux (CNCC), un centre commercial comprend au moins 20 magasins ou services pour une surface de vente d'au moins 5000 m².

À retenir !

■ Il existe de nombreux formats d'UC physiques. Toutefois, avec le développement du *e-commerce* et l'essoufflement des locomotives, les ensembles commerciaux traditionnels subissent une stagnation, voire une baisse de leur trafic client.

Les partenaires des unités commerciales

Fiche 18

Toute unité commerciale doit entretenir des relations permanentes avec ses partenaires tant au niveau national que local.

1 Les partenaires des UC au niveau national

Partenaires	Rôles
État	Lois sur l'urbanisme commercial, réglementation du travail…
DGCCRF	Direction Générale de la Concurrence de la Consommation et de la Répression des Fraudes : contrôle du respect des règles de la concurrence et des prix dans l'intérêt du client.
AFNOR	Association Française de Normalisation : organisme officiel français de la normalisation NF.
CNIL	Commission Nationale de l'Informatique et des Libertés : protection des données à caractère personnel.
Groupements patronaux	Unions patronales : entreprises d'activités différentes mais implantées dans une même zone. Syndicats professionnels (même branche). Confédérations représentées au niveau national.

2 Les partenaires des UC au niveau local

Partenaires	Rôles
Institutions financières	Banques et sociétés d'assurance qui aident les UC à se développer.
Mairies	Soutien à l'économie et au commerce de la circonscription.
Préfecture	Fixation de la période des soldes, autorisation d'ouverture exceptionnelle le dimanche…
Conseil régional	Développement économique de la région.
CDEC	Commission Départementale d'Équipement Commercial : autorise ou refuse la création de surfaces commerciales > à 1 000 m^2.
CCI	Chambre de Commerce et d'Industrie : aide les entreprises à améliorer leur compétitivité.
Associations de commerçants	Permettent aux commerçants d'une zone de se regrouper pour créer des évènements communs.

À retenir !

- Les bonnes relations des UC avec leurs partenaires locaux et nationaux sont indispensables pour leur compétitivité et leur pérennité.

Notes

Les canaux et circuits de distribution

La politique de distribution est un élément clé du plan de marchéage.

1 Les 3 canaux de distribution

■ Le Canal direct : aucun intermédiaire entre le producteur et l'UC pour vendre directement au client final.

Canal de distribution
Chemin suivi par un produit du producteur au consommateur.

■ Canal court : un seul intermédiaire entre le producteur et le consommateur.

■ Canal long : au minimum deux intermédiaires avant d'atteindre le client final (distributeur, grossiste, détaillant).

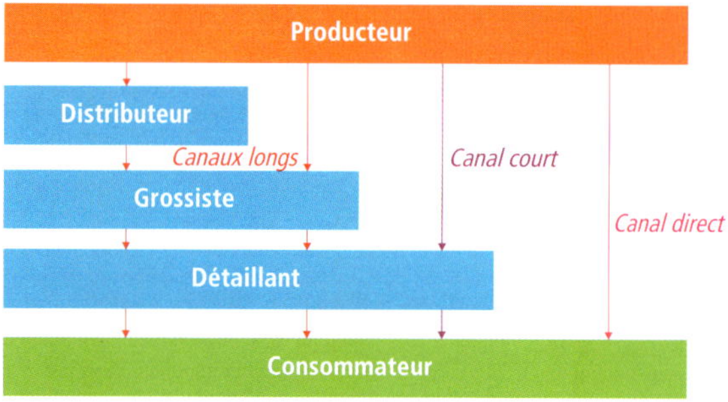

2 Le choix du circuit de distribution

■ Chaque canal de distribution présente des intérêts et des limites ; l'entreprise devra donc choisir les meilleurs canaux pour optimiser son circuit de distribution.

Circuit de distribution
Ensemble des canaux utilisés pour commercialiser un produit.

■ En mixant les canaux directs, courts et longs, le distributeur peut proposer des produits locaux tout en offrant des produits de marques nationales en quantités suffisantes et à des prix compétitifs.

À retenir !

■ L'entreprise doit optimiser sa stratégie de distribution en choisissant les canaux adaptés à son produit et/ou service.

La politique de distribution

L'entreprise définit sa stratégie de distribution en fonction du produit ou service vendu, de la typologie de sa clientèle mais aussi de ses objectifs.

1 Les stratégies de distribution

Stratégie	Objectif	Intérêts pour le producteur	Limites pour le producteur
Intensive	Être présent dans un maximum de points de vente.	• Couverture globale du marché. • Source de fidélité car présence forte du produit.	• Perte de contrôle de la distribution des produits. • Ne convient qu'aux produits à petits prix.
Intégrée	Gérer à la fois les fonctions de gros et de détail.	• Maîtrise de toute la chaîne de distribution.	• Nécessité de mobiliser des moyens financiers importants.
Sélective (distribution agréée, concession et franchise)	Être présent dans un nombre limité de points de vente dans une zone géographique précise.	• Économie en termes de coûts logistiques. • Meilleure coordination des opérations marketing. • Contrôle sur le réseau de distribution.	• Nécessité de sélectionner des distributeurs crédibles et cohérents. • Ne convient qu'aux produits pour lesquels les consommateurs sont attachés aux marques ou aux prix.
Exclusive	Être présent dans un nombre limité de points de vente en donnant à des distributeurs choisis une exclusivité territoriale.	• Contrôle des points de vente. • Garantie des marges. • Maîtrise des coûts logistiques, des coûts liés au suivi des clients et des offres promotionnelles.	• Ne convient qu'aux produits haut de gamme à prix élevé, à forte marge et à faible volume de production. • Nécessité de veiller au respect de l'image de marque par les points de vente.

Notes

2 Les contrats de distribution

A. Le cadre d'un contrat de distribution

■ Un contrat de distribution doit définir plusieurs éléments :
- les délais de paiement (entre 45 et 60 jours maximum) ;
- les conditions générales de vente ;
- le barème des prix ;
- les conditions de vente ;
- les obligations favorisant la relation commerciale.

Contrat de distribution
Permet à un fournisseur ou un producteur d'autoriser un autre commerçant, le distributeur, à commercialiser ses produits en son nom et pour son compte.

■ Toutes les conventions annuelles doivent être signées avant le 1er mars de chaque année. Le contrat de distribution doit par ailleurs respecter des contraintes légales relevant du droit commercial français (Loi LME 2008, Hamon 2014 et Macron 2015).

B. Les principaux contrats de distribution

Type de contrat	Description
Licence de marque	Le propriétaire d'une marque donne le droit à un commerçant indépendant, le **licencié**, de se servir de sa marque contre le paiement d'une redevance. Le licencié ne reçoit aucune directive de la part de la marque.
Partenariat commercial	Un fournisseur accorde à des distributeurs indépendants le droit de commercialiser ses biens ou services. Il n'y a aucune transmission de savoir-faire à ses partenaires.
Concession	Un commerçant, le **concessionnaire**, reçoit de la part d'une marque, le **concédant**, une identité visuelle et une exclusivité territoriale à laquelle s'ajoute souvent une exclusivité d'approvisionnement.
Commission affiliation	Un fournisseur, le **commissionnant**, offre le droit de commercialisation de sa marque à un distributeur, le **commissionnaire**. Le commissionnant garde la propriété de son stock.
Franchise	Un distributeur, le **franchisé**, est chargé de revendre les produits sous la marque du fournisseur, le **franchiseur**, dans un contrat de franchise de distribution.

À retenir !

■ Pour garder le contrôle de sa distribution, le producteur optera pour une stratégie de distribution non-intensive.

Les réseaux d'unités commerciales

Fiche 21

La constitution d'un réseau commercial permet d'assurer à la fois les fonctions de gros et de détail.

1 Notion de réseau d'unités commerciales

■ La constitution d'un réseau permet d'assurer à la fois les fonctions de gros et de détail.

■ Fonction de gros : les distributeurs achètent des produits en grande quantité aux producteurs à des tarifs avantageux.

Réseau

Regroupement d'au moins 10 unités commerciales de tailles variables qui portent le nom de l'enseigne et qui doivent suivre la stratégie du groupe.

■ Fonction de détail : les distributeurs assurent la vente directe des produits et des services en petite quantité au client final.

2 Les enjeux des réseaux

■ Aujourd'hui, le commerce indépendant isolé ne représente que 17 % des points de vente en France. Ce phénomène s'explique par le développement de différents formats d'enseignes mais aussi par le recours de plus en plus systématique aux technologies de l'information et de la communication.

■ Les enjeux pour une unité commerciale d'appartenir à un réseau sont nombreux :

☑ La réalisation d'économies d'échelle grâce à une plus grande puissance d'achat auprès des fournisseurs.

☑ Le dynamisme du réseau accentué par l'échange d'informations entre les unités commerciales et la mise en place d'une politique d'animation commerciale.

☑ L'effet de levier généré par la mise en commun des moyens du réseau (plus de ressources financières).

☑ La notoriété et l'image forte du réseau ont un impact direct sur la notoriété et l'image d'une unité commerciale de ce réseau.

À retenir !

■ Aujourd'hui, le commerce en réseau est dominant et représente plus de 80 % des points de vente en France.

Les différents types de réseaux

Notes

On rencontre trois types de réseaux : le réseau intégré, le réseau associé et le réseau mixte.

1 Les différents types de réseaux

Type de réseau	Description
Réseau intégré	• La tête de réseau est propriétaire des points de vente appelés succursales. • Les fonctions de gros et de détail sont effectuées par une centrale d'achat. • La stratégie est décidée par le siège. *Ex.* : Auchan, Boulanger, Célio…
Réseau associé	• Les commerçants sont indépendants et propriétaires de leurs points de vente. • Les commerçants associés construisent ensemble la politique du réseau (achat, gestion, logistique…). *Ex.* : Leclerc, Système U, Conforama…
Réseau mixte Franchise	• Le réseau est constitué à la fois de succursales et de commerçants associés qui ont intégré le réseau en qualité de franchisés, de concessionnaires ou d'affiliés. *Ex.* : *McDonald's, Darty…*

2 Avantages et inconvénients des différents types de réseaux

Type de réseau	+	−
Réseau intégré	• Maîtrise des points de vente. • Maîtrise de la politique commerciale (prix…). • Management direct des équipes.	• Investissement très important pour créer un réseau intégré. • Peu d'autonomie pour les succursales.
Réseau associé	• Mutualisation des achats et des moyens. • Support commercial, juridique, fiscal… • Relative liberté d'entrée et de sortie du réseau.	• Coût d'adhésion au réseau. • Temps passé pour la participation au fonctionnement du réseau.
Franchise	• Accompagnement du franchiseur (création, formation, outils…). • Savoir-faire du franchiseur.	• Coût élevé (droits d'entrée, redevance sur le CA). • Liberté d'approvisionnement limité.

À retenir !

- Le choix du type de réseau constitue un enjeu majeur dans la stratégie globale d'une entreprise.

L'urbanisme commercial

L'urbanisme commercial est l'ensemble des mesures prises par les pouvoirs publics pour améliorer et contrôler l'aménagement des zones commerciales.

1 Le cadre réglementaire de l'urbanisme commercial

- Loi Royer (1974) : l'ouverture d'une grande surface de vente est réglementée pour protéger le commerce de centre-ville.
- Loi LME (2008), lois Pinel et ALUR (2014), loi Macron (2015) : modification du cadre réglementaire de l'autorisation d'implantation.
- Aujourd'hui, l'ouverture d'une surface de vente supérieure à 1 000 m^2 nécessite une autorisation administrative d'exploitation délivrée par la CDAC (Commission départementale d'aménagement commercial).
- La demande d'autorisation d'exploitation commerciale fait l'objet d'une procédure spécifique auprès de la CDAC qui prend une décision d'autorisation ou de refus du projet, au regard de son impact sur l'aménagement du territoire, la préservation des centres urbains, le développement durable et l'environnement.
- En cas de refus, un recours peut être déposé devant la CNAC (Commission Nationale d'Aménagement Commercial).

2 Les projets concernés par le cadre réglementaire

Projets concernés	Projets non-concernés
• Création ou extension d'un drive. • Création ou extension d'un commerce d'une surface de vente > 1 000 m^2 (seuil de 300 m^2 pour les communes de moins de 20 000 habitants). • Changement de secteur d'activité d'un magasin > 2000 m^2 (ou 1 000 m^2 si commerce à dominante alimentaire). • Réouverture d'un magasin > 1000 m^2 après une fermeture de 3 ans.	• Regroupement de magasins voisins < 2 500 m^2 (ou < 1 000 m^2 si commerce à dominante alimentaire). • Les pharmacies. • Les stations-services. • Les commerces de véhicules automobiles ou motocycles. • Les halles et les marchés au détail. • Les magasins < 2 500 m^2 dans les aéroports et gares, accessibles avec un billet de transport.

À retenir !

- L'urbanisme commercial a pour finalité de limiter les éventuelles nuisances liées à l'implantation d'une unité commerciale, tout en conciliant les intérêts des entreprises et ceux des consommateurs.

Notes

La politique commerciale

La politique commerciale constitue la mise en œuvre opérationnelle des décisions de mercatique stratégique.

1 La politique commerciale au niveau du réseau

■ Elle regroupe 6 axes du marketing opérationnel :

1. Le choix de l'assortiment : détermination de la largeur et la profondeur de l'assortiment, choix des types de marques (premiers prix, leaders...).
2. Le prix : fixation du prix en fonction de la rentabilité souhaitée, de l'image et du positionnement.
3. Les services : proposition de services vecteurs de fidélisation (vente-conseil, SAV, livraison...).
4. La politique d'implantation : étude de la zone de chalandise pour choisir un lieu d'implantation stratégique permettant d'atteindre la cible visée.
5. L'aménagement du point de vente : mise en œuvre de la politique de marchandisage (organisation, gestion et séduction).
6. La communication : choix de la politique de communication média et hors média pour accroître la fréquentation et le panier moyen de la clientèle.

2 La politique commerciale au niveau de l'UC

■ La politique commerciale de l'UC doit être cohérente avec la stratégie globale du réseau, en s'adaptant aux particularités locales.

■ Cohérence avec la stratégie du réseau : chaque UC devra respecter la politique globale avec une autonomie plus ou moins limitée en fonction du type de réseau auquel elle appartient : un management décentralisé avec une importante marge de manœuvre ; un management centralisé avec une supervision directe sur les UC (marchandisage, gestion des stocks...).

■ L'adaptation de l'UC aux particularités locales : le réseau peut choisir d'adapter sa politique commerciale pour les besoins et les attentes spécifiques de la zone de chalandise. *Ex.* : choix de l'assortiment, gestion de l'approvisionnement, fixation des prix...

À retenir !

■ Pour être efficace, la politique commerciale doit respecter les décisions stratégiques de la tête de réseau dans une perspective de cohérence globale.

La mercatique amont

Fiche 25

La mercatique amont regroupe les fonctions d'achat, d'approvisionnement et de logistique. Elle gère des flux à la fois physiques et informationnels.

1 L'organisation des achats

■ Chaque réseau dispose d'une centrale d'achat ou de référencement afin de regrouper ses achats et ainsi bénéficier de meilleures conditions commerciales.

■ La centrale d'achat prend en charge la recherche des fournisseurs, leur référencement, les éventuels appels d'offre, la négociation des conditions tarifaires et la réalisation des achats.

■ La centrale de référencement sélectionne les produits auprès des fournisseurs et négocie les conditions tarifaires. Les unités commerciales effectuent ensuite directement leurs achats auprès des fournisseurs en bénéficiant des tarifs négociés.

2 L'organisation de la logistique

■ La maîtrise de la chaîne logistique consiste en la gestion optimale des flux (physiques, informationnels et financiers) afin d'assurer la circulation du produit jusqu'au client dans les meilleures conditions et les meilleurs délais.

Chaîne logistique
Ensemble des flux circulant dans l'entreprise, et entre elle et son environnement.

3 L'organisation de l'approvisionnement

■ En fonction du réseau, l'approvisionnement peut s'effectuer en :
– Livraison directe : le fournisseur livre directement les UC (produits locaux, lourds ou à faible rotation).
– Livraison indirecte via un entrepôt de stockage : le fournisseur livre les produits à un entrepôt où les marchandises sont stockées avant distribution aux UC en fonction des besoins de réassort.
– Livraison indirecte via une plate-forme de stockage : le fournisseur livre les produits à une plate-forme qui permet de stocker les marchandises en grande quantité et pour une durée très limitée (moins de 24 heures).

À retenir !

■ La bonne gestion de la mercatique amont d'un réseau constitue un enjeu majeur dans le développement commercial et la rentabilité d'un point de vente.

La sélection des fournisseurs

Notes

Le point de vente attend de ses fournisseurs des produits qui lui permettent de recruter et de fidéliser la clientèle, de développer son CA et sa rentabilité.

1 Les 9 étapes de la recherche de fournisseurs

Étape 1 Déterminer les critères de sélection.

Étape 2 Créer un outil de sélection des fournisseurs.

Étape 3 Rechercher les fournisseurs (prise de contact, publication d'appels d'offres).

Étape 4 Adresser des demandes aux fournisseurs potentiels à partir d'un cahier des charges.

Étape 5 Traiter les propositions reçues.

Étape 6 Affiner la connaissance des fournisseurs présélectionnés.

Étape 7 Choisir le ou les fournisseurs.

Étape 8 Négocier les conditions générales de vente.

Étape 9 Signer le contrat et parfois une charte d'achat.

2 La détermination des critères de sélection des fournisseurs

■ Les principaux critères de sélection des fournisseurs sont les suivants :
- choix en termes d'offre de produits ;
- conditions commerciales ;
- délais de livraison (notamment sur la liste des 20/80 commercialisés) ;
- conditions de retour des marchandises non-vendues et de SAV ;
- provenance géographique ;
- fiabilité (réputation et situation financière) ;
- présence d'une force sur le terrain.

3 L'élaboration d'un outil de sélection

■ Le scoring consiste à attribuer une note pour chaque critère de sélection (qualité des produits, prix, fréquence de livraison…) en fonction de son importance pour le distributeur (souvent une pondération de 1 à 5). Le fournisseur sélectionné correspondra au score pondéré le plus élevé.

Matrice de décision

Pondération du critère

Somme des notes pondérée

Choix n° 1

Critères	Livraison		SAV		Serv. clients		Prix		Qualité		Total Pondéré
Pondération	3		2		3		3		4		
Fournisseur 1	5	**15**	3	**6**	3	**9**	3	**9**	3	**12**	**51**
Fournisseur 2	3	**9**	2	**4**	4	**12**	3	**9**	3	**12**	**46**
Fournisseur 3	2	**6**	4	**8**	2	**6**	5	**15**	2	**8**	**43**

Évaluation

Évaluation pondérée

À retenir !

- Le processus de sélection des fournisseurs suit une démarche rigoureuse nécessaire à la rentabilité d'une UC et à la fidélisation de sa clientèle.

Les négociations commerciales entre producteur et distributeur

Notes

La loi impose un certain nombre de règles pour assurer des négociations commerciales équitables et saines.

1 Les enjeux des négociations commerciales

■ Les principaux points des négociations producteur/distributeur portent sur :
– les Conditions Générales de Vente (CGV) ;
– la politique promotionnelle (forte visibilité des prix bas pour le consommateur) ;
– le marchandisage (mise en avant des produits à forte marge) ;
– la stratégie de distribution (exclusive ou sélective) ;
– les produits (marque nationale ou marque distributeur) ;
– la communication (partage des coûts de communication) ;
– la logistique (partage des coûts).

2 Le cadre juridique des négociations commerciales

Sujet	Description
Revente à perte	Interdit de revendre un produit à un prix inférieur à son coût d'achat sauf cas particulier (*ex. :* Produits périssables).
Délais de paiement	Délais de paiement du distributeur à ses fournisseurs de 60 jours maximum.
Refus de vente	Interdit par la législation. Il peut être autorisé dans de rares cas (*ex. :* Pas de conditions discriminatoires).
Référencement	Versement de primes subordonné à un engagement du distributeur sur un volume d'achat proportionné.
Déréférencement	Interdit de rompre une relation sans préavis.
CGV	Obligation de transmettre les CGV avant transaction.
Tarifs	Principe de liberté tarifaire pour différencier les prix en fonction de la relation distributeur/fournisseur.
Autres avantages financiers	Application de tarifs différents uniquement si différences justifiées par des contreparties réelles.
Prix imposés	Interdiction pour un producteur d'imposer des prix. Possibilité de proposer un prix conseillé.
Promotions	Limitation des promotions à – 34 % et possibilité de faire des promotions uniquement sur 25 % du stock total du produit.

À retenir !

■ Un cadre juridique garantit les bonnes pratiques en matière de négociation. Ses principales dispositions sont contenues dans le droit commercial français.

Les actions de coopération commerciale

Fiche 28

La coopération entre producteurs et distributeurs est facilitée par une démarche mercatique (*trade marketing*).

1 Les enjeux de la mercatique de la distribution

- Satisfaire le client (bon produit au bon moment au bon prix).
- Minimiser les coûts logistiques.
- Éviter les ruptures de produits (produits en linéaire et commandes optimisées).
- Fixer les prix et démarches justes pour les différents acteurs.

2 Les principales actions de partenariat

A. Le *trade marketing*

■ Le *trade marketing* ou marketing vise à optimiser les relations entre un producteur et un distributeur. Il porte sur 5 points :
– La marque : choix de la gamme, *cobranding*…
– La logistique : économies d'échelle grâce à la gestion informatisée des commandes, la GPA (Gestion Partagée des Approvisionnements) …
– L'information : mise en place d'un EDI (Échange de Données Informatisées).
– Le marchandisage : conception de plan grâce à des logiciels.
– La promotion : opérations promotionnelles communes.

B. Le *category management*

■ Le category management considère les catégories de produits comme des domaines d'activité stratégique (DAS). Sa démarche est de prendre en compte la satisfaction optimale des besoins.

C. L'ECR (*Efficient Consumer Response*)

■ L'ECR vise à mieux organiser l'ensemble de la chaîne de commercialisation et d'approvisionnement en rendant les systèmes d'échanges plus efficients, moins coûteux et plus réactifs aux attentes des consommateurs.

Définition

L'ECR a pour but de favoriser les initiatives conjointes industrie/commerce afin d'apporter une réponse optimale au consommateur.

À retenir !

■ La concentration des enseignes de la grande distribution a abouti à un déséquilibre du rapport de force au détriment des producteurs.

Le marchandisage du point de vente

Notes

Le marchandisage est l'ensemble des techniques mises en œuvre dans le point de vente afin d'accroître l'attractivité des rayons et d'augmenter la rentabilité et la performance du point de vente.

1 Pour quelles raisons le point de vente est-il essentiel ?

Raisons mercatiques → Il faut que le consommateur puisse circuler librement et confortablement dans le point de vente.

Raisons financières → L'UC doit augmenter en permanence sa rentabilité et ses indicateurs de performance.

Raisons logistiques → Le personnel doit pouvoir travailler dans les meilleures conditions et l'approvisionnement doit être facilité.

2 Les trois formes de marchandisage

Formes	Objectifs	Exemples
Marchandisage de gestion	L'objectif est d'accroître la rentabilité et d'augmenter les indicateurs de performance du point de vente.	Une référence occupera 2 % du linéaire car elle réalise 2 % du CA du rayon.
Marchandisage de séduction	Le consommateur doit être séduit par l'aménagement du point de vente qui provoquera ainsi davantage d'achats d'impulsion.	Présentation par univers, odeurs de pain frais dans le rayon boulangerie...
Marchandisage d'organisation	Le client doit trouver le plus facilement possible les produits recherchés.	Produits lourds au niveau bas des linéaires.

À retenir !

- Trois types de marchandisage existent : marchandisage de séduction, d'organisation et de gestion.

L'aménagement du point de vente

Fiche 30

On distingue deux zones dans un point de vente : le *front-office* (partie visible du client) et le *back-office* (non visible du client correspondant aux réserves et aux bureaux du personnel).

1 Qu'est-ce que le *zoning* ?

■ Il s'agit de l'aménagement de la surface de vente. Le parcours du client doit être optimisé dès son entrée en magasin. Les produits seront placés en zone chaude (très « vendeuse », en général à droite à l'entrée du magasin) ou en zone froide (peu attractive, en générale à gauche au fond du magasin).

■ Les allées ont également des fonctions différentes. L'allée centrale permet d'aller d'un bout à l'autre du point de vente. Les allées périphériques permettent de faire le tour du magasin. L'allée pénétrante traverse la zone chaude. Les allées secondaires permettent de rentrer dans les rayons à partir de l'allée centrale.

2 Les 4 types d'implantation

■ En boutique (corner) : l'idée est de recréer des boutiques à l'intérieur d'une boutique (*ex. :* les Galeries Lafayette).

■ En circuit dirigé : le distributeur oblige le client à passer dans tous les rayons (*ex. :* l'enseigne IKEA).

■ En grille : le plan de masse du magasin suit la logique d'un quadrillage (*ex. :* les supermarchés alimentaires).

■ En circuit libre : le client circule dans le magasin comme il le souhaite (*ex. :* l'enseigne ETAM).

3 Comment la surface de vente est-elle répartie ?

■ L'indicateur qui permet de mesurer la répartition de la surface de vente est le Coefficient d'Occupation des Sols (COS) :

(Surface au sol des linéaires/ Surface de vente totale en m^2) × 100

■ Plus le COS est faible plus le point de vente est aéré, plus il est élevé moins il y a de place pour circuler.

À retenir !

■ L'aménagement du point de vente se fait grâce au zoning. Les différentes allées d'un magasin ont des fonctions différentes.

Le digital au service du marchandisage

Notes

L'introduction du digital dans les points de vente a engendré des apports majeurs.

1 L'optimisation de la surface de vente

■ Des outils digitaux apparus depuis quelques années dans les points de vente permettent d'approvisionner plus facilement et d'agencer le point de vente de façon optimale.

■ Les outils de réalité virtuelle (tablettes, casques virtuels) permettent aux marchandiseurs de simuler des implantations et de choisir ainsi l'implantation optimale.

■ Certains magasins entiers sont virtuels. Le magasin existe physiquement mais aucun produit n'est en rayon. Une tablette permet d'implanter virtuellement les produits. *Ex.* : Showroom virtuel de Darty ou Conforama.

Remarque

On parle de « V-commerce » (*Virtual Commerce*) pour désigner le commerce en réalité virtuelle.

■ Les caméras ou applications de géolocalisation permettent enfin de « zoner » le magasin et de mesurer l'attractivité de chaque rayon.

2 Faciliter le déplacement dans le point de vente

■ Aujourd'hui, on parle de point de vente PHYGITAL (physique et digital). Le client souhaite gagner du temps et de ce fait pouvoir préparer ses achats chez lui.

■ Il existe plusieurs outils disponibles dans les points de vente qui lui permettent ce gain de temps : les services de « Click & Collect », les vitrines virtuelles ou le *self scanning* par exemple.

À retenir !

■ Le digital a modifié profondément les habitudes de consommation mais également les pratiques de vente ; de nouveaux concepts sont apparus.

L'évolution du point de vente virtuel

Le point de vente virtuel a considérablement évolué ces dernières années pour en faire apparaître plusieurs sortes.

1 Quelles sont les différentes UC virtuelles ?

■ Il s'agit de site de *e-commerce*. Le consommateur peut acheter sur ces sites contrairement aux sites vitrines.

■ Il existe trois types de magasins virtuels :
– Le site de *e-commerce* pur de vente en ligne (*ex.* : Photobox).
– Le site « place de marché » qui joue l'intermédiaire entre différents acheteurs et différents vendeurs. Il est rémunéré sous forme de commission (*ex.* : Leboncoin).
– Le site mixte qui vend à la fois ses propres produits mais également les produits d'autres offreurs (*ex.* : Amazon).

■ On peut aussi distinguer les enseignes virtuelles selon leur place sur le marché :
– Les sites de vente à distance (véadistes), appelés auparavant « vépécistes » (ventes par correspondance), mais depuis l'arrivée d'Internet, les commandes se font essentiellement via ce média (*ex.* : La Redoute).
– Les *Pure Players* qui ne vendent qu'« en ligne » et uniquement leurs produits (*ex.* : Sarenza).
– Les « *Click and Mortar* » distribuent à la fois en magasin physique et sur leur site Internet (*ex.* : Intermarché).

2 Comment évolue le e-commerce ?

■ Les internautes commandent grâce à différents supports et en particulier leur téléphone portable. On parle aujourd'hui de « m-commerce » (*mobile commerce*).

■ Ces évolutions rapides et nombreuses obligent les distributeurs à être très réactifs notamment concernant l'ergonomie de leurs sites qui doivent être adaptés à la navigation sur ces différents supports.

Remarque

Le *e-commerce* est en pleine expansion. Il représente 82 milliards d'euros et est en permanente hausse.

À retenir !

■ Il existe plusieurs types de points de vente virtuels : véadistes, *Pure Players*, *Click and Mortar*, m-commerce…

La construction d'un site de *e-commerce*

Notes

Le site doit permettre de vendre alors que le consommateur n'est pas accompagné dans son expérience d'achat par un vendeur. Il est donc nécessaire de mettre en place un *e-marchandisage* performant.

1 Comment organiser le site ?

■ Les éléments indispensables dans l'arborescence sont les suivants :
– La *home page* : c'est la page d'accueil du site. C'est l'équivalent de la porte d'entrée d'un magasin physique.
– Le catalogue présente l'ensemble des produits disponibles sur le site.
– Les fiches-produits : en cliquant dans le catalogue, on accède à des fiches détaillées sur les produits qui reprennent les différentes caractéristiques des produits tant techniques que commerciales.
– Le panier liste tous les produits que le consommateur a déjà sélectionnés. C'est l'équivalent du caddie.
– Le contact permet au client de contacter une assistance s'il en a besoin.
– La FAQ (foire aux questions) : le consommateur peut se renseigner sur différents points avant d'effectuer son achat.

2 Quel design pour un site de *e-commerce* ?

■ L'architecture du site est importante mais il faut que le consommateur se retrouve dans l'univers de l'enseigne.

■ Il est donc primordial :
– d'utiliser l'identité visuelle de l'enseigne ;
– d'animer le site avec des événements éphémères (Pâques, Saint-Valentin…) et d'en respecter les codes visuels (*ex. :* Le rouge pour la Saint-Valentin) ;
– de permettre une navigation aisée.

À retenir !

■ Un site marchand doit respecter une architecture rigoureuse pour espérer vendre. En effet, aucun vendeur ne guidera le consommateur. Il doit donc être autonome

Le catalogue et le descriptif des produits en *e-commerce*

Fiche 34

Le catalogue de produits d'un site de *e-commerce* doit permettre de vendre alors que le consommateur n'est pas accompagné.

1 Comment construire un catalogue de *e-commerce* ?

■ Il existe différents types de construction d'un catalogue de produits sur un site marchand.

■ Des critères techniques et/ou thématiques peuvent être utilisés. Les produits peuvent être présentés par :
- univers (*ex. :* Diététique) ;
- rayon (*ex. :* Fruits et légumes) ;
- famille (*ex. :* Cafés, décaféinés) ;
- lieu de consommation (*ex. :* Chambre, garage) ;
- style (*ex. :* Moderne, contemporain).

■ Il reviendra au client la charge de filtrer ses recherches en fonction de ses besoins.

■ Cependant, le catalogue n'est pas suffisant et le distributeur doit également construire des fiches-produits afin que le client prenne connaissance des caractéristiques techniques et commerciales des produits.

2 Comment construire une fiche-produit ?

■ Les différents éléments d'une fiche-produit sont les suivants :
- L'intitulé du produit.
- Le prix.
- La disponibilité.
- Les conditions de livraison.
- Des photos et/ou des vidéos.
- La description détaillée.
- La mention « Ajouter au panier ».

3 Comment le client peut-il être aidé dans son choix ?

■ Le client peut faire appel à différents outils pour l'aider dans son choix comme :
- les avis clients ;
- les *chatbots*.

À retenir !

■ Les produits d'un site de e-commerce nécessitent une description précise et détaillée car le client est seul durant son acte d'achat.

Le processus du tunnel d'achat

Notes

Le tunnel d'achat est le cheminement du client entre son clic sur « Ajouter au panier » et la confirmation de sa commande, souvent sur sa boîte mail.

1 Comment optimiser son tunnel d'achat ?

■ L'objectif durant ce parcours est que le client n'abandonne pas son achat. Il faut donc que le taux d'abandon du panier soit le plus faible possible.

■ Ce tunnel doit comporter 6 étapes incontournables :

Étape 1 Constitution du panier.

Étape 2 Validation du panier.

Étape 3 Création du compte (si ce n'est pas déjà fait).

Étape 4 Choix des modalités de livraison.

Étape 5 Validation des commandes.

Étape 6 Paiement.

2 Quelle réglementation faut-il respecter ?

- ☑ Les conditions générales de vente.
- ☑ Le double-clic obligatoire pour conclure un contrat sur Internet.
- ☑ Le délai de rétractation s'élevant à 14 jours à compter du jour de la conclusion du contrat. Le vendeur doit procéder au remboursement dans les 14 jours qui suivent la rétractation.
- ☑ Le délai de livraison qui doit être indiqué avant que la commande ne soit finalisée.
- ☑ La sécurisation des informations de paiement.
- ☑ Les garanties diverses.
- ☑ La sécurisation des données personnelles. Elles ne peuvent être conservées que durant un temps limité.

À retenir !

■ Le tunnel d'achat correspond au processus d'achat sur internet. Il respecte certaines étapes incontournables. La vente sur internet est , elle-aussi, réglementée.

L'évaluation des performances d'un site marchand

Fiche 36

Comme pour un magasin physique, le site marchand utilise des indicateurs pour mesurer sa performance. Certains sont classiques et d'autres sont spécifiques au secteur du *e-commerce*.

1 Les indicateurs classiques

Indicateurs	Formules
Chiffres d'affaires	Quantité × Prix Unitaire
Marge commerciale	CA – Coût d'achat
Panier moyen	$\frac{\text{CA}}{\text{Nombre de commandes}}$

2 Les indicateurs spécifiques

Indicateurs	Formules	Signification
Nombre de visites	Recensées sur Google Analytics	Nombre de venues sur un site marchand
Nombre moyen de pages vues	$\frac{\text{Nombre de pages vues}}{\text{Nombre de visiteurs}}$	Nombre moyen de pages vues par un visiteur sur une période définie
Taux de rebond	$\frac{\text{Nombre de visiteurs ayant vu une seule page}}{\text{Nombre de visiteurs}} \times 100$	Part de visiteurs ayant consulté une seule page Web
Taux d'abandon de panier	$\frac{\text{Nombre de visiteurs ayant abandonné leur panier}}{\text{Nombre de visiteurs ayant un panier}} \times 100$	% de visiteurs ayant un panier et ne le validant pas
Taux de refus	$\frac{\text{Nombre de visiteurs ayant vu plusieurs pages}}{\text{Nombre de visiteurs}} \times 100$	% de visiteurs ayant visité plusieurs pages sans acheter
Taux de conversion	$\frac{\text{Nombre de commandes}}{\text{Nombre de visites}} \times 100$	% de visiteurs ayant passé commande au cours de leur visite

À retenir !

- Pour mesurer la performance d'un site Internet, de nombreux indicateurs existent.

Le marchandisage du linéaire

Notes

Le marchandisage du rayon présente des enjeux à la fois marketing, logistiques et de rentabilité.

1 La notion de marchandisage

■ Le marchandisage englobe un ensemble de techniques visant l'optimisation de l'assortiment, l'optimisation de la location de l'espace par produits et marques, l'aménagement du point de vente et de la circulation, la mise en valeur et la mise en avant des produits, et la communication sur le lieu de vente.

Remarque

Règle des 5B de Kepner : proposer le Bon produit, au Bon endroit, au Bon moment, au Bon prix et en Bonne quantité.

2 Les différents types de marchandisage

- **Marchandisage d'organisation** → Choix d'implantation liés aux contraintes logistiques, organisationnelles, à la circulation en magasin, au balisage et à la communication.
- **Marchandisage de gestion** → Allocation optimale du linéaire pour favoriser les ventes et accroître la rentabilité du point de vente.
- **Marchandisage de séduction** → Mise en valeur de l'offre afin de séduire le consommateur, faciliter l'achat et provoquer l'achat d'impulsion.

3 Les contraintes d'organisation du linéaire

Sens de lecture et visibilité	Sensibilité aux marques	Comportement d'achat	Manutention
Le client lit le linéaire horizontalement et doit pouvoir le comprendre rapidement.	Parfois, le client est attaché à une marque et choisira le produit en fonction de sa marque.	Le client peut avoir des comportements d'achat différents : – l'achat avec liste, – l'achat remémoré en voyant le produit, – l'achat suggéré par la théâtralisation de l'offre, – l'achat d'impulsion.	Certains produits (lourds et volumineux) doivent être placés en bas des rayons pour faciliter leur manutention.

À retenir !

■ Le marchandisage vise à améliorer l'expérience client dans l'unité commerciale jusqu'au produit recherché tout en optimisant la rentabilité du linéaire.

L'agencement des linéaires

L'enjeu de l'agencement des linéaires est de retenir l'attention du client sachant qu'il se déplace à un mètre/seconde dans un point de vente.

1 Les enjeux de l'agencement des linéaires

- L'agencement des linéaires s'effectue à partir d'un planogramme souvent élaboré par le siège puis transmis aux magasins dans le cas d'un réseau.

- La finalité d'un planogramme se décline en 5 points :
  - ☑ Maximiser le chiffre d'affaires des différentes familles de produits.
  - ☑ Dégager une bonne marge.
  - ☑ Minimiser les frais liés au stockage.
  - ☑ Attirer l'attention des clients sur les produits.
  - ☑ Favoriser la prise en main par le client des produits.

> **Le planogramme**
> Représentation graphique du linéaire, souvent élaborée à partir d'un logiciel, permettant de visualiser la place accordée aux différentes familles de produits dans le rayon.

- L'implantation des rayons doit tenir compte du sens de circulation du client au sein de l'unité commerciale. Chaque gondole a une face positive (visible par le client) et une face négative (moins visible). L'unité commerciale privilégiera souvent les produits à achat d'impulsion en face positive.

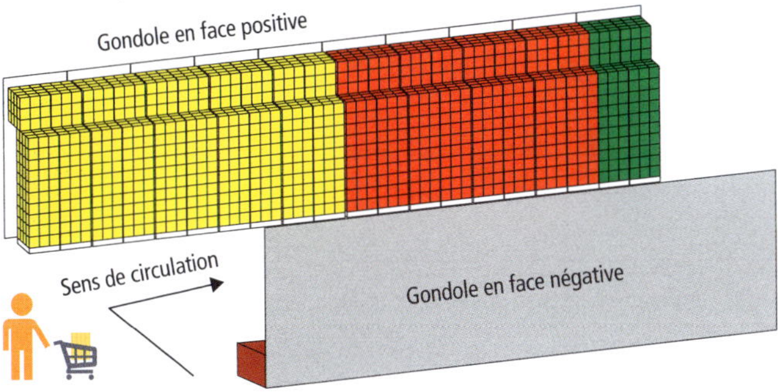

2 Les unités de mesure du linéaire

- **Allocation du linéaire** : démarche par laquelle on attribue à chaque référence un certain nombre de mètres linéaires au sein du rayon.

Notes

A. La mesure du linéaire

- **Linéaire au sol (LS)** : longueur du mobilier de présentation mesuré au sol.
- **Linéaire développé du rayon (MLD)** : linéaire au sol du rayon multiplié par le nombre de niveaux de présentation.

Exemple de mesure du linéaire du rayon « Pâte à tartiner »

– LS du rayon : 4 mètres
– MLD du rayon : 4 m × 5 niveaux = 20 MLD
– LS de Nutella : 2 m
– MLD de Nutella : 2m × 5 niveaux = 10 MLD

Niveau 5	Nutella	Nutella	Bio	Carrefour
Niveau 4	Nutella	Nutella	Bio	Carrefour
Niveau 3	Nutella	Nutella	Bio	Carrefour
Niveau 2	Nutella	Nutella	1er prix	Carrefour
Niveau 1	Nutella	Nutella	1er prix	Carrefour

Niveaux de présentation

Linéaire au sol en mètres

B. La frontale (ou facing)

- **Facing** : nombre de produits visibles sur chaque niveau de présentation. On parle de facing en unités de produits ou en centimètres.
- **Capacité de facing ou de stockage** : quantité d'articles stockés pour un facing. Elle dépend de la hauteur du produit et de sa largeur.

> Capacité de stockage =
> nombre de produits en hauteur × nombre de produits en profondeur × nombre de produits en largeur

Exemple de calcul de la capacité de stockage du linéaire « Eaux minérales » :

– Hauteur = 3 produits
– Profondeur = 4 produits
– Largeur = 10 produits
– Capacité de stockage = 3 × 4 × 10 = 120 produits

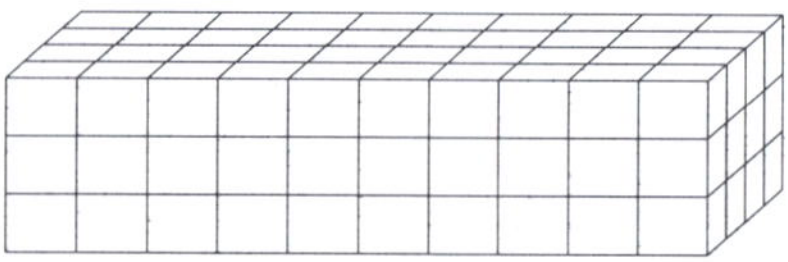

À retenir !

- L'agencement du linéaire tient compte du comportement du client en magasin pour attirer son attention, développer son chiffre d'affaires et sa rentabilité.

L'implantation des produits dans le linéaire

Les points de vente mettent en place différentes stratégies d'implantation des produits dans le linéaire, en cohérence avec leur politique commerciale.

1 Les types d'implantation

- **Implantation horizontale :** les produits d'une même famille ou sous-famille sont présentés horizontalement sur plusieurs niveaux par produit. Cette implantation incite le client à parcourir tout le rayon.
- **Implantation verticale :** les produits d'une même famille ou marque sont présentés verticalement. Cette présentation met en valeur le produit en donnant au client une impression de masse.

Implantation horizontale

Sardines en boîte	Niveau 4
Thon au naturel	Niveau 3
Thon à l'huile	Niveau 2
Autres conserves de poisson	Niveau 1

Implantation verticale

Sardines en boîte	Thon au naturel	Thon à l'huile	Autres conserves de poisson	
				Niveau 4
				Niveau 3
				Niveau 2
				Niveau 1

2 Les niveaux d'implantation

Niveau	Description
Niveau du chapeau	• Zone froide • Packagings repérables de loin • Niveau difficile d'accès • Rentabilité variable
Niveau des yeux	• Zone chaude • Produits à forte notoriété et à achat d'impulsion • Niveau vendeur • Rentabilité très bonne
Niveau des mains	• Zone chaude • Produits à forte marge et nouveaux produits • Produits complémentaires • Rentabilité moyenne/bonne
Niveau des pieds	• Zone froide • Produits volumineux et lourds • Produits d'appel, achats utilitaires • Niveau peu vendeur • Rentabilité faible

Notes

3 Les stratégies d'implantation

A. La règle des trois tiers

■ L'emplacement stratégique des produits au milieu du rayon est au cœur des négociations entre producteurs et distributeurs. Le deuxième tiers étant le plus vendeur, le producteur négociera pour y placer ses produits tandis que le distributeur préférera y placer les produits de sa marque distributeur (MDD).

Premier tiers	Deuxième tiers	Troisième tiers
Zone froide Emplacement moins vendeur	Zone chaude Emplacement vendeur et stratégique	Zone froide Emplacement moins vendeur
Circulation rapide	Circulation lente	Circulation rapide

→

Sens de circulation du client

B. Le placement en tête de gondole

■ **Tête de gondole :** située tout au bout du rayon, orientée vers l'allée centrale, elle est très vendeuse car c'est la plus visible de l'allée centrale.

■ On y trouve les produits considérés comme les clés d'entrée dans le rayon ou les promotions présentées avec un effet de masse. L'impact sur les ventes peut être très fort et multiplier les ventes par 2 ou 3 selon l'offre.

C. Le placement en fonction du prix de vente

■ Les produits peuvent être placés en fonction de leur prix :
– **Le gradient prix en horizontalité :** les produits les moins chers sont placés en début de linéaire, les plus chers en bout.
– **Le gradient prix en verticalité :** les produits les moins chers sont placés en bas du linéaire, les plus chers en haut.

D. Le double placement ou *cross merchandising*

■ Pour déclencher un achat d'impulsion, un produit peut être implanté à deux endroits différents au sein du point de vente afin de générer des ventes additionnelles dans sa famille ou dans une autre famille souvent complémentaire. *Ex. :* Crème chantilly dans le rayon « Crèmerie » et à côté des fraises.

À retenir !

■ Les distributeurs peuvent combiner plusieurs stratégies d'implantation dans le point de vente en s'adaptant au comportement du client.

La mesure des performances du linéaire

Fiche 40

La mesure des performances du linéaire peut s'effectuer par les indices d'attractivité du rayon ou par les indices de sensibilité au produit.

1 Les indices d'attractivité du rayon

■ Une étude des flux clients permet de mettre en évidence le comportement d'achat du client lors de son parcours dans le point de vente. Cette étude est menée par le biais de l'observation d'un échantillon de la clientèle.

Indice	Description et calcul
Indice de passage	Degré de fréquentation du rayon : $\frac{\text{Nombre de clients passant dans le rayon}}{\text{Nombre de clients entrant dans le magasin}}$
Indice d'attention	Capacité du rayon à capter l'attention du client : $\frac{\text{Nombre d'arrêts dans le rayon}}{\text{Nombre de clients passant dans le rayon}}$
Indice de manipulation	Qualité de présentation des produits : $\frac{\text{Nombre de prises en main}}{\text{Nombre d'arrêts}}$
Indice d'achat	Évaluation du rapport qualité-prix : $\frac{\text{Nombre d'achats}}{\text{Nombre de prises en main}}$
Indice d'attractivité	Capacité du rayon à faire acheter : $\frac{\text{Indice d'achat}}{\text{Indice de passage}}$

2 Les indices de sensibilité au produit

■ Pour vérifier la rentabilité d'une famille par rapport à la longueur du linéaire accordé, on calcule les performances des produits avec les indices de sensibilité.

$$\text{Indice de sensibilité au CA} = \frac{\text{\% de CA d'un produit dans sa famille}}{\text{\% du linéaire développé d'un produit dans sa famille}}$$

Notes

$$\text{Indice de sensibilité à la marge} = \frac{\text{\% de marge d'un produit dans sa famille}}{\text{\% du linéaire développé d'un produit dans sa famille}}$$

Indice de sensibilité	Analyse
IS < 1	Le produit est sur-représenté (place trop importante). Il faut diminuer le linéaire accordé.
IS > 1	Le produit est sous-représenté (place insuffisante). Il faut augmenter le linéaire accordé.

■ Idéalement, tous les indices doivent être proches de 1. Pour corriger le linéaire accordé au produit, on multiplie le linéaire développé en mètres par l'indice de sensibilité :

Linéaire corrigé (en mètre) = ancien linéaire × IS

À retenir !

- La mesure des performances du linéaire permet de mettre en place des actions correctrices afin d'améliorer la rentabilité et l'attractivité du rayon.

La mise en valeur de l'offre dans le linéaire

Fiche 41

Pour mettre en valeur l'offre, on utilise les mêmes éléments de séduction que pour l'aménagement du magasin (théâtralisation, mobilier...).

1 La mise en valeur de l'offre de produits

Type de présentation	Description	Exemples
L'effet de masse	Regroupement des produits en un bloc pour créer un effet de masse et capter l'attention du client.	Rayon fruits et légumes
La présentation feuilletée	Présentation des vêtements de profil, sur cintres, pour créer un effet de masse.	Prêt-à-porter
La présentation à plat	Présentation des produits de façon à voir le dessus.	Surgelés
Le *color blocking*	Regroupement des produits par couleur pour donner une impression d'ordre.	Linge de maison
La symétrie	Présentation des produits avec des formes proches ou identiques de part et d'autre d'un axe de symétrie, pour créer un effet miroir.	Parfumerie
Le libre toucher	Présentation des produits permettant aux clients de manipuler le produit afin de se l'approprier plus facilement.	Téléphones portables
L'anatomie	Présentation qui consiste à placer l'offre haut et bas l'une au-dessus de l'autre, comme si l'ensemble pouvait être porté.	Prêt-à-porter

2 La mise en valeur de l'offre de services

■ Aujourd'hui, de nombreux points de vente proposent une offre de services en complément de leur offre physique.

■ Le terme « serviscène » regroupe tous les éléments permettant la mise en valeur de l'offre de services (décor, ambiance, mobilier...). La serviscène contribue à rassurer le client sur le service proposé en lui permettant de visualiser l'offre, souvent par les outils digitaux (écrans, tablettes, bornes interactives...). Elle est également un facteur de différenciation par rapport à la concurrence.

À retenir !

■ La mise en valeur de l'offre de produits et services constitue un élément-clé du marchandisage de séduction pour déclencher les achats d'impulsion.

Les apports du digital pour le marchandisage

Notes

Le digital constitue un véritable outil participant à une meilleure valorisation de l'offre et à un système de réapprovisionnement optimisé.

1 Le digital dans la mise en valeur de l'offre

■ Le **configurateur 3D interactif** permet au client de personnaliser son produit et de le prévisualiser avant de le commander. Le configurateur peut être mis à disposition du client sur un écran digital en libre-service ou installé sur la tablette d'un vendeur. *Ex. :* configurateur de dressing d'Ikea.

■ La réalité augmentée et la réalité virtuelle permettent de tester le produit et de placer le consommateur en situation d'utilisation. *Ex. :* test des tentes Quechua de Decathlon.

2 Le digital dans l'optimisation du réapprovisionnement

Outil	Description
Caisse connectée	Permet de répertorier les produits achetés par les clients et d'optimiser le réapprovisionnement.
Borne de commande	Permet à un client de commander un produit qu'il a testé en magasin ou qui n'est plus disponible afin de le recevoir à domicile.
Tablette tactile	Permet aux vendeurs d'ajuster les rayons en fonction des données recueillies sur le SIC du magasin.
Reconnaissance des produits en rayon	Permet d'éviter les ruptures de stock grâce aux caméras et aux étiquettes connectées.
Linéaire digital	Permet de présenter les produits sur un linéaire digital, et de le ré-agencer avec plus de flexibilité.

À retenir !

■ Le digital permet d'une part de mettre le client en situation d'achat et d'autre part une plus grande réactivité dans la gestion des réapprovisionnements.

Les enjeux de l'animation commerciale

Fiche 43

L'animation commerciale présente de nombreux enjeux, tant pour les unités commerciales physiques que pour les unités commerciales virtuelles.

1 Les 3 types d'animation commerciale

Animation commerciale
Technique qui permet de développer les performances de l'espace commercial.

■ L'animation sur l'ensemble de l'offre : elle est le plus souvent organisée par le réseau et peut s'étendre au niveau national ou régional. *Ex. :* organisation d'une soirée Foire aux vins Leclerc.

■ L'animation sur une marque spécifique : elle est proposée par un fournisseur ou une marque et s'étend au niveau national ou régional. *Ex. :* organisation d'une dégustation de chips avec porte-clés offert.

■ L'animation sur un produit ou une gamme au sein d'un rayon : elle est mise en place le plus souvent au niveau local par le responsable de l'unité commerciale. *Ex. :* maquillage Lancôme offert dans un magasin Nocibé.

2 Les objectifs de l'animation commerciale

	Objectifs quantitatifs	Objectifs qualitatifs
Au niveau du réseau	• Développer le CA. • Augmenter le panier moyen. • Augmenter le trafic clients. • Augmenter l'indice de vente.	• Fidéliser sa clientèle grâce à une expérience client unique. • Améliorer l'image de marque. • Se différencier de la concurrence.
Au niveau de l'unité commerciale ou du rayon	• Développer le CA du rayon concerné. • Augmenter le panier moyen. • Favoriser les achats d'impulsion. • Augmenter le taux de transformation.	• Valoriser l'offre grâce à la théâtralisation. • Faire découvrir de nouveaux produits. • Créer une relation privilégiée avec la clientèle. • Mesurer la satisfaction de la clientèle.

À retenir !

■ La mise en place d'un programme d'animations commerciales dans un point de vente participe au développement des performances commerciales mais aussi à la fidélisation de la clientèle et à la motivation des collaborateurs.

Les techniques d'animation commerciale

Fic 4

Notes

Les techniques d'animation sont très variées afin de toujours surprendre le client pour dynamiser les ventes dans l'UC.

1 Les animations commerciales des unités physiques

- **La dégustation :** proposition de goûter un produit alimentaire, souvent liée à un achat immédiat.
- **La démonstration :** mise en scène de l'utilisation du produit généralement liée à une argumentation commerciale.
- **L'échantillonnage (ou distribution d'échantillons) :** distribution d'une forme réduite du conditionnement courant et offerte gratuitement.

Remarque

Se développent aussi le *street marketing* et les *pop-up stores* (magasins de petites tailles implantés provisoirement dans un centre commercial ou sur le lieu d'un événement).

- **La distribution de cadeaux et d'objets publicitaires :** distribution d'objets de faible valeur unitaire remis gratuitement.
- **La mise en place d'événements ponctuels ou ventes privées :** événements liés à des saisonnalités, fêtes, actualités.
- **Les ateliers DIY (*Do It Yourself*) :** atelier permettant aux clients d'utiliser les produits d'une gamme.
- **Les ventes flash par annonce micro :** opération promotionnelle sur une durée déterminée annoncée par l'animateur.
- **L'organisation de jeux d'animation :** mise en place d'une loterie ou concours permettant de collecter des données sur le client.

2 Les animations des unités virtuelles

- **L'encart thématique :** il propose aux clients une sélection de produits ou un univers thématique.
- **La vente flash :** elle est annoncée sur le site marchand par un système de chronomètre.
- **Les jeux :** les internautes peuvent participer à des loteries ou concours sur le site de l'enseigne ou sur sa page Facebook.
- **Le webinaire :** un animateur propose un produit ou un service sous la forme d'une conférence vidéo.

À retenir !

- Les techniques variées d'animation permettent de faire connaître l'offre, développer le CA et créer du trafic.

Le déroulement d'une animation commerciale

Fiche 45

La mise en place d'une animation commerciale doit suivre de nombreuses étapes et respecter des contraintes réglementaires.

1 Les étapes dans la préparation de l'animation

Étape	Description
Réaliser un diagnostic	Analyse du contexte local et de la stratégie réseau (concurrence, communication du réseau…).
Définir les objectifs	Objectifs quantitatifs et qualitatifs.
Choisir la cible	Clients actuels, clients potentiels…
Définir le budget	Frais matériels, de personnel, de communication…
Choisir une période	Période qui s'inscrit dans le cadre d'évènements.
Choisir une date	En fonction de la fréquentation prévue.
Choisir une technique	Varier les techniques par l'objet (dégustation…) ou par l'évènement (défilé de mode, *flashmob*…).
Choisir un support	Multiplier les supports pour renforcer l'impact et augmenter la visibilité des actions.
Recruter le personnel	Personnel du point de vente ou personnel extérieur (fournisseur, prestataire…).
Créer les supports d'aide à la vente	Argumentaire, fiches-produits, fiches-contact, bulletin de participation…
Mettre en place l'opération	Théâtralisation de l'espace d'animation (produits, signalétique…).
Assurer l'animation et répartir les rôles	Répartition des rôles entre les animateurs, les hôtesses, les marchandiseurs et planning.
Mesurer les retombées	Nombre de contacts, nombre d'échantillons distribués ou de dégustations, nombre d'achats…

2 Le respect des contraintes réglementaires

- **Hygiène et sécurité :** l'animation ne doit pas gêner la circulation ou l'évacuation du magasin, respect de la chaîne du froid…
- **Droits d'auteur :** pour diffuser de la musique (SACEM).
- **Occupation de la voie publique :** autorisation de la mairie…
- **Mentions des ISA :** « Ne pas jeter sur la voie publique ».
- **RGPD (Règlement général sur la protection des données) :** collecter des données sur les clients et diffuser des *newsletters*.

à retenir !

- L'unité commerciale doit concevoir un rétroplanning (manuel ou à l'aide d'un logiciel) afin de planifier les tâches à mettre en œuvre pour réaliser l'animation.

L'évaluation des performances d'une animation commerciale

Fic 4

Notes

À l'issue d'une animation commerciale, le point de vente doit mesurer les performances commerciales à l'aide de plusieurs indicateurs.

1 L'évaluation des performances quantitatives

- **L'évolution du CA, du panier moyen et de la marge :** analyse sur les produits concernés et au niveau global.
- **Le taux de réalisation de l'objectif :** vérifier si les objectifs ont été atteints, voire dépassés.

Remarque

Aujourd'hui, les entreprises utilisent la notion de KPI (*KEY Performance Indicator*) ou ICP (Indicateur Clé de Performance) pour mesurer l'efficacité des actions de marketing grâce à des indicateurs choisis.

- **Le taux de transformation :** analyse des ventes au regard du trafic supplémentaire créé.
- **La rentabilité de l'opération :** déterminer si le seuil de rentabilité a été atteint et si oui, au bout de combien de temps (point mort).
- **Le flux clients :** analyse du trafic pendant la durée de l'opération.
- **Le taux de retour :** analyse du taux de retour par rapport aux invitations envoyées.
- **La satisfaction client :** analyse de la satisfaction client via un questionnaire administré pendant ou après l'animation.
- **Les indicateurs digitaux :** analyse des ventes sur le site marchand, analyse du trafic sur les réseaux sociaux.

2 L'évaluation des performances qualitatives

- **La satisfaction client :** analyse des résultats d'une enquête de satisfaction, analyse des commentaires sur les réseaux sociaux ou sur le site de l'enseigne.
- **L'évaluation par l'équipe :** reporting global des animateurs et de l'équipe commerciale auprès des responsables du point de vente.

À retenir !

- L'analyse des performances commerciales d'une animation a pour but de mettre en place d'éventuelles actions correctrices pour les prochaines animations.

Les actions promotionnelles

Fiche 47

Les actions promotionnelles constituent une réponse à la sensibilité croissante au prix des consommateurs, recherchant le maintien de leur pouvoir d'achat.

1 Les enjeux des actions promotionnelles

■ **Promotion des ventes :** ensemble des techniques dont l'objectif est d'influencer une cible déterminée au moyen d'une incitation matérielle directe pour déclencher une action immédiate, souvent à court terme.

Intérêts	Limites
• Conquérir de nouveaux clients • Récompenser les clients fidèles • Augmenter la fréquence d'achat des clients occasionnels • Augmenter la notoriété • Dynamiser l'unité commerciale • Créer du trafic	• Effets limités à court terme • Effet de saturation des clients si trop de promotions • Possibilité pour les clients de stocker les produits en promotion • Risque de donner le sentiment que le prix habituel n'est pas légitime

2 Les principales formes d'actions promotionnelles

Type d'action promotionnelle	Description
Réduction de prix	Baisse temporaire du prix.
Coupon, bon de réduction, bon d'achat, offre de remboursement	Titre de remboursement ou bon d'achat immédiat ou différé.
Loterie et jeu concours	Espérance d'un gain par le hasard ou par la participation à des épreuves.
Vente jumelée ou co-branding	Vente de deux ou plusieurs articles de nature différente à un prix total inférieur à la somme de chacun.
Vente avec prime	Remise gratuite d'un article, identique ou non au produit acheté, au moment de l'achat ou en différé.
Vente par lots	Vente de plusieurs articles sous un même emballage.
Produit girafe (produit en plus)	Vente d'un produit avec une quantité supplémentaire offerte.
Échantillon	Offre d'une quantité de produit inférieure à l'unité de vente habituelle.
Soldes	Réduction de prix annoncée par publicité visant à écouler les stocks.

À retenir !

■ La promotion couvre une grande diversité d'actions promotionnelles que l'unité commerciale doit choisir en cohérence avec sa politique commerciale.

Le cadre réglementaire des promotions

Fic 4

Notes

Les actions promotionnelles doivent respecter des contraintes légales liées notamment à l'article L121-1 du Code de la Consommation.

1 Les mentions obligatoires des promotions

- **La réduction :** elle doit être mentionnée soit en valeur absolue, soit en valeur relative (*ex. :* 20 €, −25 % de réduction…).
- **La période de validité de l'offre :** elle doit être mentionnée. Il est également possible d'indiquer le volume initial des produits à écouler avec la mention « jusqu'à épuisement des stocks ».
- **Les prix et services concernés :** le client doit être informé des produits et services concernés par la réduction (*ex. :* sur le rayon « Chocolat »).
- **Le prix de référence :** le prix de référence du produit doit être affiché à côté du prix réduit (*ex. :* 40 € au lieu de 50 €).

2 La réglementation selon la forme des promotions

Type de promotion	Réglementation
Soldes	Deux périodes de soldes de 6 semaines fixées par décret. Revente à perte autorisée. Interdiction de réapprovisionnement pendant la période.
Remises	Interdiction de revente à perte (seuil de revente à perte relevé de 10 % sur les produits alimentaires). Taux de remise plafonné à 34 % maximum sur les produits alimentaires.
Prix barré	Prix barré doit être le plus bas pratiqué dans le mois précédant la réduction.
Couponning	Le coupon doit faire figurer le nom, l'adresse, le numéro de registre du commerce et le numéro de l'imprimeur.
Vente jumelée	Le client doit pouvoir acheter séparément les articles (vente forcée interdite).
Vente par lots	Le prix du lot doit être inférieur au total des prix des articles vendus séparément.
Concours et Loterie	Rédaction d'un règlement obligatoire (dépôt conseillé auprès d'un huissier de justice). Concours : la participation doit être soumise à une obligation ou une preuve d'achat. Loterie : participation non soumise à obligation d'achat.

À retenir !

- Le non-respect de ces règles peut entraîner des sanctions civiles ainsi que des sanctions pénales (Code de la Consommation et Code du Commerce).

L'organisation d'une action promotionnelle

Fiche 49

L'organisation d'une action promotionnelle est souvent préconisée par le siège si l'unité commerciale est en réseau.

1 La préparation de l'action promotionnelle

Étape 1 Choix de la forme de l'opération.

Étape 2 Vérification du respect de la réglementation.

Étape 3 Choix de la date et de la durée (souvent en période de faible affluence pour dynamiser l'activité du point de vente).

Étape 4 Choix des produits (en cohérence avec la politique de l'enseigne).

Étape 5 Calcul du budget (souvent estimé en pourcentage du chiffre d'affaires).

Étape 6 Identification des moyens matériels (mobiliers, étagères…).

Étape 7 Identification des moyens humains (personnel dédié à cette organisation).

Étape 8 Planification de la promotion (souvent un diagramme de Gantt).

2 La mise en place de l'action promotionnelle

■ La mise en place de l'opération promotionnelle s'effectue souvent la veille ou le jour même du début de la promotion. Elle se réalise en deux temps :
– Installation des produits concernés par la promotion.
– Théâtralisation de l'espace dédié à la promotion (rayon, tête de gondole, mannequin, chapiteau…)

3 La communication sur l'action promotionnelle

■ La communication d'une opération promotionnelle est indispensable à sa réussite.

■ Elle peut s'effectuer sur le lieu de vente ou en dehors :
– Communication sur le lieu de vente : PLV (publicité sur le lieu de vente) stop-rayon, couponing, annonce radio en magasin…
– Communication en dehors du lieu de vente : catalogue, SMS, e-mailing, réseaux sociaux, médias de masse…

À retenir !

■ L'unité commerciale met généralement en place un rétroplanning afin d'optimiser le bon déroulement de l'opération promotionnelle.

La mesure de la performance d'une action promotionnelle

Fiche 5

Notes

La performance des actions promotionnelles se mesure au travers de leur pertinence, des retombées directes et indirectes et de leur rentabilité.

1 Les critères de performance

Critères de performance	Description
Retombées directes	Nombre de coupons utilisés. Nombre de bulletins déposés. Nombre d'échantillons distribués. Nombre de contacts. Nombre d'argumentations. Nombre d'achats.
Chiffre d'affaires	Total des ventes des produits en promotion (CA supplémentaire généré par la promotion).
Flux clients	Nombre de clients entrant dans le point de vente pendant l'opération. Trafic supplémentaire généré par la promotion.
Panier moyen	Somme moyenne dépensée par client lors de l'action promotionnelle.
Taux de transformation	Nombre de clients qui achètent par rapport à ceux qui sont entrés dans l'unité commerciale pendant l'opération.
Rentabilité	Différence entre la marge supplémentaire et les coûts supplémentaires.

2 Mesurer les performances

- Pour mesurer la performance commerciale d'une action promotionnelle, il convient de vérifier si les objectifs fixés ont été atteints en calculant des taux de réalisation de l'objectif pour chaque critère ou indicateur.
- Si les résultats de l'opération promotionnelle sont insatisfaisants, il faudra envisager la mise d'actions correctrices pour les prochaines actions (diminution des coûts, changement dans la stratégie de communication…).

À retenir !

- La mesure de la performance d'une opération promotionnelle est indispensable pour vérifier la pertinence des actions mises en place, et ainsi décider d'éventuelles mesures correctrices.

La communication sur le lieu de vente

Le lieu de vente constitue aujourd'hui un « média » de communication permettant de véhiculer un message au même titre que les médias classiques.

1 Les enjeux de la communication sur le lieu de vente

■ La communication sur le lieu de vente s'articule autour de deux techniques principales :

– Information sur le lieu de vente (ILV) : ensemble de la signalétique mise en place sur le lieu de vente qui permet de guider les clients.

– Publicité sur le lieu de vente (PLV) : ensemble des supports publicitaires et promotionnels mis en place sur le lieu de vente qui permettent d'attirer l'attention sur un produit ou une offre promotionnelle.

■ Elle regroupe plusieurs enjeux :

☑ Donner envie au client de se déplacer dans le magasin et de se rendre dans des zones froides.

☑ Renseigner le client sur les services, les produits, l'aménagement du magasin, les ventes au moment de l'achat.

☑ Provoquer l'achat d'impulsion.

■ La communication sur le lieu de vente est stratégique puisque près des trois quarts des décisions d'achat s'effectuent sur le lieu de vente.

2 Les moyens de la communication sur le lieu de vente

A. La communication à l'extérieur du magasin

– Le parking.
– La façade et les murs du magasin.
– Les chariots.
– Les drapeaux.
– La vitrine.

B. La communication à l'intérieur du magasin

– PLV d'image : présentoirs lumineux, affiches lumineuses, totems.

– PLV légère : étiquettes (papiers et électroniques), stickers, banderoles, stop-rayon, *leaflets*, affiches, pancartes, kakémonos, *roll up*, chevalets…

– PLV d'emballage : présentoirs, box, stands…

– PLV de praticité : nuanciers, testeurs, stickers, bornes interactives, fiches-produits…

– PLV d'information : pancartes, séparateurs de linéaire, réglettes, annonce micro, tablettes tactiles…

Notes

C. Les nouveaux supports

- **Support traditionnel** : Le message est statique. Il permet de capter l'attention du client et est facile à mettre en place. Cependant, il laisse peu de place pour l'écriture (*ex. :* stop-rayon).
- **Support dynamique** : Le support combine de l'image, du son, des vidéos et du texte. Il diffuse des informations en temps réel et rend la PLV plus dynamique et impactante, mais son coût est assez élevé (*ex. :* écran géant boutique Adidas Les Halles, Paris).
- **Support interactif** : Le message suppose une action du client sous la forme d'une géolocalisation (*ex. :* envoi d'un SMS de promotion lors du passage du client dans le rayon) ou sous la forme de **participation** (*ex. :* le client scanne avec son portable le QR code d'un produit et reçoit des informations ou des promotions). Ce type de support renforce l'impact des messages et permet de mesurer les actions du client en retour. Son coût reste élevé.

3 La communication digitale sur le lieu de vente

A. L'optimisation du parcours client

- **Le balisage des rayons** : écran digital placé en haut des linéaires pour faciliter et améliorer le repérage de l'offre.
- **La table d'orientation tactile** : table tactile située à l'entrée du magasin pour aider le client à mieux se repérer dans le point de vente et à l'amener vers le produit recherché.
- **Les étiquettes connectées et le scan des produits** : elles sont couplées aux QR codes et aux applications, et informent les clients sur la composition des produits, les conseils d'utilisation…
- **La borne interactive dans le rayon :** elle informe et conseille le client sur les produits tout en restant interactive avec le client.
- **Le robot d'accueil :** il informe, conseille et personnalise la relation client. Il l'accompagne tout au long du processus d'achat (*ex.* : robot Pepper d'IBM).

B. L'optimisation de l'information client

- L'affichage digital fixe : écran géant fixe pour présenter des produits, annoncer des promotions…
- L'affichage digital dynamique : écran (tactile ou non) pour diffuser des vidéos (démonstrations de produits, publicités…).
- La vitrine digitale : écran pour diffuser des offres modifiables en temps réel et parfois interactives en proposant des offres qui correspondent aux chalands.

À retenir !

- Aujourd'hui, la communication digitale sur le lieu de vente vient compléter les supports de communication traditionnels. Elle participe à l'expérience client en optimisant son parcours dans le magasin.

La communication externe de l'unité commerciale

Fiche 52

La communication externe peut porter sur un ou des produits, une marque ou l'unité commerciale.

1 Les objectifs de la communication

- **Objectif cognitif** : faire connaître pour accroître la notoriété.
- **Objectif affectif** : faire aimer pour modifier l'attitude du consommateur, ses motivations et ses jugements de valeur et ainsi améliorer l'image de marque.
- **Objectif conatif** : faire agir pour pousser le consommateur à l'achat et à la consommation en modifiant son comportement.

2 Les moyens de la communication externe

	Communication de masse	Communication relationnelle
Caractéristiques	• Large public • Passe souvent par les médias (nombre de contacts élevé)	• Cible spécifique • Communication personnalisée et interactive
Moyens	• Communication média : TV, presse, radio, affichage, cinéma, Internet • Communication hors média : sponsoring, mécénat, PLV, promotion des ventes, évènementiel…	• Marketing direct (mailing, e-mailing, phoning, sms mailing) • Réseaux sociaux • Relations publiques • Marketing viral…

3 La règlementation de la communication externe

- Certains messages publicitaires doivent comporter des mentions obligatoires (SIREN, lieu du siège social, mention RCS…).
- La publicité ne doit pas porter atteinte aux droits d'autrui.
- L'envoi de messages publicitaires par mail ou SMS nécessite le consentement actif au préalable de la personne destinataire.
- Les citoyens doivent avoir le contrôle de leurs données personnelles (Accès aux données-RGPD de 2018).
- L'envoi d'un SMS promotionnel n'est autorisé que du lundi au samedi de 8h00 à 22h00 hors jours fériés.
- Pour l'e-mailing, la possibilité de désabonnement doit apparaître via un lien de désinscription (pour le SMS : règle du STOP SMS).

Notes

4 Le choix des supports de communication

A. Le choix en fonction des contraintes

- Contraintes légales (*ex. :* publicité en faveur de l'alcool).
- Capacité à véhiculer le message (*ex. :* la presse spécialisée pour un grand pouvoir visuel).
- Couverture de la cible (*ex. :* la télévision pour une large diffusion).
- Coût (*ex. :* budget d'une campagne TV très élevé).

B. Le choix en fonction de critères quantitatifs

- L'audience d'un support : nombre de personnes qui ont été en contact avec le support lors d'une période.
- L'occasion de voir (ODV) : rencontre entre le message ou support et la personne de la cible visée.
- Le taux de pénétration : pourcentage de la cible touché par une insertion publicitaire.
- Le taux d'affinité : affinité du support avec la cible.
- Coût pour mille : budget consacré pour 1 000 personnes de la cible touchées.

C. Le choix en fonction de critères qualitatifs

- Le contexte publicitaire : un excès de publicité nuit à la mémorisation d'un message précis et un volume trop faible peut nuire à la crédibilité du message.
- Le contexte rédactionnel : la bonne efficacité du message repose sur une bonne adéquation entre le message et le support.

À retenir !

- Le choix des moyens de communication externe doit être en cohérence avec les objectifs de communication et la politique commerciale de l'entreprise.

La communication média

Fiche 53

La communication média consiste à transmettre un message en utilisant des médias de masse. Elle représente un tiers des investissements publicitaires.

1 Les caractéristiques de la communication média

- La communication média suit une stratégie Pull : tirer le client vers le produit.
- Pour cela, elle procède à une large diffusion de ses messages avec des objectifs de communication souvent affectifs. Elle privilégie deux supports principaux : Internet (36 %) et la télévision (29 %).

Avantages	Inconvénients
• Puissance de la communication • Contrôle du contenu • Bonne valorisation de la marque • Possibilité de sous-traiter auprès d'une agence	• Coût élevé • Saturation des consommateurs • Faible réactivité • Peu efficace pour fidéliser • Différenciation de la concurrence

2 Les supports de la communication média

Moyen de communication	Supports utilisés
Presse	• PQN (Presse Quotidienne Nationale) • PQR (Presse Quotidienne Régionale) • Presse quotidienne gratuite • Magazines spécialisés • Magazines généralistes
Télévision (Spots produits/ marque ou sponsoring d'émissions)	• TF1, France 2, France 3… • Chaînes de la TNT • Chaînes payantes • Chaînes thématiques
Internet	• Display : bannières, bandeaux, fenêtres pop-up sur toutes sortes de sites • Achat de mots-clés sur les moteurs de recherche
Affichage	• Mobilier urbain • Affiche 4 × 3 mètres • Affichage gare, métro, bus…
Radio	• Europe 1, RMC, NRJ, Skyrock…
Cinéma (Films publicitaires ou placement de produits)	• Salles Gaumont, UGC… • Médiavision, Publicinex…
Autres	• Sur moyens de transports (bus, métro…) • Hommes sandwichs…

À retenir !

- La communication média, de large diffusion, ne permet pas d'interactivité avec la cible visée. La relation est à sens unique de l'émetteur au récepteur.

La communication hors-média

Fi 5

Notes

La communication hors-média désigne l'ensemble des actions de communication qui ne passent pas par les médias traditionnels. Elle représente les deux tiers des investissements publicitaires.

1 Les caractéristiques de la communication hors-média

■ La communication hors-média suit une stratégie Push : pousser le produit vers le consommateur. Pour cela, elle procède à une diffusion de messages personnalisés avec des objectifs de communication souvent conatifs.

■ Elle privilégie deux supports principaux : le marketing direct (40 %) et la promotion des ventes (28 %).

Avantages	Inconvénients
• Effet immédiat et mesurable • Effet sur les ventes • Possibilité de cibler le lieu et le moment • Permet de gêner la concurrence	• Faible créativité • Risque de dégrader l'image de marque • Peut augmenter la sensibilité au prix

2 Les supports de la communication hors-média

Moyen de communication	Supports utilisés
Marketing direct	• Publipostage • E-mailing • SMS, mailing • Phoning…
Promotion des ventes	• Catalogues • ISA (Imprimé Sans Adresse)…
Réseaux sociaux	• Facebook • Instagram • Twitter…
Sponsoring	• Équipe sportive • Tournoi…
Merchandising	• Présentation de l'offre en magasin
Relations publiques	• Visites d'entreprises • Communiqués de presse…
Foires et salons	• Salons professionnels • Show-rooms…

À retenir !

■ Le choix des moyens de communication externe doit être en cohérence avec les objectifs de communication et la politique commerciale de l'entreprise.

Les nouveaux moyens de communication

Fiche 55

Face à la saturation des consommateurs vis-à-vis de la communication de masse, les entreprises se tournent aujourd'hui vers de nouveaux moyens de communication.

Moyen	Description
Communication digitale	• Ensemble des stratégies et actions de communication menées sur le web afin d'attirer l'attention des internautes ciblés et d'améliorer la visibilité d'une entreprise. • Elle passe par **différents canaux** : les réseaux sociaux, le site Web, le blog, l'application mobile et l'e-mailing.
Réseaux sociaux	• Plateformes où les internautes créent un profil de présentation en favorisant le lien social et l'interaction entre les membres. • Les internautes interagissent avec les membres d'une communauté acquise par relation amicale, professionnelle ou regroupée autour d'une thématique.
Street marketing	• Pratique de marketing qui se déroule dans la rue ou les espaces publics, par la distribution de flyers, l'organisation d'évènements… • L'objectif est de mettre en œuvre une communication de proximité avec les consommateurs (buzz marketing, bouche-à-oreille).
Communication géolocalisée	• Communication diffusée selon la localisation des individus, déterminée par ordinateur, tablette ou mobile. • Elle est très efficace pour les points de vente pour envoyer le bon message au bon moment au bon endroit à la bonne personne.
Marketing d'influence	• Ensemble des techniques qui utilisent la force de recommandation ou de prescription des influenceurs pour une marque.
Communication C to C *(Consumer to consumer)*	• Activités de communication réalisées par les consommateurs à destination d'autres consommateurs, par le biais de communautés de consommateurs qui notent et jugent les produits ou services des entreprises.

À retenir !

- Face à un consommateur de plus en plus exigeant et connecté, l'unité commerciale doit être présente sur de nombreux supports de communication afin d'optimiser l'expérience client avant, pendant et après l'achat.

Notes

La performance de la communication

À la fin d'une campagne de communication, il convient de mesurer les performances des actions mises en place et de vérifier l'atteinte des objectifs.

1 La performance d'une campagne de communication média

Indicateur	Description
Taux de couverture ou pénétration	Nombre de personnes appartenant à la cible visée et touchées au moins une fois par l'un des supports du plan média : (Pénétration/cible commerciale) × 100
Niveau de répétition	Nombre moyen de contacts par individu atteint au moins une fois.
GRP (Gross Racing PLAN)	Nombre moyen de contacts publicitaires pour 100 personnes appartenant à la cible : GRP = (nombre de contacts/cible) × 100
Score de mémorisation	Indicateur d'efficacité publicitaire mesurant le pourcentage déclarant se souvenir de la publicité
Score d'attribution	Pourcentage citant l'annonceur en question comme étant celui à l'origine de la publicité

2 La performance d'une communication hors-média

Moyen	Description
Publipostage	Taux de retour : (nb retours/nb envois) × 100 Taux de transformation (ou de conversion) : (nb achats/nb retours) × 100
E-Mailing	Taux de délivrabilité : (nb courriels reçus/nb courriels envoyés) × 100 Taux d'ouverture : (nb courriels ouverts/nb courriels envoyés) × 100 Taux de clic : (nb destinataires ayant cliqué/nb courriels envoyés) × 100 Taux de conversion : (nb achats ou inscriptions/nb courriels envoyés) × 100 Taux de désabonnement : (nb désinscriptions/nb courriels envoyés) × 100
Réseaux sociaux	Nombre d'abonnés (followers) Nombre de likes Nombre de commentaires Nombre de partages

À retenir !

- La mesure des performances permet de vérifier l'impact des actions de communication sur les ventes, la notoriété et l'image de marque de l'entreprise.

Le suivi des performances de l'action commerciale

Fiche 57

La performance résulte de deux effets, l'efficacité et l'efficience. L'efficacité correspond à la réalisation des objectifs fixés alors que l'efficience se mesure au travers des résultats obtenus rapportés aux moyens utilisés.

1 Les différents niveaux de mesure de la performance

- La performance se mesure à plusieurs niveaux dans un réseau.
- Le réseau peut évaluer sa performance globale et il décidera des décisions stratégiques à prendre.
- En unité commerciale, le manager peut évaluer les performances de ses collaborateurs, de ses univers, de ses rayons, de ses familles de produits et de ses différentes références. Ces mesures lui permettront de piloter son activité au quotidien et de motiver et stimuler ses équipes.

2 Quelle démarche adopter pour suivre les performances ?

Étape 1 Définir des indicateurs de performances et les rassembler dans un tableau de bord.

Étape 2 Fixer des objectifs précis à ses équipes en tenant compte des années précédentes, du contexte économique, de la taille de l'équipe, des tendances du marché et du contexte local.

Étape 3 Suivre l'évolution de ces indicateurs en mesurant régulièrement des indicateurs analytiques (taux d'évolution, taux de réalisation, taux de contribution).

Étape 4 Analyser les performances en recherchant les raisons précises pouvant justifier des écarts.

Étape 5 Déterminer des axes d'amélioration.

Étape 6 Contrôler.

3 Quels indicateurs peuvent être utilisés pour suivre la performance d'une UC ?

- Les indicateurs peuvent être de deux types : quantitatifs et qualitatifs.

Notes

A. Les indicateurs quantitatifs

■ Parmi les indicateurs quantitatifs les plus utilisés, on retrouve :
– Le CA (quantité × prix unitaire).
– Le prix de vente moyen (CA / nombre d'articles vendus).
– Le panier moyen (CA / nombre de tickets).
– Le taux de transformation (nombre d'acheteurs / nombre de visiteurs) × 100.
– La marge commerciale (Ventes – coût d'achat) et le taux de marge (marge / Coût d'achat × 100) ou de marque (marge / Prix de vente × 100).

■ À partir de ces indicateurs bruts, le manager peut calculer des taux d'évolution (CA, marge, taux de transformation, panier moyen ...), des taux de contribution (une famille de produits par rapport à l'ensemble du point de vente), des taux de réalisation des objectifs fixés (de CA, de marge, de panier moyen, etc.) :
– Taux d'évolution = (valeur d'arrivée – valeur de départ)/valeur de départ × 100
– Taux de contribution = (CA du rayon/CA total) × 100
– Taux de réalisation des objectifs = (CA réalisé/CA Objectif) × 100

■ L'unité commerciale peut également suivre ses performances au travers de la fréquentation et de la fidélisation des clients. Les indicateurs utilisés sont alors le flux clients ou alors le taux de fidélité (% de clients au cours d'une période qui sont revenus pour acheter).

B. Les indicateurs qualitatifs

■ Le manager peut aussi utiliser des indicateurs qualitatifs qui permettront dévaluer la qualité du point de vente. Pour cela, il utilisera des outils plus qualitatifs comme les enquêtes, les baromètres de satisfaction, les visites de clients mystères.

■ Les indicateurs qui en résultent permettront de définir précisément la satisfaction des clients, les besoins des clients, la notoriété du point de vente, mais aussi l'image de marque.

■ Le manager saura ainsi quelle perception les consommateurs ont du point de vente (image de marque), quelle connaissance ils ont du point de vente et de son offre (notoriété) et quel est leur degré de satisfaction.

À retenir !

■ La performance se mesure à différents niveaux. Elle nécessite une démarche et peut être suivie grâce à différents indicateurs quantitatifs.

Les axes d'amélioration

Fiche 58

Les axes d'amélioration sont nombreux et le manager peut prendre des décisions de divers ordres.

1 Quels sont les différents niveaux de décision ?

■ Une fois son suivi effectué, le manager peut constater des écarts entre le prévisionnel et le réalisé.

■ Il va donc être amené à prendre des décisions. Celles-ci se situent à deux niveaux en fonction du dysfonctionnement constaté :
– Au niveau stratégique : ce sont des décisions à long terme qui peuvent entraîner un changement de structure du point de vente (*ex. :* l'extension de l'unité commerciale).
– Au niveau opérationnel : il s'agit d'actions de terrain qui vont être menées conjointement avec l'équipe commerciale (*ex. :* mise en place d'un challenge commercial pour dynamiser les ventes d'un produit).

2 Quels sont les différents axes d'amélioration possibles ?

Indicateurs en baisse	Exemples de solutions
Taux de transformation	Améliorer la prise en charge du client et son accueil. Proposer des actions commerciales pour inciter le client à acheter.
Panier moyen	Proposer des produits complémentaires.
Fréquentation du magasin	Augmenter les campagnes de communication.
Indice de vente	Mettre en avant les références à bas prix.
Taux de marge	Revoir le marchandisage pour que les clients achètent les produits à plus forte marge.
Taux de marque	Augmenter les prix de certains produits.

À retenir !

■ Une fois la performance mesurée, le manager peut prendre des décisions afin de l'améliorer. Ces actions peuvent concerner tous les indicateurs suivis.

Gestion Opérationnelle

Bloc de compétences 3

Sommaire

Gérer les opérations courantes

Prévoir et budgétiser l'activité

Sommaire

Descriptif de l'épreuve « Gestion Opérationnelle »

Coefficient 3
3 heures
Épreuve écrite

1 Le sujet

■ Le sujet repose sur l'étude d'un cas de gestion d'une unité commerciale.

■ Il propose des situations professionnelles accompagnées de documents et permet la mise en œuvre d'une démarche de résolution de problème grâce à un questionnement adapté.

■ Il peut comporter des questions à choix multiples.

2 La préparation

■ Lisez attentivement la présentation générale et plus particulièrement les mises en situation car elles peuvent contenir des éléments d'information importants.

■ Après avoir lu la question, reportez-vous aux annexes concernées et relevez les éléments d'information qui serviront à formuler une réponse.

■ Évitez d'avoir à relire les documents figurant en annexe à de multiples reprises. Lisez et analysez la question avant puis munissez-vous de surligneurs afin de repérer les éléments utiles qui figurent dans les documents.

3 La présentation de la copie

■ Il est inutile de rédiger une introduction et une conclusion générales.

■ Reportez les numéros des questions dans la copie, ne regroupez pas plusieurs questions en une et ne recopiez pas les documents fournis en annexes.

■ Soignez la forme de vos réponses :
– Tableau
– Énumération
– Réponse rédigée

■ En général, les réponses doivent être justifiées à l'aide de calculs et/ou d'analyse qui se présentent le plus souvent sous forme de tableau ou d'énumération d'arguments.

■ **Attention !** Le recours aux techniques quantitatives de gestion (calculs) ne doit pas vous faire perdre de vue qu'il faut toujours commenter les résultats obtenus. De plus, il est indispensable de détailler chaque calcul car les points attribués dépendent du raisonnement effectué. Ainsi, un calcul dont le résultat est faux peut malgré tout vous rapporter un nombre de points conséquent s'il est suffisamment détaillé.

■ Certaines questions vous demandent d'avancer des arguments en faveur de telle ou telle hypothèse, ou bien d'expliquer quels sont les avantages et les inconvénients d'un choix éventuel. N'hésitez pas à être exhaustif/ve et avancer un maximum d'arguments car le barème détaillé tiendra compte du nombre d'idées différentes avancées.

■ Sachez repérer les verbes « d'action » utilisés dans la formulation de la question car ils précisent ce qui est attendu :

Définissez	Définir une notion.
Caractérisez	Décrire voire expliquer.
Calculez, déterminez	Calculs à effectuer à l'aide de données fournies en annexes.
Identifiez, repérez	Éléments d'explication dans les documents en annexes.
Vérifiez	Une vérification doit le plus souvent faire l'objet d'un calcul.

Le cycle d'exploitation

Le cycle d'exploitation regroupe les opérations courantes qui se répètent plusieurs fois au cours d'une année de façon regulière. Le besoin en fonds de roulement (BFR) représente la somme nécessaire au financement du cycle d'exploitation.

1 Les composantes du cycle d'exploitation

A. L'entreprise commerciale

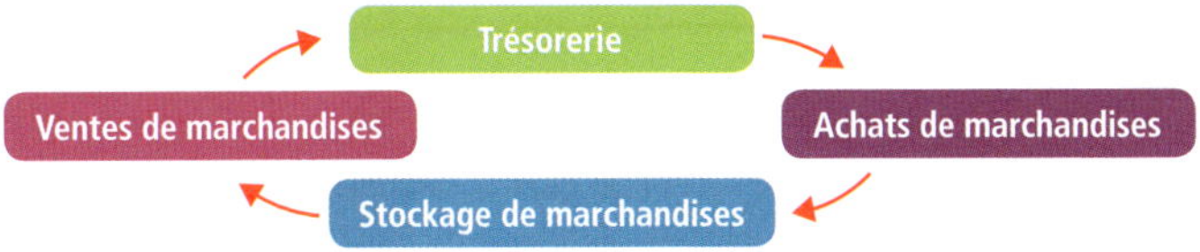

B. L'entreprise industrielle

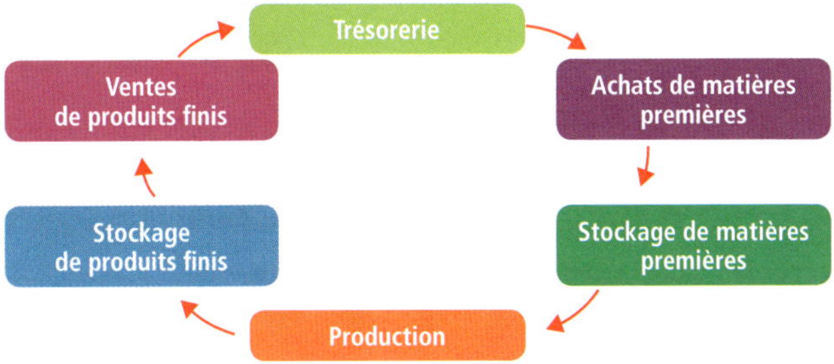

C. L'entreprise de services

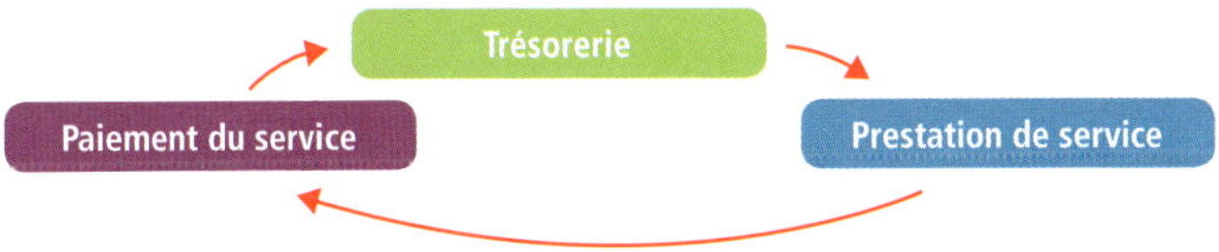

Notes

2 Les flux physiques et financiers

A. Les relations avec les clients et les fournisseurs

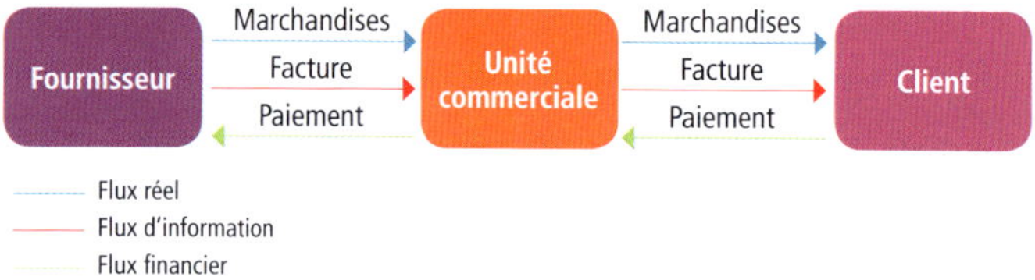

B. Les relations avec les établissements financiers et de crédit

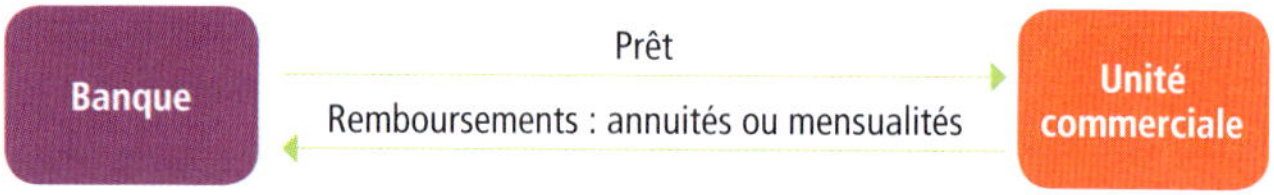

C. Les relations avec l'État et les organismes sociaux

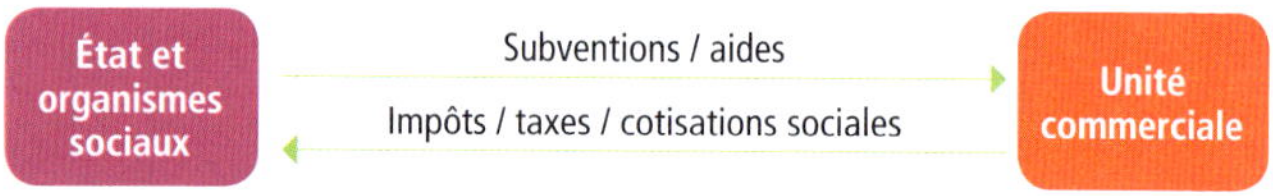

D. Les relations avec le personnel

- Elles ne se limitent pas au versement d'une rémunération en contrepartie d'un travail. La compétitivité de l'unité commerciale dépend fortement des conditions de travail et de l'implication des salariés.
- Le management de l'équipe est essentiel pour atteindre les objectifs qui ont été fixés.

à retenir !

- Le cycle d'exploitation comprend des flux réels et monétaires.

Le besoin en fonds de roulement

Le BFR représente le besoin de financement qui est dû au décalage dans le temps pendant le cycle d'exploitation. Par exemple, l'entreprise doit parfois régler ses fournisseurs avant de recevoir le montant dû par ses clients.

1 Les composantes du besoin en fonds de roulement

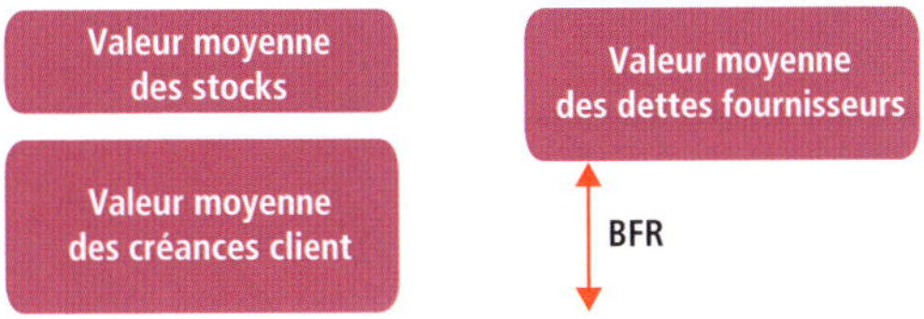

2 Le calcul du BFR

Remarque

On considère par simplification qu'une année compte 360 jours.

■ La valeur moyenne des stocks s'obtient à partir de la durée moyenne de stockage :

$$\frac{\text{achats HT} \times \text{délai moyen de stockage}}{360 \text{ jours}}$$

Ex. : si le coût d'achat HT des marchandises vendues est de 35 000 € et le délai moyen de stockage de 10 jours,

$$\text{valeur moyenne des stocks} = \frac{35\,000 \times 10}{360} = 972{,}22$$

■ La valeur moyenne des créances client s'obtient à partir du délai moyen de paiement :

$$\frac{\text{CA TTC} \times \text{délai moyen de paiement}}{360 \text{ jours}}$$

Ex. : si le délai moyen s'élève à 45 jours et le chiffre d'affaires TTC à 100 000 €,

$$\text{valeur moyenne des créances} = \frac{100\,000 \times 45}{360} = 12\,500 \text{ €}$$

■ La valeur moyenne des dettes fournisseurs s'obtient à partir du délai de paiement moyen :

$$\frac{\text{achats TTC} \times \text{délai moyen de paiement}}{360 \text{ jours}}$$

Notes

Ex. : si le coût d'achat TTC est de 42 000 € et le délai moyen de paiement de 30 jours : $\frac{42\,000 \times 30}{360} = 3\,500$ €

■ **BFR = créances client + stocks – dettes fournisseurs**

Ex. : ici, le BFR s'élève à 12 500 + 972,22 – 3 500 soit 9 972,22 €

■ On peut exprimer le BFR en nombre de jours de chiffre d'affaires HT :

$$\frac{\text{BFR}}{\text{CA HT}} \times 360$$

Ex. : ici, le BFR représente : $\frac{9\,972{,}22 \times 30}{100\,000 / 1{,}20} \times 360 = 43{,}08$ soit 44 jours de CA HT

3 Les actions sur le BFR

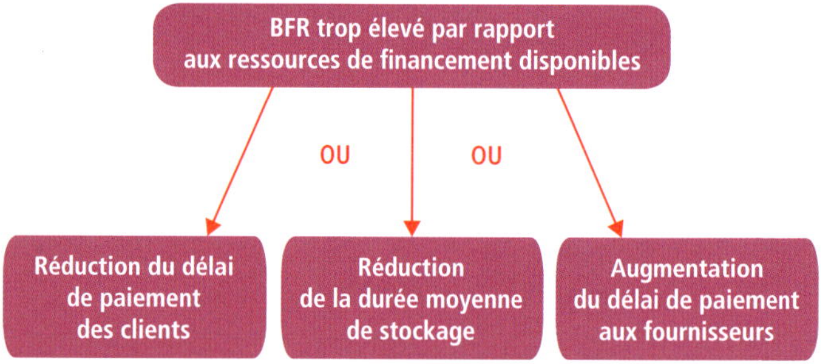

■ Un BFR négatif signifie que l'activité dégage une ressource excédentaire de financement. C'est le cas des entreprises qui règlent leurs fournisseurs à crédit alors que leurs clients paient comptant (distribution, hôtellerie, restauration…).

À retenir !

■ Le BFR est un besoin résiduel de financement de l'activité calculé grâce aux délais moyen de paiement et de stockage. S'il est trop élevé, il peut être réduit.

Les documents commerciaux

Les documents commerciaux permettent de conserver l'historique détaillé des operations réalisées entre l'entreprise, ses fournisseurs et ses clients.

1 Les différents types de documents

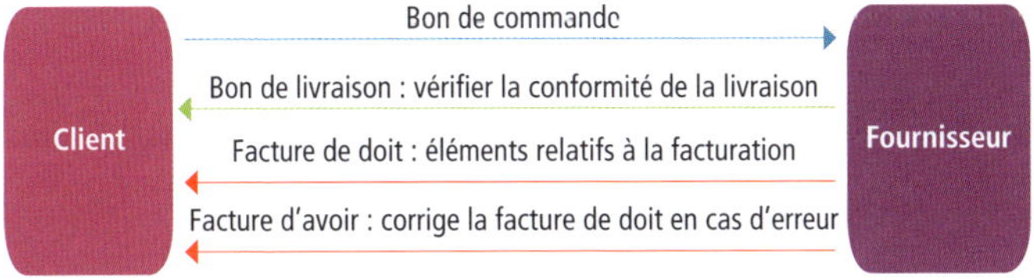

2 La facture de doit

Mentions obligatoires

Distriplus SARL
3 rue des Acacias
92170 Vanves
← Vendeur

Client →
Durand SARL
3 avenue de la Liberté
92170 Vanves

facture n° FV430 du 15 avril 2020

référence	désignation	quantité	prix unitaire brut HT	remise	prix unitaire net HT (1)	montant HT (2)
X 001	Siphon	10	3,50	/	3,50	35,00
P 003	Robinet	2	40,00	15 %	34,00	68,00
				total HT		103,00
Échéance : paiement sous 8 jours				– Remise globale 5 %		5,15
Escompte de règlement en cas de paiement anticipé : 2 %				= net commercial HT (3)		97,85
				+ transport HT		15,00
				= net HT		112,85
Taux des pénalités de retard : 4 %				– escompte 2 %		2,26
Indemnité forfaitaire pour frais de recouvrement : 40 €				= net financier HT		110,59
SARL au capital de 8 000 €				+ TVA 20 %		22,12
n° RCS : vanvesB453678954		n° TVA : FR 32543786543		= net à payer TTC		132,71

Nb : les opérateurs de calcul ne doivent pas figurer dans la facture

■ Si les opérations sont soumises à des taux de TVA différents, il faut faire figurer sur chaque ligne le taux correspondant.

(1) le prix unitaire net tient compte des réductions commerciales (remise, rabais) : 40 × (1 – 15%) = 34

Notes

(2) Montant HT = quantité × prix unitaire net HT

(3) Le Net commercial HT tient compte de toutes les réductions commerciales successives (remise sur chaque produit puis remise globale)

■ Une facture d'avoir doit être établie pour corriger la facture de doit en cas de retour de marchandises, d'erreur de facturation ou d'oubli d'une réduction sur la facture d'origine.

3 Distinction entre réduction commerciale et financière

Commerciale	La remise est accordée en fonction de la qualité du client, de sa fidélité ou des quantités achetées.
	Le rabais provient d'un problème de non-conformité ou de qualité.
	La ristourne est une réduction pratiquée en fonction des ventes réalisées sur une période déterminée.
Financière	L'escompte vient récompenser le paiement comptant ou avant l'échéance prévue

4 Les différents taux de TVA

■ Taux normal à 20 % : produits/services pour lesquels aucun autre taux n'est prévu.

■ Taux intermédiaire à 10 % : produits agricoles non transformés, restauration, musées, zoos…

■ Taux réduit à 5% : produits alimentaires, livres…

■ Taux particulier à 2,1 % : médicaments remboursables, presse, spectacles…

■ D'autres taux peuvent s'appliquer en Corse et outre-mer.

5 Le non-respect des obligations légales

■ Sanction pénale pour défaut de facturation : 75 000 € pour une personne physique et 375 000 € pour une personne morale.

■ Sanction fiscale : 15 € par mention manquante ou inexacte pour chaque facture, plafonnée au quart de son montant.

À retenir !

■ La facture de doit est un document commercial et comptable obligatoire. Elle peut comporter des réductions commerciales et/ou financières. Le non-respect des règles entraîne des sanctions pénales et fiscales.

Les opérations de règlement

Le règlement d'une dette peut s'effectuer au comptant ou à crédit. Le mode de règlement ainsi que les outils utilisés font l'objet d'un accord entre les parties.

1 Les modes de règlement

Règlement **au comptant** : à la commande ou à la livraison
Règlement **à réception** : à la réception de la facture
(au moins 1 semaine)

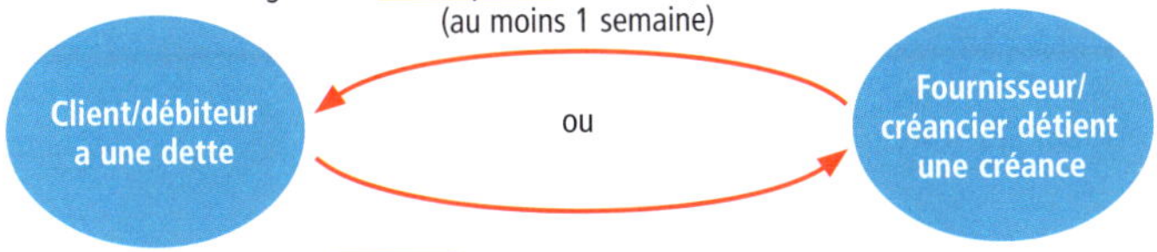

Règlement **à crédit** (terme différé à une certaine **échéance**
ou d'après un **délai** qui débute le jour de l'émission de la facture

■ Les délais de paiement sont exprimés en jours ou en jours fin de mois, ils ne doivent pas dépasser 60 jours.

Ex. : pour une facture émise le 20 janvier :

Délai	Échéance
45 jours : reste 11 jours en janvier + 28 jours en février + 6 jours en mars	6 mars
45 jours fin de mois	31 mars

2 Les obligations légales

■ Le non-respect du délai peut être sanctionné d'une amende d'un montant maximal de 75 000 € pour une personne physique et 2 millions d'euros pour une personne morale.

3 Les outils de règlement

■ Moyens de paiement matériels :

Espèces et chèques	La date de validité d'un chèque est de 1 an et 8 jours.
Effets de commerce : instruments de paiement à crédit	Lettre de change : le tireur (vendeur) donne au tiré (client) l'ordre de payer une certaine somme au bénéficiaire à une échéance donnée.
	Billet à ordre : c'est le client (souscripteur) qui émet l'effet et s'engage à payer.
Mandat	Instrument de transfert de fonds via la Poste ou autre.

Notes

■ Moyens de paiement immatériels :

Le paiement par carte	Moyen le plus utilisé en France. La carte bancaire, traditionnellement carte de crédit, n'est qu'une simple carte de débit dans le cadre de cartes prépayées.
Le virement et le transfert de fonds	Le transfert de fonds peut s'effectuer sans l'intermédiaire d'une banque, via d'autres organismes (***ex.*** : Western Union).
Le prélèvement	C'est le créancier qui émet l'ordre de transfert de fonds.
Le porte-monnaie électronique et le paiement sans contact	Le paiement sans contact s'est substitué au porte-monnaie électronique pour les petits montants.
Les moyens de paiement par Internet	Ils permettent d'ouvrir un compte relié à une carte bancaire. ***Ex :*** PayPal.
Les crypto-monnaies	Monnaies virtuelles qui peuvent servir de système de paiement mais qui demeurent encore principalement des monnaies spéculatives. ***Ex :*** le Bitcoin.

À retenir !

- Le règlement peut s'effectuer au comptant, à réception ou à crédit. Le délai de paiement ne doit pas dépasser 60 jours sous peine de sanction. Les moyens de paiement sont divers : matériels et immatériels.

La gestion des stocks

Fiche 5

Gestion Opérationnelle

La détention de stocks représente un coût pour l'entreprise. Elle doit donc ajuster ses approvisionnements de façon à minimiser ces coûts tout en évitant le risque de rupture.

1 Les enjeux stratégiques de la gestion des stocks

Stocks insuffisants	Niveau suffisant	Surstockage
• Rupture • Insatisfaction des clients	• Maîtrise des coûts • Clients satisfaits	• Coût trop élevé • Clients satisfaits • Risque d'invendus

■ La constitution de réseaux permet aux unités commerciales d'anticiper les ruptures en permettant des réapprovisionnements rapides entre elles grâce à une mutualisation des stocks.

2 La gestion économique des stocks

■ L'entreprise peut adopter une méthode mathématique à condition de maîtriser parfaitement son environnement (rythme des ventes, prix, délais...).

■ Le Modèle de Wilson permet de fixer un nombre optimal de commandes permettant de minimiser les coûts liés au stock :

$$N = \sqrt{\frac{c \times t}{2A}}$$

C : consommation annuelle en valeur	Stock initial + achats – stock final
t : taux de possession du stock	Coût de possession : t × stock moyen
A : coût de passation d'une commande	Coût engendré à chaque commande

■ Coût du stockage : coût de possession + coût de passation.

■ On en déduit le lot économique, c'est-à-dire la quantité à commander à chaque fois : $Q = \frac{C}{N}$

■ *Ex. :* achat et revente de chaises.
Consommation de la période (ventes) : 12 500 chaises à 12 € (prix d'achat unitaire HT).
Taux de possession du stock : 2 %
Coût de passation d'une commande : 65 €

Consommation annuelle en valeur : 12 500 ×12 = 150 000 €

$N = \sqrt{\frac{150\,000 \times 0,02}{2 \times 65}}$ = 4,80, soit 5 commandes.

Notes

Q : 12 500 / 5 = 2 500 chaises à chaque commande.

3 Les indicateurs de gestion des stocks

Stock moyen	Moyenne des états des stocks sur une période où $\frac{\text{Stock initial + stock final}}{2}$
Stock d'alerte	Seuil en dessous duquel la passation d'une commande est déclenchée. Le stock d'alerte correspond donc au stock minimum auquel on ajoute le stock de sécurité.
Stock de sécurité	Stock supplémentaire destiné à éviter les ruptures
Taux de rotation des stocks	Le nombre de fois où un article est renouvelé en stock en moyenne : $\frac{\text{Ventes}}{\text{Stock moyen}}$
Délai moyen de stockage	$\frac{\text{360 jours}}{\text{Taux de rotation}}$

4 L'obligation d'inventaire

Inventaire physique (intermittent) au moins 1 fois par an (Code du commerce)

Inventaire théorique (permanent) informatisé

Différences constatées

Démarque* connue :
- produits périmés ;
- produits offerts ;
- vol et casse répertoriés.

Démarque inconnue :
- vol et casse ;
- erreur d'étiquetage.

* La démarque est une baisse du chiffre d'affaires.

à retenir !

- Il faut minimiser les stocks tout en évitant les ruptures. Le modèle de Wilson permet de calculer un nombre optimal de commandes en univers certain. Les différences d'inventaire proviennent de la démarque connue et inconnue.

La gestion des approvisionnements

Fiche 6

Gestion Opérationnelle

Établir un programme d'approvisionnement consiste à programmer les livraisons de façon à assurer un niveau de stock suffisant pour couvrir les ventes de la période à venir.

1 La méthode calendaire

■ L'approvisionnement s'effectue en quantités variables à des dates fixes.

Ex. : Le produit est regroupé par cartons de 10 articles. La livraison se fait par palettes indivisibles de 5 cartons. Stock initial = 5 cartons ; stock de sécurité = 3 cartons. Les livraisons ont lieu le mardi et le jeudi matin avant l'ouverture

	Lundi	Mardi	Mercredi	Jeudi	Vendredi	Samedi	Dimanche
Ventes	2	4	5	6	7	13	4
Besoin		12		35			
Stock initial	5	3	9	4	33	26	13
Livraison		10		35			
Stock initial après livraison	5	13	9	39	33	26	13
Stock final	3	9	4	33	26	13	9

• **Le mardi**

Besoin : ventes prévues jusqu'à la livraison suivante (4 + 5) + stock de sécurité (3) = 12.

Livraison : besoin – stock initial (ici arrondi aux 5 unités supérieures) : 12 – 3 = 9, arrondi à 10.

Stock final : stock initial (après livraison) – ventes : 13 – 4 = 9.

• **Le jeudi**

Besoin : ventes du jeudi au lundi suivant + stock de sécurité = 6 + 7 + 13 + 4 + 2 + 3 = 35.

Livraison : besoin – stock initial : 35 – 4 = 31 arrondi à 35.

■ Le stock de sécurité est un stock supplémentaire permettant d'éviter les ruptures en cas de ventes supérieures aux prévisions. Le stock de sécurité peut parfois être exprimé en pourcentage des ventes. En cas de livraison en fin de journée, le besoin en livraison ne doit pas tenir compte des ventes de la journée

Notes

2 La méthode du point de commande

■ L'approvisionnement s'effectue en quantités fixes à des dates variables.

Ex. : la quantité livrée est fixée à 10 cartons.

Les livraisons ont lieu tous les jours avant l'ouverture du magasin.

	Lundi	Mardi	Mercredi	Jeudi	Vendredi	Samedi	Dimanche
Ventes	2	4	5	6	7	13	4
Besoin	5	7	8	9	10	16	7
Stock initial	5	3	9	4	8	11	8
Livraison	0	4⇒10	/	5⇒10	2⇒10	5⇒10	/
Stock initial après livraison	5	13	9	14	18	21	8
Stock final	3	9	4	8	11	8	4

La quantité livrée s'élève à 10 cartons.
Le besoin doit être calculé pour chaque jour.

• **Le vendredi**

Besoin : ventes (7) + stock de sécurité (3) = **10.** Besoin > stock initial = livraison.
Livraison : besoin – stock initial : 10 – 8 = 2, donc 10.

Stock final : stock initial (après livraison) – ventes : 18 – 7 = **11**.

Si le besoin est inférieur au stock initial, on ne prévoit pas de livraison.

Les périodes (en-tête de colonnes) peuvent également être des semaines.

À retenir !

■ La gestion des approvisionnements permet de prévoir les livraisons. Il existe 2 méthodes de gestion des approvisionnements.

La valorisation des stocks

Fiche 7

Gestion Opérationnelle

Valoriser les stocks consiste à estimer la valeur d'un élément en stock d'après son coût d'entrée dans le stock.

Deux articles identiques peuvent être acquis à des montants différents à des dates distinctes.

Le problème est donc de déterminer quel est le coût de l'un de ces articles si on le prélève du stock.

1 La méthode PEPS (Premier Entré Premier Sorti)

date	opération	quantité	Prix unitaire	total
01/03	Stock initial	10	4.00	40.00
05/03	Achat (entrée)	15	4.50	67.50
10/03	Achat (entrée)	10	5.00	50.00
10/03	Stock (après les 2 entrées)	10 15 10	4.00 4.50 5.00	40.00 67.50 50.00
15/03	Vente (sortie)	10 15 7	4.00 4.50 5.00	40.00 67.50 35.00
15/03	Stock	3	5.00	15.00
20/03	Achat	15	4.60	69.00
20/03	Stock	3 15	5.00 4.60	15.00 69.00
25/03	Vente	3 7	5.00 4.60	15.00 32.20
25/03	Stock	8	4.60	36.80

Les articles prélevés en stocks sont prélevés dans l'ordre chronologique de leur entrée. Il ne reste en stock le 15/03 que 3 articles à 5.00 €. En anglais cette méthode s'appelle FIFO (First In First Out).

Notes

2 La méthode CUMP (Coût Unitaire Moyen Pondéré)

date	opération	quantité	Prix unitaire	total
01/03	Stock initial	10	4.00	40.00
05/03	Achat	15	4.50	67.50
10/03	Achat	10	5.00	50.00
20/03	Achat	15	4.60	69.00
25/03	CUMP	50	**4.53**	226.50
28/03	Vente	35	**4.53**	158.55
30/03	Stock final	15	**4.53**	67.95

- Le prix unitaire des articles se trouvant en stock est une moyenne pondérée :

$$\text{CUMP} = \frac{(\text{valeur du stock initial + valeur des entrées})}{(\text{quantité en stock initial + quantités entrées})}$$

$$\text{Ici, CUMP} = \frac{(40 + 67{,}5 + 50 + 69)}{(10 + 15 + 10 + 15)} = \frac{226{,}5}{50} = 4{,}53$$

Attention, les prix figurant dans les fiches de stocks présentées en exemple ne sont pas des prix de vente mais des coûts d'approvisionnement correspondant au prix d'achat et aux charges liées à ce prix.

Toutes les sorties de stock de la période (ventes) seront valorisées à ce coût.

- Le CUMP peut être recalculé après chaque entrée ou être calculé en fin de période.

À retenir !

- Les montants figurant dans les fiches de stock sont des coûts d'achat. La valorisation des stocks sert à déterminer le prix d'achat d'un article qui sort du stock. Il existe principalement 2 méthodes de valorisation : PEPS et CUMP.

Le financement de l'exploitation

Fiche 8

Gestion Opérationnelle

Le manager doit être attentif au suivi des règlement pour assurer un niveau de trésorerie satisfaisant. Les banques peuvent également être sollicitées pour assurer un besoin de financement résiduel.

1 Les moyens de financement

Moyen	Exemples	Trésorerie
Allongement du délai de paiement des fournisseurs		
Réduction du délai de paiement des clients	Un escompte de 2 % est accordé à un client (créance de 20 000 €) qui accepte de payer comptant (délai habituel 30 jours).	10 000 – 400 = **+ 19 600 €** Coût : 20 000 × 2 % = 400 €
L'affacturage (mobilisation de créances)	Affacturage de factures pour un montant global de 20 000 €. Taux : 3 % ; frais : 80 €.	20 000 – 680 = **+ 19 120 €** Coût : 20 000 × 0,03 + 80 = 680 €

■ L'affacturage est un contrat par lequel le factor s'engage à avancer le règlement de factures et percevoir le paiement à l'échéance en contrepartie du versement de frais et d'un pourcentage de commission.

2 Les relations avec les banques

■ L'entreprise peut également s'adresser à sa banque pour obtenir de la trésorerie.

Moyen	Exemples	Trésorerie
Concours bancaire (découvert autorisé)	Découvert de 20 000 € pendant 12 jours au taux de 7 % annuel.	20 000 – 46,03 = **+ 19 953,97 €** Agio : 20 000 × 12 / 365 × 0,07 = 46,03 €
Escompte d'effets de commerce	Valeur nominale : 20 000 € Délai de paiement restant : 12 jours Taux d'escompte : 3 % Frais : 15 €	Valeur nette : 20 000 – 35 = **+ 19 965 €** Intérêt : 20 000 × 12 / 360 × 0,03 = 20 € Agio : 20 + 15 = 35 €

Remarque : les taux sont exprimés en taux annuels. Ces taux doivent être comptabilisés pour la période considérée grâce à un prorata :

$$\text{taux de la période} = \frac{\text{taux annuel} \times \text{nombre de jours}}{360 \text{ ou } 365}$$

Notes

■ **Effet de commerce :** titre négociable qui constate une créance payable à une certaine échéance. Le détenteur d'un effet peut le présenter à l'escompte auprès de sa banque pour percevoir son montant diminué d'un agio et de frais prélevés par sa banque.

3 Le suivi des règlements

■ L'entreprise peut tenir un échéancier des factures clients et engager une procédure de recouvrement après plusieurs relances infructueuses.

Procédure amiable

- Courriel / appel téléphonique.
- Première lettre de relance.
- Deuxième lettre de relance par recommandé.
- Les courriers de relance doivent comporter des informations claires et précises permettant d'identifier la créance et son échéance initiale.

↓

Mise en demeure

La lettre de mise en demeure est obligatoire avant tout recouvrement judiciaire. Le débiteur dispose de 30 jours pour payer à partir de sa réception.

↓

Recouvrement judiciaire

– Créance < 4 000 € : recouvrement par huissier.

– Créance ≥ 4 000 € : injonction de payer délivrée par un juge.

À retenir !

■ L'entreprise peut dégager de la trésorerie disponible en agissant sur les délais de paiement des clients, des fournisseurs ou en remettant des créances à l'affacturage. Elle peut aussi s'adresser à sa banque pour obtenir un concours bancaire ou escompter des effets de commerce qu'elle détient.

■ Le suivi régulier des créances est primordial dans la gestion de la trésorerie.

Le compte de résultat

Fiche 9

Gestion Opérationnelle

Le compte de résultat est un document comptable et financier qui retrace les opérations réalisées dans l'année et permet de constater un bénéfice ou une perte.

1 Comprendre le compte de résultat

Exemple

	Compte de résultat au 31/12/N			
	CHARGES	Montant	PRODUITS	Montant
❶	Charges d'exploitation		Produits d'exploitation	
	Achats de marchandises	140 000	Ventes de marchandises	242 200
	Variation de stocks	−35 000	Indemnités et subventions	0
	Autres achats	3 050	Autres produits	20 000
	Services extérieurs	68 500		
	Impôts et taxes	3 100		
	Charges de personnel	24 000		
	Dotations aux amortissements et provisions	50 500		
	Total charges d'exploitation	254 150	Total produits d'exploitation	262 200
❷	Charges financières	6 120	Produits financiers	340
❸	Charges exceptionnelles	40	Produits exceptionnels	95
	Total charges	260 310	Total produits	262 635
	Solde créditeur (bénéfice) ❹	2 325	Solde débiteur (perte)	
	TOTAL	262 635	TOTAL	262 635

❶ Ensemble des opérations qui entrent dans le cadre de l'activité habituelle de l'entreprise.

❷ Intérêts perçus sur des placements (produits) ou payés sur des emprunts ou découverts (charges).

❸ Opérations qui ne se rapportent pas à la gestion courante de l'entreprise.

❹ Résultat : Total des produits – total des charges. S'il est positif, l'entreprise fait des bénéfices ; s'il est négatif l'entreprise subit des pertes.

Notes

2 Les charges et les produits

- Les produits correspondent aux opérations qui augmentent le résultat de l'entreprise (*ex.* : ventes).
- Les charges correspondent aux opérations qui diminuent le résultat de l'entreprise (*ex.* : achats).
- Certaines charges et certains produits ne correspondent pas à des dépenses et des recettes. Il s'agit de charges et produits calculés tels que les amortissements et les provisions (charges) ainsi que les reprises correspondantes (produits).
- Calculer une charge d'amortissement (dotation aux amortissements) :

$$\text{Dotation} = \frac{\text{base}}{n}$$

n représente le nombre d'années d'utilisation. **La base : coût d'acquisition – valeur résiduelle éventuelle (de revente).**

Remarque

Il existe un autre mode de calcul d'amortissement (unité d'œuvres). Dotation : base × nombre d'unités d'œuvre de l'année / total des unités d'œuvre

- Si l'immobilisation est acquise en cours d'année il faut multiplier le résultat par :

$$\frac{\text{nombre de jours d'utilisation dans l'année}}{360}$$

Convention : 1 mois = 30 jours.

Ex. : acquisition le 01/08/2019 d'un matériel au coût de 310 000 € HT, durée d'utilisation 5 ans.

Dotation : $\frac{310\,000}{5} \times \frac{150}{360} = 25\,833{,}33$

Du 1/8 au 31/12 : 5 mois donc 5 × 30 jours = 150 jours

3 La formation du résultat

- Résultat = Total des produits – total des charges.

Résultat > 0 ➪ l'entreprise réalise un bénéfice.

Résultat < 0 ➪ l'entreprise réalise une perte.

- Le bénéfice (solde créditeur) est placé dans la colonne des charges pour des raisons de présentation, afin d'équilibrer le total des charges et des produits.

À retenir !

- Le compte de résultat retrace toutes les opérations réalisées au cours de l'année et les place dans 3 catégories : exploitation, financier(e)s, exceptionnel(le)s. Les opérations sont classées en charges et en produits. Le résultat est la différence entre produits et charges.

Les soldes intermédiaires de gestion

L'analyse des soldes intermédiaires de gestion permet de savoir comment se forme le résultat de l'entreprise.

1 Le calcul des SIG

- Il s'effectue à partir du compte de résultat.

CHARGES	PRODUITS	
Charges d'exploitation	**Produits d'exploitation**	
Achats de marchandises et variation de stock	Ventes de marchandises	Marge Commerciale (MC)
	Production vendue / stockée / immobilisée	Production de l'exercice
Achats de matières premières et variation de stock Autres achats Services extérieurs		Valeur Ajoutée (VA)
Impôts et taxes Charges de personnel	Indemnités et subventions	Excédent Brut d'Exploitation (EBE)
Dotations aux amortissements et provisions Autres charges	Reprises sur amortissements et provisions Autres produits	Résultat d'Exploitation (RE)
Charges financières	Produits financiers	Résultat financier : produits – charges
Charges exceptionnelles	Produits exceptionnels	Résultat exceptionnel : produits – charges
Solde créditeur (bénéfice)	Solde débiteur (perte)	
TOTAL	TOTAL	

- La marge commerciale représente la performance commerciale :

MC = ventes – (achats + var. de stocks)

- La valeur ajoutée représente la richesse produite par l'entreprise :

VA = MC + production – (achats de matières premières + var. de stocks) – autres achats – services extérieurs

- L'excédent brut d'exploitation représente la trésorerie nette dégagée par l'activité courante. C'est un indicateur essentiel :

EBE = VA + indemnités et subventions – impôts et taxes – charges de personnel

Notes

Remarque : un EBE négatif est une insuffisance brute d'exploitation.

■ Le résultat d'exploitation représente le résultat dégagé par l'activité courante :

RE = EBE + reprises + autres produits – dotations – autres charges

■ Il faut ajouter les résultats financier et exceptionnel au RE pour obtenir le résultat :

Résultat = RE + résultat financier + résultat exceptionnel

2 Les indicateurs de performance

■ Ils s'expriment par rapport au CA HT et permettent une comparaison des entreprises entre elles ou de se situer par rapport aux données du secteur.

Taux de marge commerciale	MC / CA HT
Taux de valeur ajoutée	VA / CA HT
Taux de marge brute	EBE / CA HT
Taux de marge d'exploitation	RE / CA HT
Taux de marge bénéficiaire	Résultat / CA HT

Remarque : pour obtenir les valeurs en % il faut multiplier par 100.

3 L'amélioration de la performance

■ L'analyse des SIG et des indicateurs de performance associés permet de prendre des mesures destinées à améliorer la performance de l'entreprise.

Ex. : amélioration de la marge commerciale grâce à de meilleures conditions d'achats négociées avec les fournisseurs ; amélioration de l'EBE grâce à une meilleure maîtrise de la masse salariale ; amélioration du taux de marge bénéficiaire grâce à une réduction des charges financières et exceptionnelles.

À retenir !

- Les SIG sont calculés à partir du compte de résultat et permettent de savoir comment le résultat se forme. Les indicateurs peuvent être exprimés en valeur brute ou en pourcentage.
- L'analyse des différents indicateurs de performance permet d'adopter des mesures correctrices ou d'amélioration.

Le coût de revient

La méthode des coûts complets permet de déterminer le coût de revient d'un produit vendu grâce à l'analyse et la répartition des différentes charges

1 Schéma de production

■ Il est réalisé en tenant compte des charges directes (CD), qui peuvent être affectées directement à chaque coût, et indirectes (CI), communes à l'ensemble de l'activité et qui nécessitent donc un traitement grâce au tableau de répartition.

■ *Ex.* : un importateur achète 5 000 kg de pommes golden et 6 000 kg de royal gala (on s'intéressera uniquement aux pommes golden). Prix d'achat du kg de golden : 0,75 € HT. Les pommes achetées sont conditionnées dans des sacs. Coût de la main d'œuvre charges comprises (conditionnement) : 0,06 € le kilo.

Tableau de répartition des charges indirectes :

Centre	Approvisionnement	Conditionnement	Distribution
Unité d'œuvre (UO)	Tonne achetée	Tonne conditionnée	100 € de CA
Nombre d'UO	11	13	
Coût UO	33 €	7 €	2 €

L'unité d'œuvre est une unité de mesure représentative de l'activité d'un centre. Le coût d'une unité d'œuvre permet de répartir les charges indirectes de l'activité au sein des différentes étapes du calcul du coût de revient.

Lorsque l'entreprise achète des pommes, les charges indirectes d'approvisionnement s'élèvent à 33 € par tonne achetée.

L'importateur vend 6 tonnes de pommes golden à un distributeur.
Stock initial : 3 000 kg de pommes golden au coût de 0,75 € le kg.
7 tonnes de golden ont été conditionnées et vendues.
Prix de vente HT d'un kg de pommes golden : 1,20 €.
Les coûts sont calculés dans l'ordre du schéma de production.

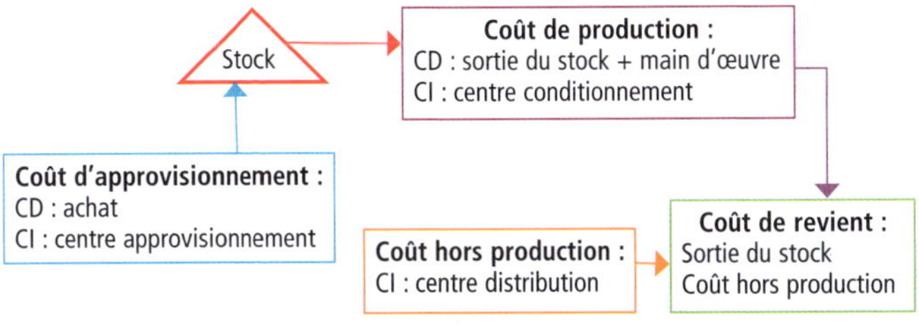

Notes

2 Calcul des coûts

■ Les coûts unitaires seront arrondis au centime le plus proche.

Le coût d'approvisionnement

Élément	Quantité	Coût unitaire	Total
Prix d'achat	5 000	0,70	3 500,00
Centre appro	5	33,00	165,00
Total	**5 000**	**0,73**	**3 665,00**

Le coût de sortie du stock de matières premières (voir fiche 7)

Élément	Quantité	Coût unitaire	Total
Stock initial	3 000	0,75	2 250,00
Achats	5 000	0,73	3 665,00
CUMP	8 000	0,74	5 915,00
Sortie	**7 000**	**0,74**	**5 180,00**
Stock final	1 000	0,74	740,00

Le coût de production

Élément	Quantité	Coût unitaire	Total
Sortie du stock	7 000	0,74	5 180,00
Main d'œuvre	7 000	0,06	420,00
Centre conditionnement	7	7,00	49,00
Total	**7 000**	**0,81**	**5 649,00**

Le coût hors production

Élément	Quantité	Coût unitaire	Total
Centre distribution	84	2,00	168,00
Total	**7 000**	**0,02**	**168,00**

Le coût de revient

Élément	Quantité	Coût unitaire	Total
Coût de production	7 000	0,81	5 649,00
Coût hors production	7 000	0,02	168,00
Total	**7 000**	**0,83**	**5 817,00**

Résultat analytique

Élément	Quantité	Coût unitaire	Total
Chiffre d'affaires	7 000	1,20	8 400,00
– coût de revient	7 000	0,83	5 817,00
= Résultat (bénéfice)	**7 000**	**0,37**	**2 583,00**

à retenir !

■ Le calcul des coûts complets est une méthode qui permet de déterminer la rentabilité d'une activité ou d'un produit vendu.

Le seuil de rentabilité

Évaluer la rentabilité consiste à calculer le bénéfice ou la perte dégagé(e) par une activité marchande qu'il s'agisse d'une opération ponctuelle ou d'une activité se déroulant tout au long de l'année.

1 Le compte de résultat par variabilité des charges (différentiel)

Exemple : journée promotionnelle « guitares » dans une UC :
- Prix catalogue de la guitare : 150 € TTC (TVA 20 %), remise 20 %
- Taux de marque (hors promotion) : 52 %
- Coûts : flyers 800 € / animation 1 100 €
- Prévision de ventes : 50 unités

	En €	En % du CA
CHIFFRE D'AFFAIRES	**5 000**	**100 %**
Prix HT	150 / 1,20 = 125 €	
Prix HT avec remise	125 × 0,80 = 100 €	
CA HT	50 × 100 = 5 000 €	
– CHARGES VARIABLES	**3 000**	**3 000 / 5 000 = 60 %**
Coût unitaire d'achat HT	125 × (1 – 0,52) = 60 €	
Coût d'achat total HT	50 × 60 = 3 000 €	
= MCV	**2 000**	**2 000 / 5 000 = 40 %**
– CHARGES FIXES (CF)	**1 900**	/
Flyers	800 €	
Animation	1 100 €	
= RÉSULTAT	**100**	/

Prix de vente HT × (1 – taux de marque).

TMCV = Taux de Marge sur Charges Variables

2 La distinction entre charges variables et fixes

- Les charges variables varient proportionnellement aux quantités vendues : coût d'achat des marchandises vendues, commission sur les ventes…
- Les charges fixes ne dépendent pas du volume des ventes : salaire fixe, cadeau (au prix achat), loyer, flyers ….

Notes

3 Calcul du seuil de rentabilité

- Le seuil de rentabilité en valeur représente le minimum de chiffre d'affaires à réaliser pour faire un bénéfice : $SRval = \frac{CF}{TMCV}$. Dans notre exemple, $SRval = \frac{1\,900}{0,40} = 4\,750$ €.

- Le seuil de rentabilité en volume représente la quantité minimum à vendre pour faire un bénéfice : $SRvol = \frac{SRval}{\text{prix de vente unitaire HT}}$.

Dans notre exemple, $SRvol = \frac{4\,750}{100} = 47,50$ soit 48 guitares.

4 Cas particulier sans prévision de vente

- Sans prévision de vente, le compte de résultat par variabilité des charges n'est pas indispensable car on raisonne sur 1 unité vendue.

$SRvol = \frac{CF}{\text{MCV unitaire}}$ $\text{MCV unitaire} = \frac{\text{prix de vente unitaire HT}}{\text{Coût unitaire d'achat HT}}$

Dans notre exemple, MCV unitaire = 100 – 60 = 40 € et $SRvol = \frac{1\,900}{40}$ = 47,50 soit 48 guitares.

$$SRval = SRvol \times \text{prix de vente unitaire HT}$$

Dans notre exemple, SR val = 48 × 100 = 4 800 €.

Remarque : il s'agit ici d'un SR en valeur réel et non théorique qui tient compte de l'arrondi à 48 guitares. Il diffère du SR en valeur théorique déterminé dans la première méthode.

5 Calcul du point mort

- Le point mort représente le nombre de jours au terme desquels le seuil de rentabilité est atteint. Il peut éventuellement être converti en date.

$$\text{Point mort} = \frac{SRval}{CA} \times \text{nombre de jours de l'opération}$$

Remarque : quand le SR est calculé sur 1 an, on prend 360. Quand il s'agit d'une opération journalière, on ne calcule pas de point mort.

Le CA prévisionnel d'une semaine promotionnelle (6 jours d'ouverture) est estimé à 12 000 €, le SR en valeur s'élève à 9 000 € : point mort = $\frac{1\,900}{40} \times 6 = 4,5$ jours donc au milieu du 5e jour.

À retenir !

- Le SR représente le CA ou les quantités à vendre permettant d'avoir un bénéfice. Il faut distinguer charges variables et charges fixes pour calculer le seuil de rentabilité. Le point mort est le délai minimum qui permet d'obtenir un bénéfice.

La formation du prix de vente

Le prix de vente proposé par l'unité commerciale doit permettre de dégager une marge commerciale suffisante pour que l'exploitation soit rentable.

1 La marge brute

■ Il s'agit de la somme perçue entre l'achat et la revente, c'est-à-dire de la différence entre le prix de vente hors taxes et le prix d'achat hors taxes : Marge brute = prix vente HT – prix d'achat HT.

■ Attention à ne pas confondre marge brute avec marge nette ou bénéficiaire (marge après déduction des charges liées à la vente).

■ La marge brute peut s'exprimer en % du prix d'achat :

$$\text{Taux de marge} = \frac{\text{marge brute}}{\text{prix d'achat HT}}.$$

■ La marge brute peut également s'exprimer en % du prix de vente :

$$\text{Taux de marque} = \frac{\text{marge brute}}{\text{prix de vente HT}}.$$

Ex. : une UC achète un produit 5 € HT et le revend 12 € HT.
Marge : 12 – 5 = 7 €
Taux de marge : $\frac{7}{5}$ = 1,4 soit 140 %
Taux de marque : $\frac{7}{12}$ = 0,5833 soit 58,33 %

Remarque : le taux de marque ne peut pas excéder 100 %.

2 L'utilisation du taux de marge

■ Il est possible de déterminer le prix de vente quand on connaît le prix d'achat et le taux de marge.

Ex. :

Prix d'achat HT 5,00 €

Taux de marge 140 %

Marge = $5 \times \frac{140}{100}$ = 7,00 €
Prix de vente HT :
prix achat HT + marge = 5 + 7 = 12,00 €
Ou
Prix de vente HT :
prix achat HT × (1 + taux de marge)
= $5 \times (1 + \frac{140}{100})$ = 12,00 €

Prix de vente HT 12,00 €

À l'inverse, $\text{prix d'achat HT} : \frac{\text{prix de vente HT}}{(1 + \text{taux de marge})}$.

Notes

3 L'utilisation du taux de marque

■ Il est possible de déterminer le prix d'achat HT quand on connaît le prix de vente et le taux de marque.

Ex. :

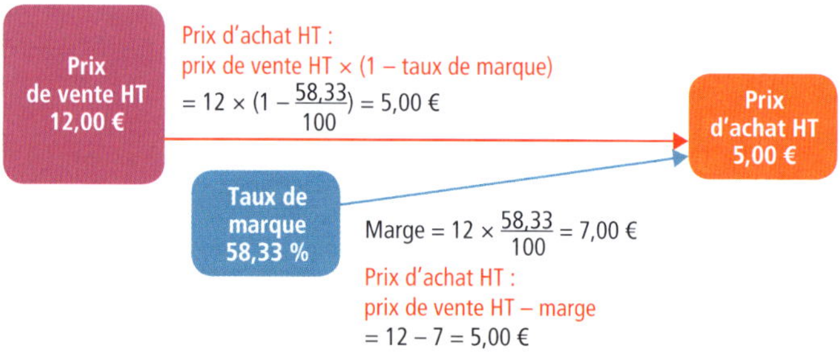

À l'inverse, prix de vente HT : $\frac{\text{prix d'achat HT}}{(1 - \text{taux de marque})}$.

4 Schéma récapitulatif

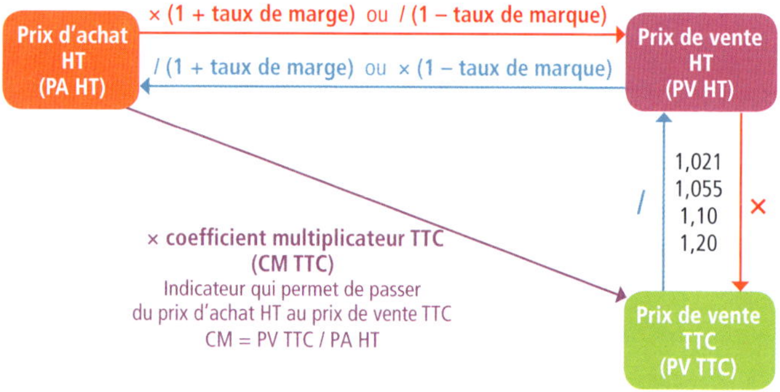

Remarque : il y a 4 taux de TVA (2,1% ; 5,5% ; 10% ; 20%).

À retenir !

■ La marge brute permet d'obtenir le prix de vente à partir du prix d'achat. Elle est souvent exprimée en pourcentage du prix de vente HT ou du prix d'achat HT.

Les calculs commerciaux

Il s'agit de déterminer la marge dégagée lors d'une opération commerciale. Il existe une multitude de situations possibles, les 2 situations types présentées ci-après permettent d'illustrer des enchaînements de calculs.

1 L'opération promotionnelle

■ Déterminez la marge générée par un produit en promotion (2 achetés, 1 gratuit).
– Prix de vente habituel d'un article : 4,50 € TTC (TVA 5,5 %)
– Taux de marge habituel : 54 %
– Quantités vendues : 6 300 articles

En période normale

Indicateurs	Période normale (pour 1 article)	Calcul
Coût achat HT	(2) 2,77 €	PV HT / (1+ Taux de marge)
Marge	(3) 4,26 – 2,77 = 1,49 €	PV HT – coût achat HT
PV HT	(1) 4,50 / 1,055 = 4,26 €	PV HT / (1 + taux TVA)
PV TTC	4,50 €	Énoncé
Taux de marge	54 %	Énoncé
Quantité	1	

( ) : Ordre dans lequel les calculs sont effectués.

En période promotionnelle

Indicateurs	Période promo (global)	Calcul
Coût achat HT	6 300 × 2,77 = 17 451	Q achetée × coût achat unitaire
Marge	27 275,49 – 17 451 = **9 824,49**	CA HT – coût achat HT
CA HT	4 200 × 4,26 = 27 275,49	Q facturée × PV HT
Quantité (Q)	Vendue : 6 300 Facturée : 6300 × 2/3 = 4 200	2 articles sur 3

2 La démarque promotionnelle

■ Elle consiste à pratiquer une baisse du prix de vente pour augmenter le niveau des ventes.

Ex. : déterminez quelle est la quantité de shorts à vendre pour conserver la même marge totale en semaine promotionnelle (–30 %) :
– Prix TTC habituel de 29,90 € (TVA à 20 %, taux de marque de 85 %).
– Ventes en semaine normale : 540 unités.

Notes

On détermine d'abord les indicateurs en période normale :

Indicateurs globaux	Semaine normale		
	montant		calcul
Coût d'achat total	(3)2 018,25	CA HT × (1 – taux de marque) ou CA HT – marge	13 455 × (1 – 85/100) ou 13 455 – 11 436,75
Marge totale	(2)11 436,75	Q × PV HT × taux de marque	13 455 × 0,85
CA HT	(1)3 455,00	Q × PV TTC / 1,20	540 × 29,90 / 1,20
Taux de marque	85 %	énoncé	
Quantité	540	énoncé	
Indicateurs unitaires			
Coût achat HT	(3) 3,74		24,92 – 21,18
marge	(2) 21,18	PV HT × taux de marque	24,92 × 0,85
PV HT	(1) 24,92	PV TTC / 1,20	29,90 / 1,20
PV TTC	29,90	énoncé	

On détermine ensuite les indicateurs en période promotionnelle en reportant ceux qui sont inchangés.

Remarque : en période de soldes, on ne va pas chercher à maintenir le même niveau de marge.

Indicateurs globaux	Semaine promotionnelle		
	montant		calcul
Coût d'achat total	(5)3 125,65	Q × coût achat ou CA HT – marge	14 562,40 – 11 436,75
Marge totale	11 436.75	inchangé	
CA HT	(4)14 562,40	Q × PV HT	835 × 17,44
Quantité (Q)	**(3)835**	Marge totale / marge u	11 436,75 / 13,70
Indicateurs unitaires			
Coût achat HT	3,74	inchangé	
marge	(2) 13,70	PV HT – coût d'achat	24,92 – 3,74 = 13,70
PV HT	(1) 17,44	PV HT normal – 30%	24,92 × 0 ,70

À retenir !

- Les calculs commerciaux permettent de déterminer les indicateurs commerciaux tels que le chiffre d'affaires, la marge ou les quantités à vendre.

Les facteurs d'influence du prix

Le prix de vente d'un bien ou d'un service dépend de facteurs liés au marché et à l'entreprise elle-même.

1 Les facteurs d'influence

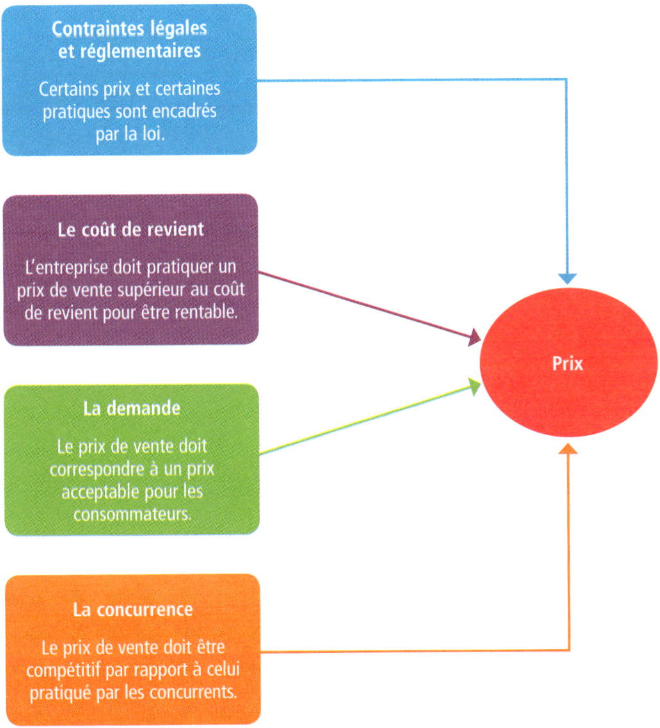

Notes

2 Les contraintes légales

■ Les prix réglementés : les prix sont en principe librement fixés mais l'état peut encadrer certaines pratiques tarifaires. *Ex. :* certains tarifs de professions réglementées comme les notaires ; les tarifs de taxis ; les livres neufs pour lequel le prix de vente final ne peut pas baisser au-delà de 5 % du prix indiqué en couverture ; les tarifs de l'électricité et du gaz…

■ Les pratiques illicites :
– La revente à perte.
– L'entente entre concurrents pour fixer un prix.
– La fixation d'un prix abusivement bas en vue d'éliminer un concurrent.
– L'abus de dépendance économique (d'un partenaire commercial).

■ Les réductions : le commerçant peut pratiquer un prix promotionnel si cela reste une pratique non systématique. Le prix réduit doit pouvoir être comparé au prix normal de référence et les avantages éventuels liés à une promotion doivent être clairement identifiés et délimités.

■ Les soldes : ils sont réglementés et permettent la revente à perte. Les périodes sont fixes et encadrées par la loi. Les soldes doivent permettre l'écoulement d'un stock et ne doivent pas être l'occasion pour un commerçant de pratiquer des réductions de prix déloyales.

À retenir !

- Le marché et les coûts influencent la fixation du prix qui est libre sauf exceptions. Les promotions et les soldes sont fortement réglementés.

La fixation du prix

Les techniques de fixation dépendent de la stratégie de prix adoptée

1 Les stratégies de prix

Pénétration

Le prix adopté est inférieur à celui des concurrents afin de gagner des parts de marché rapidement.

Alignement

L'entreprise aligne ses prix sur ceux de la concurrence afin de rester compétitive.

Écrémage

Le prix de vente pratiqué est supérieur au prix moyen du marché car le produit peut justifier d'un avantage compétitif lié à l'image ou la qualité.

Les prix différenciés

– En fonction du type de clientèle, du lieu d'achat, du mode de distribution…
– En fonction de la période d'achat et du coefficient de remplissage ou d'occupation (transport ferroviaire aérien et hôtellerie) : *yield management*.

Prix

Notes

2 Les techniques de fixation du prix

■ **Par rapport au coût de revient :**

Coût de revient + marge = prix de vente.

L'entreprise détermine le coût de revient de son produit afin de fixer un prix de vente qui puisse lui permettre de dégager une marge commerciale.

■ **Par rapport à un objectif de rentabilité :** l'entreprise peut fixer son prix en fonction de son objectif de rentabilité pour atteindre le seuil de rentabilité, c'est-à-dire le montant qui permettra de commencer à réaliser des bénéfices.

■ **Par rapport à la demande :**
– **L'étude de marché** permet de déterminer un niveau de prix de façon empirique. Il est possible de déterminer un **prix d'acceptabilité**, c'est-à-dire le prix qu'un maximum de consommateurs seraient disposés à payer le produit car ils estiment qu'il n'est ni trop cher ni de mauvaise qualité.
– Le **coefficient d'élasticité** d'un produit permet de mesurer la variation de la demande quand le prix varie :

$$\text{coefficient d'élasticité} = \frac{\text{variation de la demande en \%}}{\text{variation du prix en \%}}.$$

Par exemple un coefficient d'élasticité de –0,8 signifie que quand le prix augmente de 1 %, la demande diminue de 0,8 %. La connaissance de ce coefficient permet d'agir sur le prix pour anticiper un niveau de demande attendu.

À retenir !

■ L'entreprise va décider d'un niveau de prix en fonction de sa stratégie commerciale. Le prix doit être fixé en fonction de la demande mais doit également tenir compte de contrainte liées à la rentabilité de l'activité.

Le bilan comptable

Le bilan est un document comptable qui permet de disposer d'une image fidèle du patrimoine de l'entreprise.

1 Présentation du bilan

Bilan de la société Magnolias (en milliers d'euros)

Actif	Brut	Amort et dépr.	Net	Passif	Montant
Actif immobilisé				Capitaux propres	
Immobilisations incorporelles	400	10	390	Capital social	1 420
– Frais d'établissement	....	....	....	– Réserves	....
– Fonds de commerce	....	....	....	– Résultat	....
– Brevets	....	....	....		....
Immobilisations corporelles	1000	60	940	Provisions pour risques et charges	0
– Terrains	....	....	....	Dettes	
– Constructions	....	....	....	– Dettes financières (1)	216
– Installations	....	....	....	– Dettes fournisseurs	130
– Matériel de transport	....	....	....	– Dettes fiscales et sociales	13
Immobilisations financières	100	10	90	– Autres dettes	0
– Titres	....	....	....		
Actif circulant					
Stocks	200	46	154		
– Mat. premières	....	....	....		
– Marchandises	....	....	....		
– Produits finis	....	....	....		
Créances d'exploitation	100	18	82		
– clients	....	....	....		
– Autres créances	....	....	....		
Disponibilités	123		123		
TOTAL	**1 923**	**144**	**1 779**	**TOTAL**	**1 779**

(1) Dont concours bancaires : 16

2 L'actif du bilan

■ L'actif immobilisé regroupe les éléments liés à l'activité de l'entreprise qui ne sont pas consommés durant le cycle d'exploitation. On les classe en 3 catégories : les éléments incorporels, corporels et financiers.

Notes

■ La valeur brute de ces actifs représente le coût d'entrée, c'est-à-dire le coût d'acquisition. Certaines immobilisations sont amortissables, c'est-à-dire que leur valeur peut être répartie sur une durée d'usage. Le cumul des amortissements représente une perte de valeur et il doit être soustrait de la valeur brute afin de déterminer la valeur nette du bien.

■ Les éléments d'actif (immobilisations et autres) peuvent subir des pertes de valeur autres que celles liées à l'usage, on parle alors de dépréciation. Un stock peut par exemple se déprécier du fait d'une avarie, une créance peut être dépréciée car le débiteur est suspecté d'insolvabilité.

Remarque

Le principe de prudence impose que les dépréciations, même si elles ne sont que probables, soient inscrites à l'actif du bilan pour diminuer le montant brut des éléments concernés.

Leur valeur nette doit également tenir compte de la dépréciation constatée.

■ Les disponibilités représentent les liquidités immédiatement disponibles détenues par l'entreprise, c'est-à-dire principalement la caisse (espèces) ainsi que les sommes détenues sur le compte en banque et les supports d'épargne très liquides (livrets).

Le degré de liquidité représente la faculté du support à assurer la disponibilité immédiate (ou non) des sommes épargnées.

3 Le passif du bilan

Le passif du bilan

Il représente l'ensemble des dettes contractées par l'entreprise.

■ Les dettes sont les ressources dont dispose l'entreprise pour fonctionner. On distingue :

– Les capitaux propres qui sont des ressources propres (apports des actionnaires, réserves, résultat non distribué).

– Les provisions pour risques et charges qui sont des « dettes » constituées en vue d'un événement tel qu'un litige qui donnera lieu à une charge à supporter dont la probabilité est grande.

– Les dettes qui regroupent les emprunts mais également les concours bancaires (ou soldes créditeurs de banque) qui sont des facilités de caisse accordées à court terme telles que le découvert bancaire.

À retenir !

■ Le bilan représente la valorisation du patrimoine de l'entreprise. Les dettes sont au passif et les éléments ayant une valeur économique positive sont à l'actif. Les amortissements et dépréciations diminuent la valeur des éléments d'actif.

L'équilibre financier

L'analyse du bilan d'une société permet d'estimer le risque encouru. Elle ne s'effectue pas directement à partir du bilan comptable. Ce dernier doit faire l'objet de retraitements permettant de construire un bilan fonctionnel afin de l'analyser.

1 Présentation du bilan fonctionnel

Bilan fonctionnel condensé de la société Magnolias (en milliers d'euros)

Actif (emplois)	Montant	Passif (ressources)	Montant
Actif immobilisé Valeur brute des immobilisations	1 500	Passif stable Capitaux propres + provisions pour risques et charges + total des amortissements et dépréciations figurant à l'actif du bilan + dettes financières (sans les concours bancaires)	1 764
Actif circulant hors trésorerie Valeur brute des stocks et des créances	300	Passif circulant hors trésorerie Dettes fournisseurs / fiscales / sociales/ autres dettes	143
Trésorerie active disponibilités	123	Trésorerie passive Concours bancaires figurant dans les dettes financières	16
TOTAL	**1 923**	**TOTAL**	**1 923**

(Passif stable → finance l'actif immobilisé ; Passif circulant hors trésorerie → finance l'actif circulant hors trésorerie : « financent »)

Retraitements à effectuer à partir du bilan comptable

2 Le cycle de financement et d'investissement

■ Il concerne le haut du bilan fonctionnel, c'est-à-dire le passif et l'actif stable. Les ressources (passif) stables doivent financer l'actif immobilisé.

FRNG = Passif stable – Actif stable

■ Le FRNG traduit la capacité de l'entreprise à financer correctement ses investissements (actif immobilisé). Il doit donc être positif. Un FRNG négatif est le signe d'une structure financière risquée. Un FRNG positif signifie qu'il subsiste une ressource excédentaire après le financement des investissements.

Notes

3 Le cycle d'exploitation

■ Le passif circulant regroupe les dettes à court terme (exploitation et hors exploitation) qui financent en partie ou totalement les actifs circulants.

BFR (besoin en fonds de roulement) =
Actif circulant (hors trésorerie) – passif circulant (hors trésorerie)

■ Le BFR correspond au besoin de financement de l'actif circulant né au cours du cycle d'exploitation. Généralement l'actif circulant n'est pas totalement financé par le passif circulant et il subsiste un besoin qui devra être financé grâce au FRNG.

4 L'équilibre financier et la trésorerie

■ Quand le FRNG est suffisant pour couvrir le besoin en fonds de roulement, le montant qui reste est alors laissé en banque (en disponibilités).

Trésorerie Nette (TN) = FRNG – BFR

■ Si le FRNG n'est pas à la hauteur du BFR, le besoin de financement résiduel sera apporté par du crédit à très court terme, c'est-à-dire une trésorerie nette négative. Cette dernière situation est défavorable car elle entraîne le paiement d'un agio coûteux à la banque (frais bancaires et intérêts).

■ Certaines activités comme la distribution ou la restauration dégagent des ressources de financement grâce au cycle d'exploitation car les clients paient comptant. Le BFR est alors négatif et constitue une ressource.

5 Solutions quand la trésorerie nette est négative

■ Deux solutions : augmenter le FRNG et/ou diminuer le BFR.

Solution	Comment
Augmenter le FRNG	La solution la plus simple consiste à souscrire un emprunt pour augmenter les ressources stables. On peut également procéder à une augmentation de capital.
Diminuer le BFR	Diminution du montant des créances clients en diminuant le délai de paiement des clients/diminution du montant des stocks.
	Augmentation du montant des dettes d'exploitation en augmentant le délai de règlement aux fournisseurs (les dettes fournisseurs constituent la plus grande partie des dettes d'exploitation).

À retenir !

■ Le bilan fonctionnel est construit après retraitement du bilan comptable. L'analyse du bilan fonctionnel consiste à calculer des indicateurs permettant de déterminer l'équilibre financier de l'entreprise.

L'évaluation et la prévention des risques

L'évaluation des risques professionnels est le préalable indispensable à la mise en œuvre d'une démarche de prévention.

1 Une obligation légale

■ Elle concerne le haut du bilan fonctionnel, c'est-à-dire le passif et l'actif stable. L'employeur a l'obligation légale de protéger et d'assurer la sécurité de ses salariés (Code du travail).

■ Les résultats de l'évaluation et de la prévention des risques (EvPR) doivent figurer dans un document unique permettant de décider d'actions de prévention en concertation avec le CHSCT (comité d'hygiène, de sécurité et des conditions de travail).

2 Les risques professionnels

■ Le danger est intrinsèque à un produit ou une situation tandis que le risque est la possibilité d'une rencontre entre l'homme et le danger auquel il est exposé.

3 La démarche d'évaluation des risques professionnels

Préparer l'évaluation des risques

– Dans l'organisation
– Dans les unités de travail (situations de travail)
– Au niveau des outils et moyens
– Au niveau de la formation et communication

↓

Identifier les risques

– Repérer les dangers
– Analyser les risques
  · Vérification des mesures de conformité et de sécurité
  · Analyse des postes de travail (ergonomie…)

↓

Classer les risques

La matrice ou grille à privilégier repose sur 2 critères :
– Probabilité (fréquence)
– Gravité

↓

Proposer des actions de prévention

Notes

■ L'ensemble de ces actions figure dans le document unique. Sa forme n'est pas imposée. Exemple de grille de classement des risques :

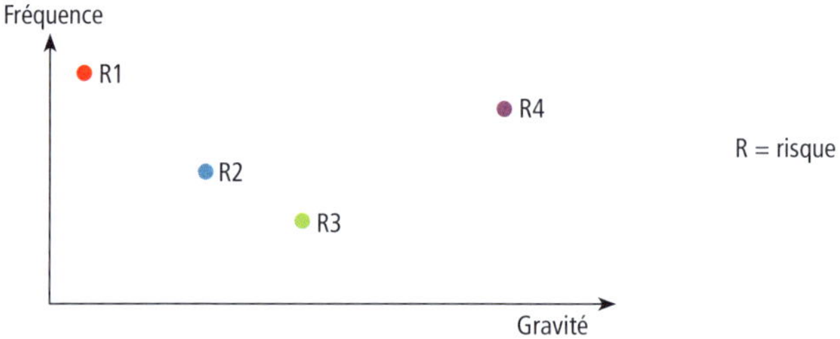

4 Les autres types de risques

Typologie des risques	Coût induit
Matériels et technologiques : dégâts, dégradations, dysfonctionnements…	Baisse de la marge bénéficiaire, voire de la productivité (risques sociaux)
Sociaux : absentéisme, maladie, turn-over…	
Légaux et environnementaux : fiscalité, règlements…	
Clients et fournisseurs : défauts de paiement, défauts d'approvisionnement…	

À retenir !

■ L'UC est dans l'obligation d'établir un document unique relatif à la prévention des risques professionnels. L'UC fait face à des risques divers qui peuvent nuire à sa rentabilité.

La prévention et la couverture des risques

Fiche 20

Gestion Opérationnelle

Les actions de prévention sont indispensables mais ne permettent pas de faire face au dommage en cas de réalisation du risque.

1 La prévention des risques

Risques professionnels	• Procédures écrites • Méthodes de travail formalisées • Listes de pointage
Risques client	• Analyse de la solvabilité • Scoring sur plusieurs critères : – Retards de paiement – Incidents de paiement – …
Risques fournisseur	• Analyse du bilan • Diversification des approvisionnements
Risques sociaux	• Méthodes de gestion du stress • Conditions de travail • Politique de GPEC*
Risques environnementaux	• Veille* stratégique • Veille légale
Risques technologiques	• Veille technologique

GPEC : gestion prévisionnelle des emplois et des compétences.

La veille permet de collecter des informations afin d'anticiper les mutations environnementales, légales et technologiques.

2 La couverture des risques

■ L'assurance responsabilité civile professionnelle couvre :
- les activités (*ex. :* accidents causés en dehors des locaux) ;
- les biens (*ex. :* dommages causés par des biens n'appartenant pas à l'UC mais utilisés pour son compte) ;
- les personnes (*ex. :* pathologies professionnelles).

■ L'assurance multirisques couvre les dommages causés dans l'entreprise. Elle peut également couvrir la gestion des impayés.

■ Les assurances des locaux et biens couvrent les incendies, les explosions, les inondations…

■ L'assurance de la flotte automobile est ouverte à toute personne physique ou morale possédant au minimum 3 véhicules.

Notes

■ Les assurances spécifiques :
– protection juridique ;
– pertes d'exploitation ;
– …

■ Les mutuelles se distinguent des assurances car ce sont des sociétés d'assurance à but non lucratif. Elles sont généralement souscrites par les entreprises pour offrir aux salariés une couverture complémentaire santé. C'est une obligation légale.

À retenir !

■ La prévention des risques dans l'UC repose sur l'établissement de procédures et une veille stratégique, légale et technologique. Les assurances et les mutuelles proposent divers contrats permettant de couvrir les risques auxquels est exposée l'UC.

La prévision des ventes

Il existe différentes méthodes pour prévoir les ventes. L'approche empirique qui consiste à effectuer une étude de marché pour déterminer les ventes futures et les méthodes statistiques qui consistent à prolonger la tendance des ventes passées pour extrapoler les ventes futures

1 Choix d'une méthode statistique

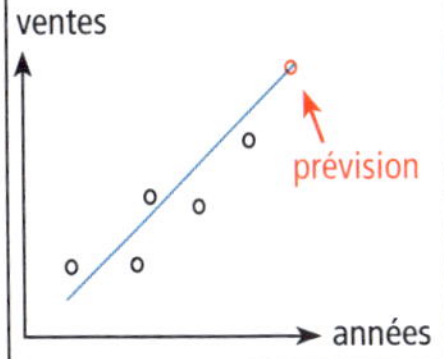

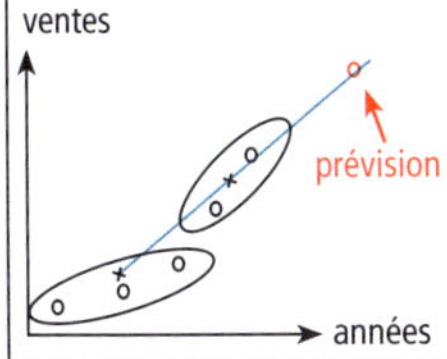

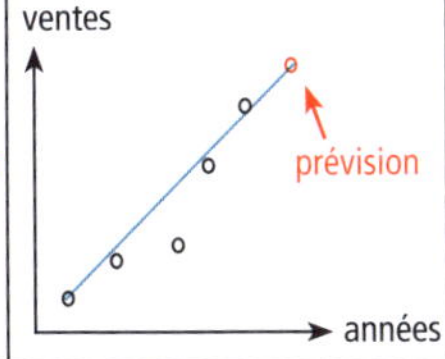

La méthode des moindres carrés : on prolonge la droite qui passe au plus près de tous les points (régression linéaire).	**La méthode de Mayer** : on prolonge la droite qui passe par 2 points moyens.	**La méthode des points extrêmes** : on prolonge la droite qui passe par les 2 points extrêmes.
Cela s'applique à des séries irrégulières, un nuage de points.	On sépare donc la série en 2 sous-séries d'importance à peu près identiques : 3 + 2 ; 4 + 3 ; 5 + 4…	Cela s'applique à des séries régulières.

■ Inconvénient des méthodes statistiques : elles s'appuient sur les ventes passées et ne tiennent pas compte des événements qui pourraient survenir.

2 La méthode des moindres carrés (régression linéaire)

Années passées — Numérotation des années à partir de 1 — $(-1,5) \times (-1,5)$

Année	x	y (CA en k€)	$X = x - \bar{x}$	$Y = y - \bar{y}$	X^2	XY
2017	1	480	−1,5	−76	2,25	114
2018	2	546	−0,5	−10	0,25	5
2019	3	569	0,5	13	0,25	6,5
2020	4	629	1,5	73	2,25	109,5
Somme	10	2 224	$\Sigma X = 0$	$\Sigma Y = 0$	$\Sigma X^2 = 5$	$\Sigma XY = 235$
Moyenne	$\bar{x} = 2,5$	$\bar{y} = 556$				

Ventes passées — 1 − 2,5 — 480 − 556 — $(-1,5) \times (-76)$

Notes

$a = \frac{\Sigma XY}{\Sigma X^2} = \frac{235}{5} = 47$ et $b = \bar{y} - a\bar{x} = 556 - 47 \times 2{,}5 = 438{,}5$

- La tendance passée suit donc une droite d'équation :
$$y = ax + b = 47x + 438{,}5$$

- Si on prolonge la tendance pour l'année 2021, on remplace x par le numéro de l'année : $x = 5$ et $x = 47 \times 5 + 438{,}5 =$ **673,50 k€**

- La calculatrice programmable (mode examen) permet de déterminer a, b grâce à la fonction statistique (à 2 variables) préprogrammée linearReg (régression linéaire). Le tableau n'est pas exigé à l'examen.

3 La méthode de Mayer (double moyenne)

- On sépare la série en 2 et on calcule les coordonnées de 2 points moyens A et B.

Année	2016	2017	2018	2019	2020
x : renumérotation des années	1	2	3	4	5
y : ventes en k€	401	562	630	738	852

A (2016–2018) ; B (2019–2020)

Point moyen *A* de coordonnées $x_A = \frac{(1 + 2 + 3)}{3} = 2$ et $y_A = \frac{(401 + 562 + 630)}{3} = 531$

Point moyen *B* de coordonnées $x_B = \frac{(4 + 5)}{2} = 4{,}5$ et $y_B = \frac{(738 + 852)}{2} = 795$

$$a = \frac{(y_B - y_A)}{(x_B - x_A)} = \frac{(795 - 531)}{(4{,}5 - 2)} = 105{,}6$$

$$b = y_A - ax_A = 531 - 105{,}6 \times 2 = 319{,}8$$

On obtient une équation : $y = 105{,}6x + 319{,}8$

En 2021, $x = 6$ et $y = 105{,}6 + 319{,}8 =$ **953,40 k€**

4 La méthode des points extrêmes

- On détermine l'équation de droite qui passe par les 2 points se situant aux extrémités de la série A(1 ; 401) et B(5 ; 852).

Comme précédemment : $a = \frac{(852 - 401)}{(5 - 1)} = 112{,}75$

et $b = 401 - 112{,}75 \times 1 = 288{,}25$.

- On obtient une équation : $y = 112{,}75x + 288{,}25$
- En 2021, $x = 6$ et $y = 112{,}75 \times 6 + 288{,}25 =$ **964,75 k€**

À retenir !

- Il existe 3 grandes méthodes mathématiques pour prévoir les ventes. Elles consistent à déterminer une équation de droite en fonction des ventes passées et à la prolonger pour déterminer les ventes futures.

La saisonnalité des ventes

Le calcul de coefficients de variation saisonnière permet de tenir compte de la saisonnalité des ventes. Ils permettent d'obtenir des ventes par périodes à partir d'une prévision annuelle.

1 Les coefficients saisonniers

▪ Ils représentent la part des ventes réalisées au cours des différentes périodes de l'année et peuvent s'exprimer en données brutes ou en pourcentage.

Exemple : coefficients saisonniers de vente de planches de surf

Trimestre	1	2	3	4
CVS	0,2	1	2,4	0,4

Somme des CVS : nombre de périodes.

CVS : coefficient de variation saisonnière.

Le CVS brut est représentatif de l'intensité des ventes par rapport à la moyenne qui est de 1.

Le CVS peut également s'exprimer en % :

Trimestre	1	2	3	4
CVS	0,2 / 4 (× 100) = 5 %	25 %	60 %	10 %

CVS en % = CVS brut / nombre de périodes.

2 La prévision des ventes périodiques à l'aide des CVS

▪ On peut déterminer les ventes périodiques grâce à la prévision annuelle et aux CVS :

ventes période *n* = ventes annuelles × CVS en % période *n*.

Ex. : prévision 2021 (planches de surf) = 62 000 unités. Prévisions trimestrielles :

Trimestre	1	2	3	4
Ventes	62 000 × 5 % = 3 100 planches	62 000 × 25 % = 15 500	62 000 × 60 % = 37 200	62 000 × 10 % = 6 200

3 Le calcul des CVS

▪ On peut calculer les CVS si on dispose d'informations sur les ventes passées des années précédentes.

Notes

	Trimestres			
	1	2	3	4
2018	30	200	14	52
2019	35	210	15	60
2020	31	220	16	53
Moyennes par période	32	210	15	55
CVS brut	0,41	2,69	0,19	0,71

Moyenne des moyennes : (32 + 210 + 15 + 55) / 4 = 78.

$$\textbf{CVS brut} = \frac{\text{moyenne des ventes par période}}{\text{moyenne des moyennes}}.$$

Pour le trimestre 4 : CVS $= \frac{55}{78} = 0{,}71$.

CVS en %	10,25 %	67,25 %	4,75 %	17,75 %

$$\textbf{CVS en \%} = \frac{\text{CVS brut}}{\text{nombre de périodes (ici 4 trimestres)}}.$$

Pour le trimestre 4 : CVS en % $= \frac{0{,}71}{4} = 17{,}75$ %

Attention : prenez garde au sens du tableau tel qu'il est proposé en annexe. Les années peuvent être en colonnes et les périodes en lignes. Les moyennes et CVS seront alors présentés en colonne.

Remarque : les CVS peuvent également être mensuels. La somme des CVS est alors égale à 12.

À retenir !

- Les CVS permettent de mesurer l'intensité des ventes d'une période de l'année. Ils peuvent être exprimés bruts ou en %. On peut appliquer les CVS à une prévision des ventes annuelles pour déterminer des prévisions périodiques.

Les autres méthodes et outils de prévision

Le niveau des ventes futures peut être estimé à partir de données relatives au marché. La mise en évidence d'un lien entre les ventes et un autre élément peut également être utilisé.

1 Estimer un taux de croissance des ventes

■ L'analyse du marché et de ses tendances peut permettre de déterminer un coefficient d'augmentation des ventes.

■ Le coefficient d'augmentation des ventes dépend :
- du dynamisme de l'économie, c'est-à-dire du taux de croissance ;
- de l'intensité concurrentielle dans la zone de chalandise ;
- de la croissance démographique (nombre de clients potentiels) ;
- de l'adaptation de l'assortiment proposé à la demande ;
- de la stratégie de prix et de positionnement ;
- …

Ventes prévisionnelles = ventes actuelles × (1 + taux de croissance).

■ *Ex.* : une unité qui réalise un chiffre d'affaires de 250 000 € en 2019 prévoit une augmentation de sa part de marché de 3 % sur sa zone de chalandise : chiffre d'affaires prévisionnel 2020 = 250 000 × (1 + 3/100) = 257 500 €.

2 La corrélation

■ Si 2 variables sont corrélées, cela signifie que la variation de l'une affecte l'autre. On peut alors effectuer une prévision entre une autre variable (x) et les ventes (y) après avoir vérifié s'il existe un lien de corrélation r.

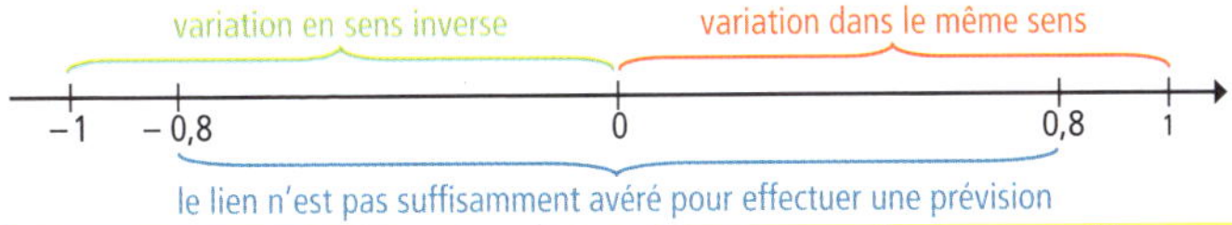

$r \leq -0,8$ ou $r \geq 0,8$ ⇨ Le lien est suffisamment fort pour effectuer une prévision.

■ *Ex.* : on cherche à vérifier la corrélation entre le budget de communication engagé et le chiffre d'affaires pour estimer le chiffre d'affaires réalisé pour un budget de communication de 150 000 € en 2020.

Année	2015	2016	2017	2018	2019
Budget en k€	103	131	82	103	131
CA en k€	2 123	2 230	1 969	2 043	2 435

Notes

Tableau à construire : *x* représente le budget en k€ et *y* le CA en k€.

	y	y	$X = x - \bar{x}$	$Y = y - \bar{y}$	X^2	Y^2	XY
	103	2 123	– 7	– 37	49	1 369	259
	131	2 230	21	70	441	4 900	1 470
	82	1 969	– 28	– 191	784	36 481	5 348
	103	2 043	– 7	– 117	49	13 689	819
	131	2 435	21	275	441	75 625	5 775
somme	550	10 800	0	0	1 764	132 064	13 671
moyenne	$\bar{x} = 110$	$\bar{y} = 2\ 160$					

$$r = \frac{\Sigma XY}{\sqrt{\Sigma X^2 \Sigma Y^2}}$$

$$r = \frac{13671}{\sqrt{1\ 764 \times 132\ 064}} = 0{,}896$$

La corrélation entre le budget de communication et le chiffre d'affaires est avérée.

Pour effectuer une prévision (prévoir *y* en connaissant *x*), on détermine une équation de droite :

$$a = \frac{\Sigma XY}{\Sigma X^2} = \frac{13\ 671}{1\ 764} = 7{,}75$$

$$b = \bar{y} - a\bar{x} = 2\ 160 - 7{,}75 \times 110 = 1\ 307{,}5$$

Prévision pour un budget de 150 000 € (150 k€) :

$y = 7{,}75 \times 150 + 1\ 307{,}5 =$ **2 470 k€**

Remarque : la calculatrice programmable (mode examen) permet de déterminer *r*, *a*, *b* grâce à la fonction statistique (à 2 variables) préprogrammée linearReg (régression linéaire).

à retenir !

- Il est envisageable d'estimer le taux de croissance des ventes quand on dispose de suffisamment d'informations. S'appuyer sur l'évolution d'une autre variable est également pertinent si un lien de corrélation est vérifié.

Le budget de trésorerie 1

Un budget est un document prévisionnel qui participe au pilotage de l'entreprise. Le budget de trésorerie s'obtient à partir des budgets des décaissements et des encaissements. Ces derniers sont obtenus à partir de l'établissement de « sous-budgets ».

1 La démarche budgétaire

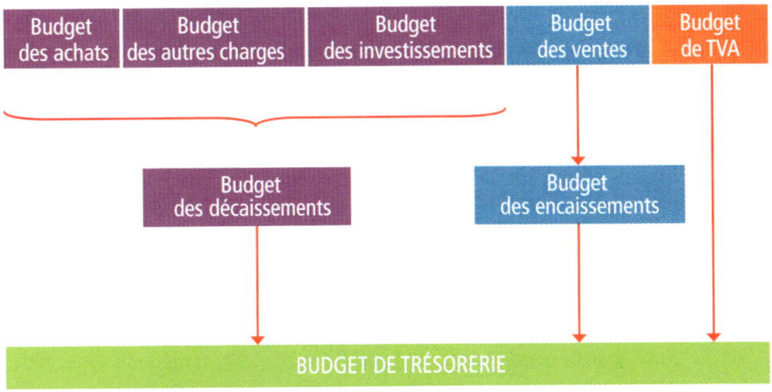

2 Le budget des encaissements

	Montant TTC	Janvier	Février	Mars
Ventes janvier	**12 000**	3 600	8 400	
Ventes février	**20 000**		6 000	14 000
Ventes mars	**14 000**			4 200
Autres recettes	**8 000**	2 000	3 000	3 000
Subventions	**1 500**		1 500	
TOTAL		**5 600**	**18 900**	**21 200**

Ex. : le chiffre d'affaires s'élève à 10 000 € HT en janvier. Les clients paient 30 % au comptant et 80 % à 30 jours (TVA 20 %).
- Encaissement : 10 000 × 1,20 = 12 000 € TTC
- En janvier : 12 000 × 30 % = 3 600 €
- En février : 12 000 × 70 % = 8 400 €

Notes

3 Le budget des décaissements

	Montants TTC	Janvier	Février	Mars
Achats janvier	**10 000**	2 000	4 000	4 000
Achats février	**16 000**		3 200	6 400
Achats mars	**12 000**			2 400
Autres charges	**4 000**	1 000	1 500	
TVA	TVA de janvier	0	433	1 450
Mensualité		230	230	230
Salaires		2 000	2 000	2 000
Charges sociales	Sur les salaires de janvier		800	800
TOTAL		**5 230**	**12 163**	**17 280**

Les fournisseurs sont réglés : 20 % au comptant, 40 % à 30 jours et 40 % à 60 jours :

– La TVA à payer est décaissée le mois d'après.

– Les charges sociales sont décaissées le mois d'après.

Remarque : la TVA peut être calculée grâce à un sous-budget réalisé séparément.

	janvier	février	mars
TVA collectée sur les ventes	933	2 900	3 533
TVA déductible sur les achats	500	1 450	2 383
TVA à payer	**433**	**1 450**	**1 150**

À retenir !

- Le budget des encaissements est réalisé à partir des ventes. Le budget des décaissements est réalisé à partir des achats et des autres dépenses. Les budgets sont réalisés TTC et tiennent compte des décalages de paiement.

Le budget de trésorerie 2

Fiche 25

Il est établi grâce au budget des encaissements et des décaissements.

1 Le budget de trésorerie

	Janvier	Février	Mars
Trésorerie initiale	2 000	2 370	9 107
Encaissements	5 600	18 900	21 200
Décaissements	5 230	12 163	17 280
Trésorerie finale	2 370	9 107	13 027

- La trésorerie initiale (en janvier) s'élève à 2 000
- Trésorerie finale = trésorerie initiale + encaissements – décaissements

2 L'analyse de la trésorerie finale

- Le budget de trésorerie est un document prévisionnel.
- En cas de trésorerie prévisionnelle positive : il peut être intéressant d'envisager des placements pour bénéficier d'une rémunération.
- En cas de trésorerie prévisionnelle négative, il faut adopter des mesures correctrices :

Accroître le montant des encaissements	• Accroître les ventes • Diminuer les délais de règlements des clients
Diminuer le montant des décaissements	• Réduire les coûts • Renégocier les prix d'achat • Allonger les délais de paiement aux fournisseurs

Remarque
La modification des délais de règlement ne modifie pas le montant total des encaissements et des décaissements mais seulement leur répartition sur une période donnée.

- Si les décaissements présentent des montants trop importants pour des raisons autres que l'exploitation (un investissement), il est souhaitable de souscrire un emprunt supplémentaire pour y faire face.

Notes

■ L'affacturage et la remise d'effets à l'escompte permettent de se procurer de la trésorerie rapidement en cas de déficit ponctuel.

■ L'absence de mesures correctrices conduit l'entreprise à recourir au concours bancaire, c'est-à-dire au découvert. Ce dernier présente beaucoup d'inconvénients :
– il est à très court terme ;
– les agios (frais + intérêts) appliqués sont élevés.

À retenir !

- Le budget de trésorerie est un document prévisionnel qui est la synthèse des budgets des encaissements et des décaissements. Il doit permettre d'anticiper une trésorerie négative et d'adopter des mesures correctrices.

Le financement de l'investissement

Fiche 26

Gestion Opérationnelle

L'investissement est indispensable à la croissance et la pérennité de l'entreprise. Cette dernière doit déterminer quelles sont les ressources disponibles pour en assurer le financement.

1 Les ressources internes de financement

Moyen / outil	Intérêt
L'autofinancement	L'autofinancement représente la ressource interne provenant de la capacité d'autofinancement après versement des dividendes. L'autofinancement mesure la capacité de l'entreprise à financer ses besoins grâce à ses propres ressources. Le recours à l'autofinancement permet à l'entreprise de conserver son indépendance financière
Les apports en compte courant des associés	Les associés peuvent prêter des fonds à l'entreprise en contrepartie de versement d'intérêts qui sont déductibles de l'impôt sur les sociétés. C'est un moyen de financement souple avec peu de formalités qui ne modifie pas la composition du capital.
L'augmentation de capital	Une augmentation de capital consiste à émettre de nouveaux titres. Les formalités sont importantes mais elle renforce la structure des fonds propres et diminue le ratio d'endettement de l'entreprise. Elle permet de se procurer des ressources tout en préservant l'indépendance financière de l'entreprise.

■ Le calcul de l'autofinancement : la capacité d'autofinancement (CAF) désigne l'ensemble des ressources internes dégagées par l'entreprise dans le cadre de son activité.

CAF = résultat + dotations aux amortissements et dépréciations – reprises sur dépréciations

Autofinancement = CAF – dividendes versés aux actionnaires

Notes

2 Les ressources externes de financement

Moyen / outil	Intérêt
Le crédit bancaire (emprunt)	C'est le moyen de financement le plus courant. Le recours aux établissements de crédit est assez simple mais ces derniers exigent des garanties parfois importantes de la part des emprunteurs.
Le crédit-bail (leasing)	Il permet de disposer d'un bien contre le versement d'une redevance déductible. La levée de l'option d'achat permet de devenir propriétaire du bien. Les entreprises n'ayant pas de ressources importantes peuvent se tourner vers ce système qui offre une grande souplesse d'utilisation mais se révèle plus onéreux que le crédit sur la durée d'utilisation du bien.
Le financement participatif (crowdfunding)	Il consiste à emprunter ou céder des parts de l'entreprise auprès d'un nombre important d'investisseurs (micro-investisseurs) grâce à des outils de mise en relation comme Internet. C'est un mode de financement sans intermédiaire particulièrement adapté au lancement de nouveaux projets.
Les investisseurs privés « business angels »	Les « business angels » investissent des fonds dans une société en création qui a un fort potentiel de développement. En contrepartie du risque pris, ils rentrent dans le capital de l'entreprise et peuvent espérer des gains importants en cas de succès.
Les fonds de capital risque	Comme les investisseurs privés, ils investissent dans les sociétés innovantes à fort potentiel de développement mais ce sont des sociétés d'investissement (personnes morales).

À retenir !

- Les entreprises ont accès à de nombreuses ressources de financement internes ou externes. Le choix d'un mode ou d'un outil de financement s'effectue en fonction de nombreux paramètres : coût, indépendance, formalités …

Les emprunts

L'emprunt est la principale ressource de financement externe. Le niveau des taux d'intérêt influence fortement la décision d'emprunter et en conséquence les possibilités d'investissement.

1 Le calcul du taux d'intérêt

- Calcul du taux mensuel à partir du taux annuel :

Taux proportionnel : taux mensuel = taux annuel / 12

- Les banques et organismes de crédit retiennent le taux proportionnel.
- Le calcul d'un taux dit « équivalent » ne sera pas utilisé.

2 L'emprunt par mensualités ou annuités constantes

- La somme versée à la banque est identique à chaque période mais la partie remboursée varie (amortissement).
- L'amortissement d'un emprunt n'a rien à voir avec l'amortissement d'une immobilisation.
- Selon les situations, l'emprunt peut être remboursable par mensualités ou annuités constantes :

$$\text{mensualité ou annuité constante} = \frac{\text{capital emprunté} \times \text{taux}}{1 - (1 + \text{taux})^{-n}}$$

n = nombre de périodes ; taux = taux d'intérêt mensuel ou annuel

Cette formule est fournie en annexe dans les sujets. Avec la calculatrice : cal × taux / (1 – (1+taux) ^ (– n)), avec le taux exprimé en valeur brute (*ex. : 0,14 % : 0 ,0014*).

Exemple : emprunt pour une acquisition de 250 000 € HT.
Apport : 30 000 € ; taux annuel : 2,10 % ; assurance : 30 € /mois ; pas de frais de dossier ; durée : 20 ans.
Capital emprunté : 250 000 – 30 000 = 220 000 €.
Nombre de mensualités (n) : 20 ans × 12 mois = 240 mois.
Taux mensuel (en taux proportionnel) = 2,1% /12 = 0,175 %.

Période	Capital restant dû CRD début	Taux d'intérêt	Intérêt Cal × tx	Amortissement Mensualité – intérêt	Mensualité	Cal restant dû fin de période CRD début – amort
Nov N	220 000	0,175 %	385,00	562,96	1 123,39	219 261,61
Déc N	219 261,61	0,175 %	383,71	565,10	1 123,39	218 521,92
Jan N+1	218 521,92	0,175%	382,41	567,25	1 123,39	217 780,94

Notes

Mensualité = 220 000 × 0,00175 / (1 – $1{,}00175^{-240}$) = **1 123,39 €**.

Montant total des sommes réglées à la banque : 1123,39 × 240 = 269 614,17 € + (30 × 240) = 276 814,17 €.

Coût de l'emprunt = montant total réglé à la banque – montant emprunté = 276 614,17 – 220 000 = **56 614,17 €**.

Ou montant total des intérêts + assurance + frais de dossier (si on dispose du tableau de remboursement).

- Il n'est pas indispensable de réaliser le tableau de remboursement de l'emprunt pour déterminer son coût

2 L'emprunt par amortissements constants

- La mensualité ou l'annuité varie à chaque période mais la partie remboursée (amortissement) reste constante :

amortissement constant : capital emprunté / n.

Période	CRD début	Taux d'intérêt	Intérêt Cal × tx	Amort. constant	Mensualité Intérêt + amort	CRD en fin de période
Nov N	220 000	0,175 %	385,00	916,67	1 301,67	219 083,33
Déc N	219 083,33	0,175 %	383,40	916,67	1 300,06	218 166,67
Jan N+1	218 166,67	0,175 %	381,79	916,67	1 298,46	217 250,00

Amortissement mensuel = 220 000 / 240 mois = 916,67 €.

Coût du crédit = somme des intérêts + assurance + frais de dossier.

Il faut réaliser l'intégralité du tableau pour déterminer le coût du crédit.

Remarque

Il existe également l'emprunt *in fine* qui permet de rembourser le capital dans son intégralité lors de la dernière échéance. L'amortissement de l'emprunt est nul pour toutes les échéances précédentes.

À retenir !

- L'emprunt est la principale ressource de financement externe. Les 2 modalités d'emprunt les plus courantes sont l'emprunt par annuités ou mensualités constantes et l'emprunt par amortissements constants. Le coût du crédit regroupe l'ensemble des intérêts, les frais d'assurance et les frais de dossier.

Les flux nets de trésorerie

Le calcul des flux nets de trésorerie permet de savoir quelle est la trésorerie nette dégagée par un investissement.

1 Les flux nets de trésorerie

■ Ils proviennent de la différence entre encaissements (recettes) et décaissements (dépenses).

■ Il existe des produits et des charges qui ne correspondent à aucun flux monétaire (mouvement d'argent) ; on parle de charges et produits calculés :
– Charges calculées : dotations aux amortissements et provisions.
– Produits calculés : reprises sur provisions.

■ Les charges calculées sont à réintégrer au bénéfice pour obtenir le flux net de trésorerie (et les reprises éventuelles à déduire).

2 Le calcul des FNT

■ Exemple : une unité commerciale d'une surface de 250 m² réalise un investissement de 50 000 € début 2020 pour agrandir et rénover la surface de vente. Le chiffre d'affaires hors taxes actuel s'élève à 1 150 000 €.

Le CA supplémentaire HT espéré est de 13 % par an pendant 5 ans. Les économies d'énergie annuelles sont estimées à 2 € /m².

Les charges d'exploitation (incluant l'amortissement) engendrées par l'investissement s'élèvent à 141 000 € chaque année.

L'investissement est amorti suivant le mode linéaire sur 5 ans. Le taux d'imposition est de 33 % 1/3.

Chiffre d'affaires supplémentaire + économies réalisées	1 150 000 × 13 % + 250 × 2 = 150 000 €
– charges supplémentaires (amortissement inclus)	141 000 €
= bénéfice avant impôt	150 000 – 141 000 = 9 000 €
– impôt à 33 % 1/3	9 000 / 3 = 3 000 €
= bénéfice net	9 000 – 3 000 = 6 000 €
+ amortissement de l'immobilisation	50 000 / 5 = 10 000
= FNT	000 + 10 000 = **16 000 €**

C'est parfois le taux de marque qui vous permet de calculer les coûts d'achat (charge supplémentaire) engendrés par un nouvel investissement :

coût d'achat = chiffre d'affaires × (1 – taux de marque).

Notes

Calcul de la dotation aux amortissements de l'immobilisation = montant de l'investissement (immobilisation / Durée d'utilisation).

2 Cas particulier du financement par emprunt

- La mensualité se décompose entre l'intérêt et l'amortissement
- L'intérêt (charge) doit être ajouté aux charges supplémentaires pour le calcul du bénéfice net et l'amortissement de l'emprunt doit être déduit du bénéfice net.

CA supplémentaire

−

Charges supplémentaires
(amortissement inclus)

−

Intérêts de l'emprunt

=

Bénéfice avant impôt

−

Impôt

=

Bénéfice net

+

Amortissement des immobilisations

−

Amortissement de l'emprunt

=

Flux Net de Trésorerie

À retenir !

- Les flux nets de trésorerie sont les encaissements nets générés par l'investissement. Le calcul des FNT nécessite de retraiter le bénéfice net.

La rentabilité des investissements

Fiche 29

Gestion Opérationnelle

Évaluer la rentabilité d'un investissement revient à comparer les flux nets de trésorerie obtenus au coût de ce dernier. Si la somme des flux nets de trésorerie actualisés est supérieure au montant dépensé pour l'investissement alors l'investissement est rentable.

1 L'actualisation des flux nets de trésorerie

■ L'actualisation des flux nets de trésorerie permet de tous les ramener à la valeur actuelle (au moment de l'investissement) car « un euro de demain ne vaut pas un euro d'aujourd'hui ». On utilise donc un taux d'actualisation.

$$\text{FNT actualisé} = \frac{\text{FNT}}{(1 + \text{taux d'actualisation})^n}$$

n représente le numéro de l'année en débutant par 1

■ Exemple : si le taux d'actualisation est de 6 % :

Année	2021	2022	2023	2024	2025
FNT	16 000	16 000	16 000	16 000	16 000
FNT actualisé	15 094	14 240	13 434	12 673	11 956

L'année 2021 est l'année n° 2 donc FNT actualisé :

$$16\,000 / (1+6/100)^2 = 14\,240.$$

Calculatrice : 16 000 / (1+6/100)^2

Remarque : si les FNT sont identiques, on peut utiliser la formule de la valeur actuelle d'une suite d'annuités constantes :

$$\Sigma\text{FNT actualisé} = \text{FNT} \times \frac{1 - (1 + \text{taux d'actualisation})^{-n}}{\text{taux d'actualisation}}$$

2 La valeur actuelle nette (VAN)

■ C'est un indicateur qui permet de mesurer la rentabilité de l'investissement.

VAN = somme des FNT actualisés – coût de l'investissement.

Si cette dernière est positive : l'investissement est rentable.

■ Exemple (suite) : somme des FNT actualisés = 15 094 + 14 240 + 13 434 + 12 673 + 11 956 = 67 397 €.

VAN : 67 397 – 50 000 = 17 397 €, donc l'investissement est rentable.

■ La valeur actuelle nette est un critère de décision financier. D'autres critères managériaux ou commerciaux entrent en compte dans la prise de décision.

Notes

3 Calcul du délai de récupération du capital investi (DRCI)

■ Le DRCI permet de déterminer le délai nécessaire (en années, mois et jours) à la récupération du capital investi : c'est-à-dire le moment où le cumul des FNT est égal au montant de l'investissement.

■ Exemple (suite) :

Année	2021	2022	2023	2024	2025
FNT	16 000	16 000	16 000	16 000	16 000
FNT cumulés	16 000	32 000	48 000	64 000	80 000

Le montant de l'investissement de 50 000 € est récupéré au cours de l'année 2024. Il faut ensuite calculer le nombre de jours nécessaires en 2024 pour atteindre un cumul de 50 000 :

	Montant	Nombre de jours
FNT réalisé en 2024	64 000 – 48 000 = 16 000	360 jours
FNT suffisant pour atteindre le montant de l'investissement	50 000 – 48 000 = 2 000	Nombre de jours pour atteindre le DRCI à déterminer

Nombre de jours pour atteindre le DRCI en 2024 : 2 000 × 360 / 16 000 = 45 jours (règle de proportionnalité dans le tableau précédent).

45 / 30 = 1,5 mois et 1 mois représente 30 jours. Donc 45 jours correspondent à 1 mois et 15 jours (45-30).

Le DRCI est donc de 3 ans, 1 mois et 15 jours depuis le début de l'investissement.

■ Calcul du nombre de jours correspondant au DRCI durant l'année où il est atteint :

$$\frac{\left(\text{montant de l'investissement}\right) - \left(\text{cumul des FNT de l'année précédente}\right)}{\text{FNT de l'année}} \times 360$$

À retenir !

■ La VAN permet de savoir si l'investissement est rentable. Le DRCI permet de déterminer le délai nécessaire pour atteindre la rentabilité.

Les indicateurs de performance

Les indicateurs de performance permettent aux différentes parties prenantes de l'organisation de prendre des décisions opérationnelles ou stratégiques.

1 Les indicateurs économiques et financiers

Indicateur	Ratio	Interprétation
Taux de marge commerciale	$\frac{\text{marge commerciale}}{\text{CA HT}}$	Mesure la performance de l'activité commerciale de l'entreprise.
Taux de marge d'exploitation	$\frac{\text{Résultat d'exploitation}}{\text{CA HT}}$	Mesure la performance de l'entreprise sans tenir compte des éléments financiers et exceptionnels.
Taux de marge bénéficiaire	$\frac{\text{Résultat net}}{\text{CA HT}}$	Mesure la capacité de l'entreprise à être rentable.
Taux de rentabilité financière	$\frac{\text{Résultat d'exploitation}}{\text{Capitaux investis}}$ Les capitaux investis représentent les capitaux propres et les dettes à long terme.	Mesure la capacité de l'entreprise à rentabiliser ses capitaux investis.
	$\frac{\text{Résultat net}}{\text{Capitaux propres}}$	Mesure la rentabilité de l'entreprise du point de vue de l'actionnaire.
Taux de rentabilité économique	$\frac{\text{Résultat d'exploitation}}{\text{Immobilisations brutes + BFR}}$ En excluant les éléments hors exploitation.	Mesure la performance économique de l'entreprise indépendamment de la structure de financement.

2 La communication des indicateurs

A. La communication financière et institutionnelle

- Pour valoriser son attractivité et améliorer son image, l'entreprise communique sur ses résultats financiers auprès des marchés et de ses partenaires.
- Elle peut, par exemple, mettre en avant une amélioration de son taux de marge bénéficiaire auprès de ses actionnaires actuels et potentiels pour attirer de futurs investisseurs.

Notes

B. Les relations avec les banques

■ Ces indicateurs permettent aux partenaires financiers d'évaluer le risque encouru dans le cadre d'un apport de fonds.

■ Les taux de rentabilité économique et financier permettent, par exemple, d'apprécier la faisabilité d'un projet d'investissement.

C. La communication interne

■ Les indicateurs de performance sont un outil de pilotage stratégique pour les dirigeants.

■ Ils sont également un ensemble d'informations source de motivation pour les collaborateurs.

À retenir !

■ Les indicateurs de performance permettent de mesurer la capacité de l'entreprise à être rentable. Ils sont également un élément de communication interne et externe.

Le tableau de bord

Le tableau de bord est un outil de pilotage qui permet d'évaluer les performances commerciales de l'unité commerciale.

1 Les fonctions et enjeux

A. Améliorer la réactivité des prises de décision

- Le tableau de bord permet la confrontation d'informations immédiates et passées.
- La mise en place d'écarts est fondamentale. Cela permet des ajustements.

B. Contrôler les activités

- Grâce à la comparaison des données réelles aux normes sectorielles, il est possible de contrôler l'action des responsables de service.

C. Améliorer la communication

- Le tableau de bord est un outil d'animation en tant que base de dialogue au sein de l'entreprise qui permet d'accroître la communication entre les services et auprès de la direction générale (reporting).

2 Le tableau de bord

	CA 2019	CA 2018	Objectif 2019	Taux de réalisation	Taux d'évolution
Produit A	140 400	94 739	115 000	122,09 %	+ 48,20 %
Produit B	121 000	103 680	125 000	96,80 %	+ 16,71 %

Écart correspondant :
122,09 % – 100 % = + 22,09 %

$$\frac{\text{CA 2019}}{\text{Objectif}} \times 100$$

$$\frac{(\text{CA 2019} - \text{CA 2018})}{\text{CA 2018}} \times 100$$

Remarque : un taux de réalisation peut également être formulé en écart. Taux d'évolution positif ou négatif :

Écart = taux de réalisation – 100 %.

3 Les caractéristiques des indicateurs

- Clarté : comprendre ce qu'il recouvre et comment il est calculé.
- Pertinence : présente une vue précise de l'activité.
- Fiabilité : des sources d'information.
- Actualité : basé sur des données récentes.

Notes

4 Liste non exhaustive d'indicateurs commerciaux

– Écart sur objectif en valeur et en %.
– Marge, taux de marge, taux de marque.
– Taux d'évolution : CA, marge.
– Taux de réalisation, indice de réalisation, écart de réalisation.
– Pourcentage de contribution au CA et à la marge pour chaque famille de produits.
– Panier moyen.
– Nombre de contrats proposés / souscrits.
– Nombre de personnes présentes / invitées.

5 Un outil de pilotage et de communication

■ L'analyse du tableau de bord :
– Le manager étudie les indicateurs, les écarts et les évolutions anormales.
– Il recherche ensuite les causes de ces écarts et évolutions.

■ La communication des résultats à l'équipe commerciale :
– Lecture du tableau de bord : le manager retient les informations liées à l'activité de son équipe.
– Communiquer et chercher des solutions :
• Communication quotidienne des résultats pour corriger rapidement les écarts.
• Organisation de réunions pour motiver les équipes : amener l'équipe à proposer des mesures pour améliorer ou conforter les résultats.

6 Un outil pour le reporting

■ Le reporting s'appuie sur les éléments du tableau de bord. C'est un outil qui rend compte à la hiérarchie des performances de l'entreprise. Il lui sert de support pour le contrôle de l'activité et pour la détermination des objectifs.

7 Le système d'information commercial (SIC)

■ Le SIC est un dispositif (outils, procédures, acteurs) de collecte, de stockage, de traitement et de diffusion de l'information commerciale au sein de l'organisation.

■ Le tableau de bord et le reporting délivrent des informations pertinentes qui enrichissent le SIC.

À retenir !

■ Le tableau de bord permet de piloter l'activité et de prendre des mesures correctrices. C'est également un outil de communication.

Management de l'équipe commerciale

Bloc de compétences 4

Sommaire

Notes

Descriptif de l'épreuve « Management de l'équipe commerciale »

Coefficient 3
Épreuve orale et pratique

■ Domaines de compétences évalués :
– organiser le travail de l'équipe commerciale ;
– recruter des collaborateurs ;
– animer l'équipe commerciale ;
– évaluer les performances de l'équipe commerciale.

1 Les modalités

■ Toutes les candidates et tous les candidats ne sont pas évalués de la même façon.

■ Si vous êtes dans un établissement habilité à valider l'épreuve en contrôle en cours de formation (CCF), vous la passerez de cette façon. Sinon, vous passerez cette épreuve sous une forme ponctuelle écrite d'une durée de 2 h 30 minutes.

2 Organisation de l'épreuve

■ CCF au cours de la deuxième année :
– épreuve orale et pratique ;
– contexte d'entreprise présentant des questions et/ou des problèmes à résoudre ;
– une ou plusieurs situations au cours de l'année ;
– la commission d'interrogation est composée du professeur de la matière.

■ Forme ponctuelle écrite :
– épreuve écrite ;
– contexte d'entreprise présentant des questions et/ou des problèmes à résoudre.

3 Critères d'évaluation

■ Justesse de l'analyse des besoins.

■ Propositions rationnelles et opérationnelles.

■ Propositions adaptées aux besoins.

■ Outils et méthodes maîtrisés.

■ Connaissance du cadre légal et réglementaire.

Le cadre légal et réglementaire

Les sources de droit réglementant le travail et son organisation sont diverses et hiérarchisées. Un texte de niveau inférieur ne peut pas contredire ou aménager de façon moins favorable un texte de niveau supérieur.

1 La hiérarchie des sources légales

2 La directive européenne

■ Elle indique des objectifs à atteindre par les États membres. Ces derniers sont tenus de la transposer en droit national.

■ C'est le conseil de l'Union européenne qui adopte les directives, néanmoins le Parlement peut être consulté.

3 Le droit national

A. La loi

■ Elle est adoptée par le Parlement.

■ Il existe également les ordonnances, décrets et règlement qui sont adoptés par le pouvoir exécutif (gouvernement) ou les différentes administrations.

Notes

B. La convention collective de travail

■ Elle résulte d'une négociation menée entre les organisations d'employeurs et de salariés. Elle aménage le droit du travail au sein d'une branche professionnelle car le cadre général ne peut pas couvrir tous les cas.

■ La convention collective est destinée à préciser l'application de la loi au sein d'une branche ou d'un métier.

■ *Ex. :* la convention collective des assurances accorde un congé d'absence rémunéré de 6 jours en cas de mariage au lieu de 4 (droit du travail).

Remarque

La convention collective peut aménager la loi dans un sens plus favorable aux salariés. Elle s'impose à toutes les entreprises de la branche.

C. Les accords professionnels

■ Ils se situent à 3 niveaux :
– accords interprofessionnels ;
– accords de branche ;
– accords d'entreprise.

■ L'accord d'entreprise résulte d'une négociation entre délégués syndicaux et employeur.

■ Il peut éventuellement déroger à la règle de hiérarchie des sources en instituant des dispositions moins favorables au salariés que celles prévues dans les conventions collectives ou les accords de branche.

■ *Ex. :* accord d'entreprise qui porte la rémunération des premières heures supplémentaires à 110 % au lieu de 125 %.

D. Le règlement intérieur

■ Il est obligatoire à partir de 20 salariés.

■ Il contient les dispositions suivantes :
– Les mesures d'application de la réglementation en matière de santé et de sécurité.
– Les règles générales et permanentes relatives à la discipline.
– Les dispositions relatives aux droits de la défense des salariés, aux harcèlements moral et sexuel et aux agissements sexistes.
– Des dispositions affirmant le principe de neutralité dans l'entreprise et limitant la manifestation des convictions, par exemple religieuses, des salariés.

À retenir !

■ L'entreprise doit se conformer au cadre légal et réglementaire relevant de sa branche. Elle peut aménager celui-ci dans des accords d'entreprise.

Les outils de planification et de suivi

La planification est un élément déterminant de la performance de l'entreprise.

1 Les différents types de planning

■ Planification du travail :
– Le planning d'équipe.
– Le planning personnel.
– Le tableau de répartition des tâches.

■ Planification de projet :
– Le graphe PERT.
– Le diagramme de GANTT.

2 Les outils de planification et de suivi

■ Les logiciels de planification se substituent progressivement aux kits traditionnels.

■ Fonctionnalités des applications de planification des tâches :
– Affectation de ressources humaines et matérielles aux différentes tâches.
– Création de liens ou de dépendances entre les tâches.
– Synchronisation avec les agendas personnels.

3 Le tableau de répartition des tâches (TRT)

■ Il est établi pour une période donnée (semaine, mois…) et sert à affecter les tâches à réaliser de façon rationnelle aux membres de l'équipe.

■ Le tableau se construit par étapes :

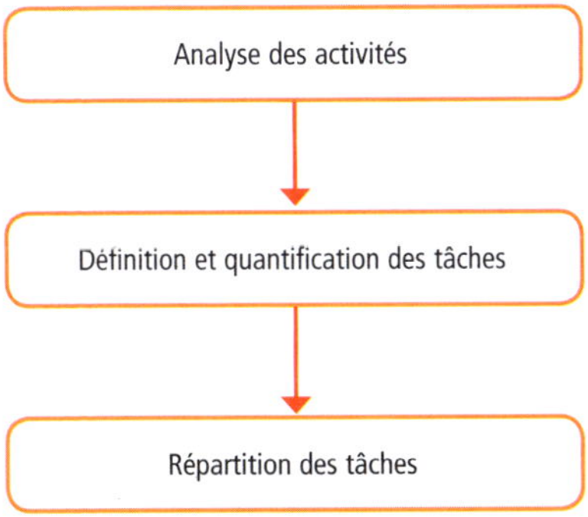

Notes

■ Exemple de TRT :

Nom	Marchandisage		Commande	Rangement réserves + transfert marchandises	Conseil
	Mise en rayon et entretien	Balisage			
Cléo TOUN Gestionnaire appro	40 %	15 %	25 %	10 %	10 %
Léa PRAT Employée	65 %	10 %	0 %	15 %	10 %
Alex JACQ Employé	65 %	10 %	0 %	10 %	15 %

La répartition des tâches entre les membres de l'équipe peut dans un premier temps être réalisée en pourcentages puis quantifiée en heures.

Cléo consacrera 40 % × 35 heures, soit 14 heures dans la semaine, à la mise en rayon et à l'entretien.

À retenir !

■ Les outils de planification traditionnels sont supplantés par des applications aux fonctionnalités étendues. Le tableau de répartition des tâches permet de déterminer le temps à consacrer à chacune d'entre elles et de les affecter aux membres de l'équipe.

Les plannings

Le planning d'équipe est un élément clé de gestion de l'unité commerciale car il permet de répartir la charge de travail de façon rationnelle et efficace.

1 L'identification des contraintes

Contraintes organisationnelles →
- Horaires
- Charge de travail
- Jours de congés

Contraintes légales →
- Repos hebdomadaire
- Repos quotidien
- Temps de travail journalier

2 Réalisation du planning

■ Une fois les contraintes posées, le travail doit être réparti entre les salariés de façon rationnelle en tenant compte de leurs souhaits dans la mesure du possible :
– horaires cohérents, les moins dispersés possibles pour une même personne ;
– respect des contraintes personnelles autant que possible.

	Lundi 6 h-20 h		**Samedi 6 h-21 h**	
Valérie 35 h	6 h 30-13 h = **6 h 30**		6 h-13 h = **7 h**	
Karim 35 h		13 h 30-20 h = **6 h 30**		13 h-20 h = **7 h**
Hoa 24 h 30	CONGÉ		9 h-13 h = **4 h**	

Contraintes légales :
- Durée légale liée au contrat de travail à temps plein ou partiel
- Repos hebdomadaire

Contraintes organisationnelles :
- Horaires d'ouverture
- 2 salariés le samedi toute la journée

Notes

■ Le planning hebdomadaire peut être organisé par demi-journées. Il peut également faire l'objet d'un découpage plus fin : par tranches horaires.

■ Ajustement des horaires de l'équipe quand la charge de travail est supérieure au volume horaire disponible :
– recours aux heures supplémentaires ;
– emploi d'intérimaires.

Remarque

Le planning est un outil primordial d'organisation. Il doit être clair, cohérent et compréhensible par l'équipe. Il ne doit pas être envisagé comme un système de sanction ou de récompense vis-à-vis de l'équipe.

■ Dans le cas où la surcharge devient plus durable, voire pérenne, le manager doit alors recourir à l'embauche de salariés en contrat à durée déterminée ou en contrat à durée indéterminée.

■ Le planning parfait n'existe pas mais il doit satisfaire au mieux les contraintes et les besoins exprimés par l'équipe.

■ C'est un outil important qui participe à la performance de l'unité commerciale. Il doit être conçu comme un outil de stimulation de l'équipe.

■ Le planning doit être évolutif, c'est-à-dire qu'il doit pouvoir faire l'objet de modifications destinées à l'adapter aux changements pouvant survenir.

Remarque

Les logiciels spécialisés dans l'élaboration de plannings et les outils de travail et de partage collaboratifs peuvent apporter une aide précieuse mais ils ne peuvent se substituer aux choix que doit effectuer le manager pour rendre le planning acceptable par l'ensemble de l'équipe.

À retenir !

■ Le planning d'équipe doit d'abord respecter les contraintes légales et organisationnelles. C'est un élément primordial pour l'animation et la stimulation de l'équipe.

Le graphe PERT

Program Evaluation and Review Technique : méthode développée aux États-Unis dans les années 1950. Le graphe PERT permet de représenter un enchaînement de tâches et de distinguer celles possédant une certaine marge de liberté des autres.

1 Le tableau des antériorités

■ Pour construire le graphe PERT, il faut disposer du tableau des antériorités qui permet de situer les tâches les unes par rapport aux autres.

Code de la tâche	Intitulé de la tâche	Durée en jours	Antériorité
A	...	2	/
B		6	A
C		3	A
D		8	B,C
E		10	D

B ne peut débuter qu'après l'achèvement de A

2 La construction du graphe

■ 1 flèche représente 1 tâche.

■ Le point d'arrivée d'une tâche doit faire apparaître plusieurs éléments :

– La date au plus tôt (à laquelle la tâche pourra se terminer).

– La date au plus tard (à laquelle la tâche pourra s'achever sans retarder la fin prévue du projet).

– La marge qui est le retard possible pour une tâche sans retarder la fin prévue du projet

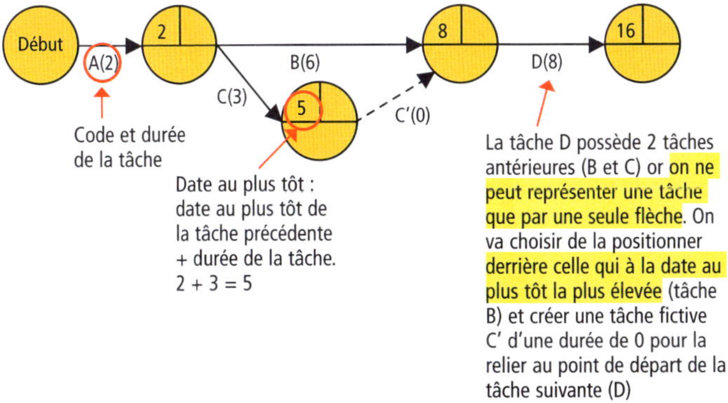

Notes

■ On obtient finalement le graphe suivant :

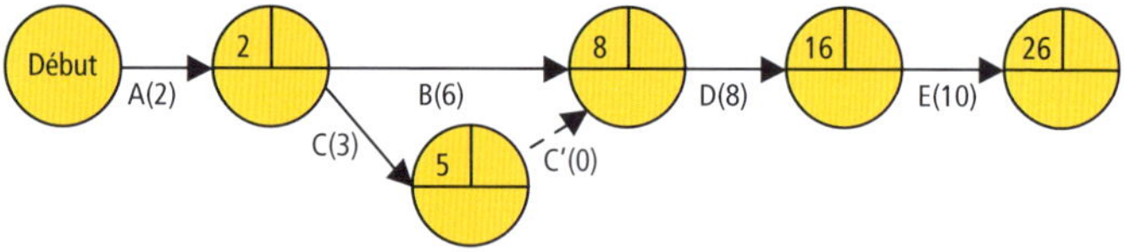

3 Les dates au plus tard

■ On part de la fin et on remonte jusqu'au début du graphe :

Date au plus tard = date au plus tard de la tâche suivante – durée de la tâche

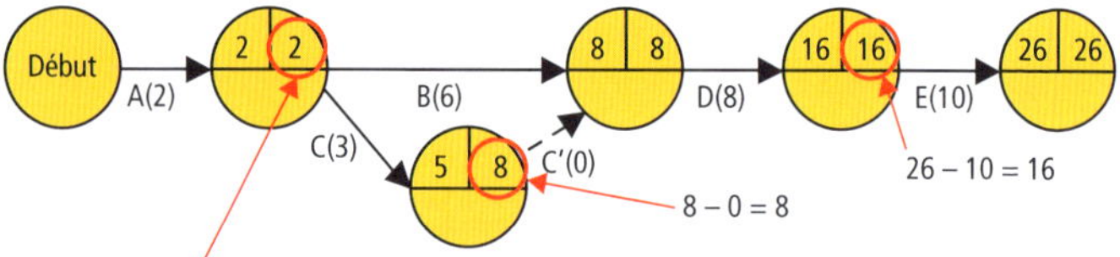

On a le choix entre 2 possibilités car il y a 2 tâches suivantes B et C : (8 – 6) ou (8 – 3). On choisit le minimum c'est-à-dire 8 – 6 = 2

4 Les marges et le chemin critique

Marge d'une tâche : date au plus tard – date au plus tôt

■ Toutes les tâches ont une marge nulle sauf la tâche C

■ Le chemin critique est l'enchaînement des tâches ne pouvant tolérer aucun retard. Ici le chemin critique est : A – B – D – E.

À retenir !

■ Le graphe PERT permet de représenter graphiquement le déroulement d'un projet. Il s'agit de déterminer la durée d'un projet ainsi que les marges de délai possible pour chaque tâche.

Le diagramme de GANTT

Il permet de représenter de façon simple un enchaînement de tâches dans le cadre de la réalisation d'un projet.

1 Le tableau des antériorités

■ Il faut disposer du tableau des antériorités qui permet de situer les tâches les unes par rapport aux autres.

B ne peut débuter qu'après l'achèvement de A

Code de la tâche	Intitulé de la tâche	Durée en jours	Antériorité
A	Évaluation des besoins et entretiens	2	/
B	Étude de l'existant	2	A
C	Choix de la solution et conception du système	5	B
D	Recrutement	6	C
E	Acquisition du matériel	3	C
F	Répartition du matériel	8	D,E
G	Installation des matériels	10	E,F
H	Mise en service	1	G
I	Formation des utilisateurs	10	G
J	Évaluation	12	H,I

Notes

2 La construction du diagramme

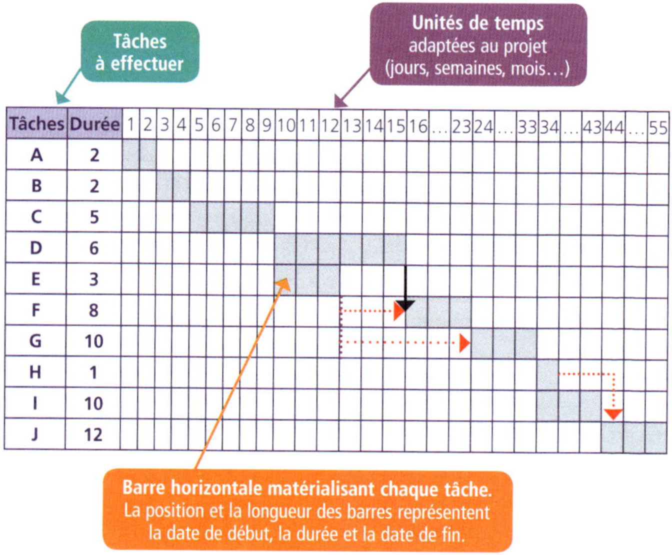

■ La tâche F possède 2 tâches antérieures D et E. Elle est positionnée directement après D et on la relie à E grâce à une flèche. Cette dernière correspond à la marge que possède E soit 3 jours (longueur de la flèche).

À retenir !

- Le diagramme de GANTT est une alternative au graphe PERT pour représenter les tâches d'un projet.

Les besoins en recrutement

Déterminer la taille optimale d'une équipe revient à comparer les besoins en heures (ou en emplois) pour effectuer une (ou un ensemble) de tâche(s) avec le volume de travail disponible.

1 Évaluer les besoins

Qualitatifs →
- Compétences
- Qualifications
- Postes
- Types de contrat
- Besoin temporaire ou pérenne

Quantitatifs → Volume horaire nécessaire

2 Le calcul de la taille optimale de l'équipe

■ **Besoins en personnel** : tâches à effectuer sur une période donnée ➪ volume horaire nécessaire ➪ besoins en personnel correspondant.

■ **Comparaison :** Volume disponible – besoins

➪ > 0 = besoin résiduel (trouver des solutions).

➪ < 0 = ajustement des effectifs à la baisse.

Ex. : Le directeur d'un magasin doit élaborer le planning des préparateurs de commandes pour le mois de septembre.

Ressources :

- 15 préparateurs de commandes en CDI à 35 heures par semaine.
- 27 préparateurs de commandes en contrat de 15 heures par semaine.

Un préparateur en contrat 35 heures prend ses congés les deux premières semaines de septembre. Un second préparateur en contrat 35 heures prend ses congés les deux dernières semaines de septembre.

Besoins :

- Nombre de commandes prévues : 6 794.
- Nombre d'articles moyen par commande : 50.
- 1 prélèvement article toutes les 40 secondes.
- Le mois de septembre compte 4 semaines.

Notes

Volume d'heures disponibles :

- 3 préparateurs × 35 h × 4 semaines = 1 820 h.
- 2 préparateurs × 35 h × 2 semaines = 140 h (2 semaines de vacances en septembre).
- 27 préparateurs × 15 h × 4 semaines = 1 620 h.
- Total = 1 820 + 140 + 1 620 = **3 580 heures disponibles**.

Calcul du temps nécessaire pour assurer la préparation des commandes clients au mois de septembre :

Nombre d'articles moyen par commande	50
Nombre d'articles à prélever pour le mois	6 794 × 50 = 339 700
Temps nécessaire pour prélever les articles (en secondes)	339 700 × 40 s = 13 588 000 s
Temps nécessaire pour prélever les articles (en heures)	13 588 000 / 3 600 = 3 774,44 h

Besoin résiduel : 3 774,44 h – 3 580 h = 194,44 h pour le mois de septembre, soit 194,44 / 4 = **48,61 h hebdomadaire**.

L'équipe actuelle n'est pas en mesure d'assurer la préparation des commandes clients puisqu'il manque 48,61 heures hebdomadaires.

2 Les solutions en cas de besoin résiduel

Recrutement	• Besoin pérenne • Manque de flexibilité
Intérim	• Onéreux • Simple à mettre en œuvre et flexible
Heures supplémentaires	• À privilégier pour un accroissement ponctuel d'activité
Meilleure organisation de la répartition du temps de travail ou optimisation des méthodes de travail	• À privilégier pour limiter les coûts relatifs à la masse salariale

À retenir !

- Les besoins en recrutement doivent faire l'objet d'une évaluation qualitative et quantitative.

Les contrats de travail

Il représente le lien juridique existant entre le salarié et son employeur. Il obéit à des règles strictes.

1 Le contrat à durée indéterminée (CDI)

Forme	Écrit non obligatoire (pour les temps pleins) sauf si une convention collective le prévoit.	
Contenu	Libre sauf mentions obligatoires.	
Durée	Sans limitation.	
Rupture	À l'initiative de l'employeur : • Pendant la période d'essai, sans motif particulier. • Licenciement économique ou pour motif personnel. • En cas de force majeure.	À l'initiative du salarié : • Pendant la période d'essai, sans motif particulier. • Démission.
	D'un commun accord : rupture conventionnelle.	

2 Le contrat à durée déterminée (CDD)

Motifs	• Remplacement d'un salarié absent • Accroissement temporaire d'activité • Emploi à caractère saisonnier
Forme	• Écrit obligatoire
Contenu	• Date de début et de fin • Clause éventuelle de renouvellement • Durée de la période d'essai • Poste occupé et rémunération • Droits collectifs
Renouvellement	• 2 fois au maximum • Durée totale < 18 mois
Rupture anticipée	• Accord entre employeur et salarié • Faute grave du salarié ou de l'employeur • Force majeure • Inaptitude constatée par le médecin du travail • Demande du salarié justifiant d'une embauche en CDI

3 Le contrat de travail temporaire (CTT) ou d'intérim

Les contrats	• Contrat de mission : entre l'entreprise de travail temporaire et le salarié intérimaire. • Contrat de mise à disposition : entre l'entreprise de travail temporaire et l'entreprise souhaitant embaucher.
Renouvellement	• 2 fois au maximum • Durée totale < 18 mois

Notes

Rupture	À l'initiative de l'employeur : • Pendant la période d'essai, sans motif particulier. • En cas de faute grave du salarié. • En cas de force majeure.	À l'initiative du salarié : • Pendant la période d'essai, sans motif particulier. • En cas de faute grave de l'employeur. • En cas de force majeure. • Embauche du salarié en CDI.

4 Les autres contrats

- Les contrats d'apprentissage et de professionnalisation sont des contrats en alternance (formation/travail) qui peuvent être conclus dans le cadre d'un contrat à durée déterminée ou indéterminée.
- Le contrat d'apprentissage s'adresse aux jeunes de 15 à 25 ans.
- Le contrat de professionnalisation cible une population plus large.
- Le contrat unique d'insertion est destiné aux personnes ayant des difficultés à trouver un emploi.

À retenir !

- Le contrat de travail doit respecter des conditions d'application et de forme.

Le processus de recrutement

Le recrutement suit un enchaînement d'étapes indispensables.

1 Le processus de recrutement

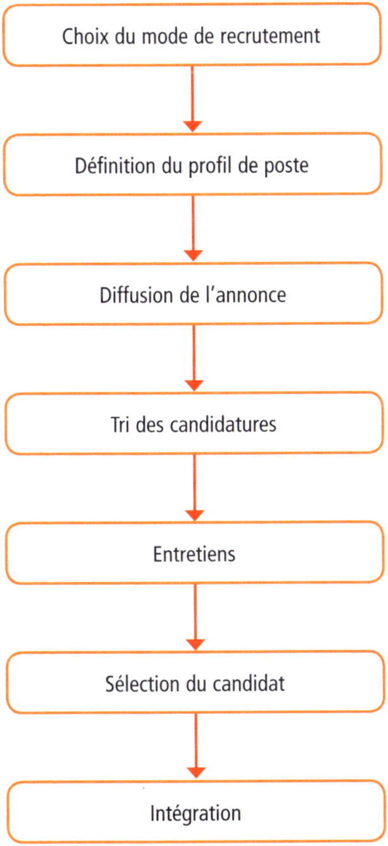

2 Le choix du recrutement

■ Le recrutement interne peut s'avérer une solution plus simple et moins onéreuse. La personne recrutée pour le poste connaît déjà le fonctionnement de l'entreprise et ses valeurs. De plus c'est un facteur de motivation pour l'ensemble du personnel.

Notes

■ Le recrutement externe est plus long et plus coûteux. Il permet cependant de faire appel à des candidats correspondant au profil souhaité et possédant les compétences requises.

3 La diffusion de l'annonce

Mode de recrutement	Diffusion de l'annonce
Interne	• Affichage • Messagerie • Intranet
Externe	• Presse • Salon • Internet (sites spécialisés) • Cabinet spécialisé

4 Le tri des CV

■ En cas d'afflux important de CV, l'entreprise devra procéder en 2 étapes pour l'évaluation de ces derniers.

■ Premier tri rapide visant à éliminer les CV ne correspondant manifestement pas au profil recherché.

■ Puis examen plus approfondi des candidatures retenues.

5 Les contraintes légales

☑ Déclarer le salarié auprès des organismes de protection sociale.

☑ Affilier le salarié aux institutions de retraites complémentaires obligatoires, mutuelle et prévoyance.

☑ Remettre au salarié les documents indispensables : règlement intérieur…

☑ Inscrire les informations concernant le salarié embauché sur le registre unique du personnel.

☑ Organiser la visite médicale.

☑ Informer et former le salarié à la santé et à la sécurité.

☑ Établir un contrat de travail.

☑ Évaluer le coût de la rémunération et établir la fiche de paie.

À retenir !

■ Pour recruter, il faut suivre un certain nombre d'étapes et respecter des contraintes.

La préparation du recrutement

Fiche 9

La préparation du recrutement est une étape clé de l'embauche d'un nouveau collaborateur.

1 La définition du poste

■ À partir de la fiche de poste, le manager doit définir un profil de poste qui servira par la suite à évaluer les différentes candidatures.

PROFIL DE POSTE : Vendeur clientèle particuliers
Lieu de travail : Batiman Saint Maximin (Var)
Intitulé du poste : vendeur clientèle particuliers
Rattachement hiérarchique : directeur du magasin
Missions : chargé de l'accueil et du conseil auprès de particuliers
Activités et tâches : • Accueillir et conseiller la clientèle du point de vente • Développer et fidéliser la clientèle • Commercialiser « l'offre produits » et les prestations de l'entreprise • Planifier et suivre les dossiers jusqu'à la facturation et l'encaissement • Assurer la bonne tenue des rayons et leur approvisionnement
Formation : Bac + 2 (BTS et DUT)
Expérience : 2 années d'expérience de vendeur en menuiserie et/ou cuisine
Qualités requises : • Sens du service client (accueil, disponibilité, écoute, conseil…) • Sens de l'initiative et capacité à proposer des améliorations • Réactivité • Rigueur • Dynamisme

2 L'annonce de recrutement

■ Elle reprend les éléments du profil de poste. Elle doit être concise et précise surtout si le support adopté est un site internet.

Notes

BATIMAN SAINT-MAXIMIN (VAR)

RECHERCHE VENDEUR DE PRODUITS EN MENUISERIE ET CUISINE (H/F)

CDI de 35 heures

Rattaché(e) au directeur du magasin, vous aurez pour principales missions :

- l'accueil et le conseil à la clientèle ;
- le développement et la fidélisation de la clientèle ;
- la commercialisation de l'offre produit et des prestations de l'entreprise ;
- la planification et le suivi des dossiers jusqu'à la facturation et l'encaissement ;
- la bonne tenue des rayons et leur approvisionnement.

Lieu de travail :

Magasin Batiman à Saint-Maximin La-Sainte-Baume (83470)

Profil :

- Formation : BTS ou DUT
- Expérience souhaitée : 2 ans dans la vente de menuiserie et/ou cuisine
- Sens du service et dynamisme
- Rigueur et organisation

Poste à pourvoir en décembre 2019.

Si vous êtes intéressé(e), merci d'adresser votre CV accompagné d'une lettre de motivation à : recrutement@batiman.fr

Ou Cliquez ici pour postuler **POSTULER**

Mentions obligatoires

■ **Remarque :** le mode de contact dépend de la situation qui est décrite dans l'étude de cas. Veillez à bien respecter les exigences formulées dans le contexte : contact par voie postale, courriel ou clic.

À retenir !

■ L'annonce de recrutement doit correspondre au profil de poste.

Le tri des candidatures et l'entretien

Fiche 10

Les candidatures font l'objet d'une sélection (tri des CV) avant la convocation à des entretiens individuels.

1 L'évaluation des CV retenus

■ L'outil de comparaison des candidatures prend appui sur le profil de poste et doit prendre la forme d'une grille d'analyse comparant les candidatures sur les différents critères exigés :
– en distinguant les points positifs des points négatifs ;
– ou en attribuant une note pondérée à chaque critère (plus difficile) ;
– ou en attribuant des « – » et des « + » à chaque critère.

	CV 1 N. Lateleh	CV 2 S. Braisé	CV 3 M. Paudevin	CV 4 E. Zaurrho
Formation commerciale	–	+	+	++
Diplôme	–	–	++	+
Expérience de la vente	++	++ dans l'enseigne	+++	+
Connaissance de langues étrangères	–	++ bilingue anglais	+	–
TOTAL	2 + 3 –	5 + 1 –	7 + 0 –	4 + 1 –

2 L'entretien de recrutement

■ Il peut s'appuyer sur un guide d'entretien préexistant.

■ Comportement à aborder lors de l'entretien :
– Bienveillance : donner au candidat la possibilité de se valoriser.
– Veiller à l'équité.
– Écoute active : permettre au candidat de s'exprimer, faire preuve d'empathie.
– Respecter les principes éthiques : respecter l'interlocuteur, éviter les rapports de communication déséquilibrés, respecter la confidentialité.
– Disponibilité : éteindre les portables, réorienter les appels téléphoniques.

Notes

Ex. de guide d'entretien :

DATE :
NOM DU CANDIDAT :

CRITÈRES	–	– –	+	+ +
Métier/Qualification				
Diplôme (Bac minimum)				
Expérience (connaissance du secteur, des produits, de l'unité)				
Aptitudes professionnelles				
Méthode, rigueur, organisation				
Bon contact, amabilité, accueil				
Esprit d'équipe				
Adaptabilité				
Écoute, sociabilité				
Implication				
Aptitudes personnelles				
Dynamisme				
Autonomie				
Motivation				
Endurance, résistance physique				
Commentaires :				

■ Aucune personne ne peut être écartée d'une procédure de recrutement en raison de : « son sexe, ses mœurs, son orientation sexuelle, son âge, sa situation de famille ou la grossesse, ses caractéristiques génétiques, ses opinions politiques, ses convictions religieuses, son apparence physique, le patronyme, son état de santé ».

Questions à ne pas aborder lors d'un entretien (prohibées par la loi).

À retenir !

- L'évaluation des CV et l'entretien individuel doivent être préparés grâce à des outils spécifiques.

L'intégration du nouveau collaborateur

C'est un moment clé du recrutement. Le nouveau collaborateur doit être opérationnel le plus rapidement possible.

1 La déclaration préalable à l'embauche

- La Déclaration Préalable à l'Embauche ou DPAE est une procédure obligatoire. Elle peut s'effectuer par téléphone, par fax ou par lettre recommandée avec avis de réception.
- Extrait du formulaire destiné à l'URSSAF :

URSSAF
PÔLE EMPLOI
CARSAT

Services de santé au travail
CPAM

DÉCLARATION PRÉALABLE À L'EMBAUCHE

cerfa N° 14738*01

Cette déclaration unique doit être adressée à votre Urssaf OBLIGATOIREMENT AVANT L'EMBAUCHE, sous peine de sanctions (art. L.1221-10, L.1221-11 et L.8221-5 du code du travail)

A • ÉTABLISSEMENT EMPLOYEUR

N° SIRET ☐☐☐☐☐☐☐☐☐ ☐☐☐☐☐ Code NAF ☐☐ ☐☐☐

NOM, prénoms ou DÉNOMINATION

ADRESSE DE L'ÉTABLISSEMENT

☐☐☐☐☐ Code postal — Commune

Numéro de Téléphone : ☐☐☐☐☐☐☐☐☐☐ Numéro de Télécopie : ☐☐☐☐☐☐☐☐☐☐

SERVICE DE SANTÉ AU TRAVAIL

Si l'entreprise ou l'établissement possède un service de santé au travail, ou si le salarié embauché travaille en un lieu éloigné de l'établissement, cochez l'une des 2 cases suivantes :

☐ Service de santé au travail de l'entreprise ou de l'établissement ☐ Service de santé au travail spécifique pour les salariés éloignés

À défaut, précisez votre "service de santé au travail interentreprises" :

☐☐☐ Code — Nom

↳ Disponible sur le site internet indiqué au verso — Adresse

B • FUTUR SALARIÉ

NOM de famille (nom de naissance)

NOM d'usage (s'il y a lieu)

Prénoms (dans l'ordre de l'état civil) Sexe ☐ (M ou F)

N° Sécurité sociale (voir carte d'immatriculation) ☐ ☐☐ ☐☐ ☐☐ ☐☐☐ ☐☐☐ ☐☐ Clé

Date de naissance ☐☐ ☐☐ ☐☐☐☐ Jour Mois Année

Lieu de naissance ☐☐☐ Département — Commune (pour Paris, Lyon et Marseille, préciser l'arrondissement)

Pays de naissance

C • L'EMBAUCHE ET L'EMPLOI

DATE PRÉVISIBLE D'EMBAUCHE ☐☐ ☐☐ ☐☐☐☐ Jour Mois Année — HEURE PRÉVISIBLE D'EMBAUCHE ☐☐ ☐☐ Heure Minutes

Durée de la période d'essai (en jours) — Si le salarié est embauché au moyen d'un contrat à durée indéterminée ou d'un contrat à durée déterminée dont le terme ou la durée minimale est supérieur à 6 mois, renseignez la case suivante : ☐☐

TYPE DE CONTRAT ☐ Contrat à durée indéterminée ☐ Contrat à durée déterminée ☐ Contrat de travail temporaire

Si CDD, renseignez la date de fin du contrat :

☐☐ ☐☐ ☐☐☐☐ Jour Mois Année

À : Le : Signature :

La loi n° 78-17 du 6 janvier 1978 modifiée relative à l'informatique, aux fichiers et aux libertés, s'applique aux réponses faites sur ce formulaire. Elle garantit un droit d'accès et de rectification pour les données vous concernant auprès de notre organisme.

Modèle S 1225

Notes

2 Les principes de l'intégration

L'accueil/ Phase de découverte	• Les locaux • Le poste de travail • Les outils de travail • L'organisation du travail • Les collègues
Les démarches administratives	• Formalités d'embauche • Remise de documents • Livret d'accueil • Règlement intérieur • …
Les processus et méthodes de travail	• Le nouveau collaborateur/trice peut être accompagné(e) par un collègue pour comprendre et assimiler les différents processus en vigueur dans l'entreprise

3 Le planning d'intégration

■ Exemple de déroulement d'une journée d'intégration (à adapter en fonction du contexte).

Première demi-journée, découverte de l'entreprise.

1. Prise de contact avec le responsable hiérarchique.
2. Remise de la tenue et du règlement intérieur (voire d'un livret d'accueil).
3. Visite.
4. Entretien avec le responsable.

Deuxième demi-journée, découverte du poste.

1. Présentation de l'équipe.
2. Prise de contact avec un tuteur.
3. Présentation des produits.
4. Phase d'observation.
5. Compte-rendu (debriefing) en fin de journée.

À retenir !

■ Il faut respecter les formalités obligatoires et planifier la journée d'intégration du nouveau collaborateur.

La conduite de l'entretien

Fiche 12

L'entretien avec le salarié est un temps d'échange important qui permet de définir ses perspectives d'évolution et de maintenir une relation de qualité avec l'employeur.

1 Les types d'entretien

A. L'entretien annuel d'évaluation

■ Il n'est pas obligatoire.

■ Il est à l'initiative de l'employeur et porte sur :
- l'atteinte des objectifs ;
- les compétences du salarié ;
- la fixation d'objectifs à venir ;
- l'évolution de carrière ;
- les axes d'amélioration ;
- les formations possibles ;
- la rémunération.

Remarque
La convention collective peut fixer les conditions de l'évaluation.

B. L'entretien professionnel

■ L'entreprise doit proposer à son salarié un entretien professionnel au moins une fois tous les 2 ans.

■ Ce dernier porte sur :
- les perspectives d'évolution ;
- les besoins en formation et accompagnement ;
- le compte personnel de formation.

■ Tous les 6 ans, l'entretien professionnel doit permettre de dresser un état des lieux récapitulatif et débouche sur la rédaction d'un document écrit qui doit être remis au salarié.

■ Le salarié doit pouvoir bénéficier d'un entretien professionnel au retour d'un congé de moyenne ou longue durée tel qu'un congé parental.

2 Les principes de l'entretien

■ En amont, le manager doit :
- informer le salarié des objectifs de l'entretien ;
- prévoir le temps nécessaire ;
- se procurer les documents nécessaires au bon déroulement tels que la fiche de poste, le récapitulatif des formations suivies…

Notes

■ Déroulement de l'entretien :

1. accueil ;
2. point sur la période précédente ;
3. période à venir ;
4. synthèse ;
5. prise de congé.

■ Exemple de guide d'entretien d'évaluation professionnel :

Activités	• Quels sont vos atouts ? • Quelles sont vos difficultés ? • Quelles tâches préférez-vous ? • …
Motivations	• Sources de satisfaction • Sources d'insatisfaction • Motivations • ….
Évolution professionnelle	• Vos souhaits • Les postes convoités • …
Formation	• Vos besoins • Nouvelles compétences visées • …

■ L'entretien d'évaluation annuel aborde quant à lui les points relatifs à la rémunération et l'atteinte des objectifs.

■ L'entretien d'évaluation professionnel comme l'entretien d'évaluation annuel doivent se tenir sur un mode semi-directif. La discussion porte sur des thèmes fixés à l'avance mais les questions doivent rester suffisamment ouvertes pour permettre au salarié de s'exprimer librement.

À retenir !

■ L'entreprise n'est pas tenue d'organiser un entretien d'évaluation annuel mais doit organiser un entretien d'évaluation professionnel tous les 2 ans.

L'organisation d'une réunion

Fiche 13

La réunion d'équipe est un moment clé dans la gestion opérationnelle de l'unité commerciale. Elle est un facteur de motivation et de stimulation. Elle contribue à la cohésion de l'équipe. Le manager la met à profit pour faire le point sur les actions passées et fixer les objectifs à venir.

1 La préparation de la réunion

■ Préparation du contenu :
- Fixer l'ordre du jour.
- Préparer les documents nécessaires.
- Déterminer les participants et les informer.
- Prévoir le lieu, l'heure et la durée.

■ Préparation logistique :
- Aménager la salle.
- Prévoir le matériel.

■ La communication interne : exemple de convocation destinée à l'affichage.

Réunion

Thème : .... Date et heure : ....
Lieu : ....

Ordre du jour :
- ....
- ....
- ....

Participants :

2 Le déroulement de la réunion

1. Accueillir les participants.
2. Déterminer un secrétaire de séance.
3. Rappeler l'ordre du jour et les objectifs.
4. Animer la réunion de manière directive sur la forme et participative sur le fond.
5. Respecter le timing prévu.

Notes

6. Prévoir le planning des réunions ultérieures.
7. Conclure la réunion.

3 Le suivi de la réunion

- Réaliser le compte-rendu.
- Diffuser le compte-rendu.
- Assurer le suivi avec une mise en place d'un outil décidé en commun (tableau de suivi).
- Organiser les réunions suivantes.
- Exemple de compte-rendu :

Compte-rendu de réunion

Date : ....

Objet : ....

Participants :

Points abordés :

Ordre du jour :
- ....
- ....
- ....

Actions :
- ....
- ....
- ....

À retenir !

- La réunion d'équipe s'effectue en trois phases. Il faut prévoir le matériel, les modalités d'organisation ainsi que les documents de préparation et de suivi.

Les principes d'animation d'une réunion

Fiche 14

L'animation de la réunion doit permettre de favoriser les échanges. L'animateur doit pouvoir distribuer la parole tout en veillant à cadrer les échanges.

1 Les types de réunion

A. Réunions physiques

Information	La communication est unilatérale et laisse place aux échanges. *Ex. :* rappel de consignes / fixation d'objectifs.
Préparation / Revue	Permet de préparer ou de faire le point sur l'état d'avancement d'un projet.
Debriefing / compte-rendu / réunion bilan	Consiste à présenter l'analyse d'un événement tel qu'une action promotionnelle. Les échanges autour des résultats obtenus doivent permettre d'améliorer les actions à venir.
Résolution de problèmes	Les situations de blocage ou les difficultés rencontrées peuvent faire l'objet d'une réunion pour rechercher des solutions.
Échange	Porte sur un travail de réflexion sur un sujet particulier. *Ex. :* l'opportunité de mettre en place un nouvel assortiment.

B. Réunions à distance

	+	–
Visioconférence	• Déplacements limités. • Ne nécessite pas d'espace important.	La perception de la communication non verbale est plus limitée. Cela peut altérer la qualité des échanges.

2 Les outils et moyens

■ Suivant le type de réunion et son objet, les outils les plus pertinents seront adoptés parmi la liste non-exhaustive suivante :
– Présentation assistée par ordinateur (PowerPoint/Prezi ...).
– Diagramme de Gantt (pour les projets).
– Tableau / vidéoprojecteur / paperboard numérique / tablettes...
– Outils numériques d'animation :
• éditeur numérique de cartes mentales ;
• notes (Post-it) numériques ;
• ...

Notes

3 Les techniques d'animation

Information	Style directif qui laisse peu de place aux échanges. L'objectif est de délivrer une information descendante.
Préparation / Revue **Debriefing** **Résolution de problèmes**	Style semi-directif ou participatif qui permet de laisser la parole aux participants sur des thèmes fixés à l'avance. L'animateur doit veiller à recentrer les échanges autour des thèmes proposés. Il doit également distribuer la parole à chacun pour favoriser les échanges.
Échange	Style non-directif qui permet de faire émerger des idées. Ce style est particulièrement adapté aux réunions de type brainstorming (« remue-méninges ») qui doivent favoriser l'imagination et la créativité.

- L'animateur reste neutre et doit veiller à gérer les temps de parole. C'est un « facilitateur ».

À retenir !

- L'objet et le type de réunion vont nécessiter un style d'animation adapté. Il faut veiller à utiliser les bons outils d'animation.

Les modalités de diffusion de l'information

Fiche 15

Une diffusion efficace de l'information permet de susciter l'adhésion des collaborateurs aux différentes actions menées par l'entreprise.

1 Les canaux de diffusion

Affichage	Il peut être numérique (écrans) ou physique (notes) et permet de mettre en avant des informations importantes plutôt liées à l'organisation.
Intranet	C'est le réseau interne à l'entreprise. Il met à disposition des collaborateurs des informations relatives aux processus, aux activités, produits… La recherche d'information résulte d'une démarche active des collaborateurs.
Newsletter	La lettre d'information présente généralement des informations à caractère temporaire puisqu'elle est envoyée périodiquement.
Réunions	Elles peuvent s'effectuer à distance ou en présentiel et favorisent l'échange d'informations, donc une communication multilatérale.
Courriels	Leur efficacité repose sur le ciblage des destinataires. Les possibilités d'archivage permettent de conserver une trace écrite des échanges en cas de besoin.
SMS	Ils sont particulièrement efficaces pour une information courte et rapidement diffusée et consultée.

■ L'organisation doit également favoriser les espaces de communication informelle qui sont indispensables au bon fonctionnement de l'entreprise.

■ *Ex. :* les espaces de pause doivent être aménagés pour favoriser les échanges qui peuvent relever de la sphère privée et également de la sphère professionnelle. Ces espaces de discussion participent au renforcement des valeurs de l'entreprise et à la cohésion des équipes.

2 Le partage d'informations

■ L'intranet, les facilités d'accès à l'information et les espaces collaboratifs de travail favorisent l'intelligence collective.

Notes

Espaces numériques partagés	Ces espaces permettent de stocker de l'information et sont accessibles aux membres invités qui disposent de droits plus ou moins étendus : lecture, écriture, modification. *Ex.* : Drive / Dropbox…
Plateformes collaboratives	Elles combinent discussions, réunions, partage de documents et planification de projets. *Ex.* : Microsoft Teams.
Gestionnaires de tâches collaboratifs	Ils offrent des fonctions de planification qui sont combinées avec des fonctions de veille et de collecte des idées. *Ex.* : Gladys.

■ L'innovation permanente menée par les éditeurs d'applications tend à faire converger ces dernières vers un modèle global qui regroupera l'ensemble des fonctionnalités.

À retenir !

■ Le mode de diffusion adopté dépend du type d'information. Les espaces partagés permettent de favoriser les échanges et de mener à bien les projets d'équipes.

L'animation de l'équipe commerciale

Fiche 16

L'animation de l'équipe commerciale consiste à mettre en œuvre des moyens adaptés afin de créer et d'entretenir un niveau de motivation maximum.

1 Les leviers de l'animation

A. La fixation d'objectifs

■ La fixation d'objectifs commerciaux est un préalable indispensable. Ils doivent être MALINS :

Mesurables	Ils doivent être quantifiables.
Atteignables	Le commercial doit être en mesure de les remplir.
Limités	Il faut définir des limites dans le temps et l'espace.
Identifiables	Ils doivent être concrets et précisément définis.
Négociables	On doit pouvoir les adapter ou les réajuster.
Stimulants	Ils doivent être motivants.

B. L'organisation et le suivi

■ Le plan d'action commercial permet de répartir et d'organiser les ressources.

■ Le reporting individuel et collectif permet de mettre en place des indicateurs afin de mesurer le pourcentage d'atteinte des objectifs et d'opérer des réajustements le cas échéant.

C. L'évaluation et la communication

■ L'analyse des résultats permet d'accroître l'efficacité des actions commerciales à venir.

■ Le manager doit utiliser des techniques de communication adaptées telles que le style participatif qui permet un partage de la prise de décision avec ses collaborateurs car ils doivent adhérer aux objectifs fixés. Le style autoritaire ou directif est alors à proscrire.

D. La motivation

■ Le manager doit mettre en place des techniques de motivation telles que la stimulation financière, les challenges…

Notes

■ Un niveau élevé de motivation permet d'améliorer les performances.

2 La délégation

■ La manager peut déléguer certaines tâches pour responsabiliser les membres de l'équipe.

■ Il peut se concentrer sur les tâches essentielles et développe l'autonomie de ses collaborateurs.

3 Les moyens et les outils

Fixation des objectifs et plan d'action commercial	• Réunion • Planning d'équipe • Tableau de répartition des tâches
Suivi et évaluation	• Tableau de bord des performances individuelles et collectives • Réunion de suivi • Réunion d'évaluation / bilan (debriefing)
Motivation	• Primes • Commission • Avantages en nature • Challenges • Concours

À retenir !

■ Le manager doit mettre en place les bons outils pour communiquer et motiver son équipe.

Les composantes du système de rémunération

Fiche 17

Les systèmes de rémunération sont différents d'une entreprise à l'autre. Ils sont parfois conçus pour motiver les salariés.

1 Schéma général

■ Les salariés sont mensualisés : leur rémunération est calculée sur la base de 52 semaines par an pour tenir compte des congés payés.

■ Le nombre d'heures travaillées mensuel sur la base de 35 heures de travail hebdomadaires est déterminé par ce calcul :

$$\frac{52 \text{ semaines} \times 35 \text{ h hebdomadaires}}{12 \text{ mois}} = 151{,}67 \text{ heures par mois}$$

■ Salaire net avant impôts = salaire brut – cotisations salariales (calculées sur le salaire brut).

2 Le salaire de base

■ C'est la rémunération prévue dans le contrat de travail.

■ Le salaire horaire ne peut être inférieur au SMIC horaire (salaire minimum de croissance). Le SMIC est minoré pour les apprentis.

■ La rémunération fixe = nombre d'heures × taux horaire brut.

■ Le salaire de base peut également être calculé sur la base d'une grille (indiciaire ou à points) :

Salaire de base = nombre de points × valeur du point.

■ La rémunération variable : le salaire de base est déterminé en appliquant un taux de commission au chiffre d'affaires réalisé. Il est alors incitatif. ***Ex.*** : commission de 1,5 % sur un CA HT réalisé de 155 000 € = 155 000 × 1,5 / 100 = 2 325 €.

■ La commission peut également être calculée suivant un barème par tranches. ***Ex.*** :

Tranche	Taux	Pour un CA de 150 000 €
Au-dessus de 100 000 €	2 %	55 000 × 2/100 = 1 100
De 50 000 à 100 000 €	1,5 %	50 000 × 1,5/100 = 750
De 0 à 50 000 €	1 %	50 000 × 1/100 = 500
Total		**2 350**

Le chiffre d'affaires réalisé se découpe en 3 tranches.

Management de l'équipe commerciale

Notes

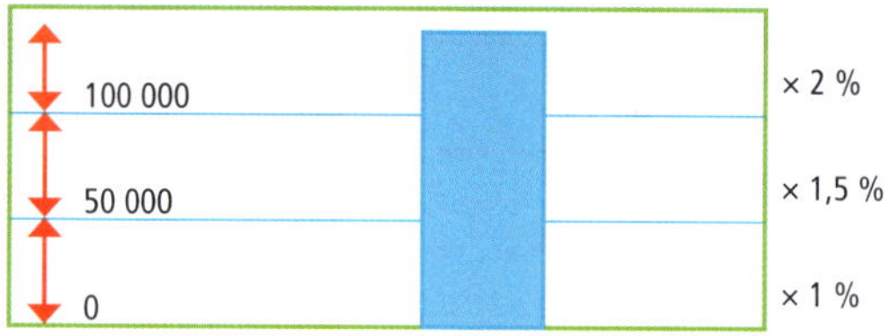

■ Le système de rémunération peut également être mixte : fixe + commission

3 Le salaire brut

■ Salaire brut = salaire de base + heures supplémentaires + primes + avantages en nature.

■ Majoration des heures supplémentaires :

Entre la 36e et la 43e heure	+ 25 %
Entre la 44e et la 48e heure	+ 50 %

■ Le 1er mai, la rémunération est double.

■ Les primes peuvent être systématiquement versées ou constituer une part variable de la rémunération. ***Ex.*** : une prime sur objectif (de ventes) est une part variable de la rémunération. C'est un élément incitatif.

■ Toutes les autres dispositions qui prévoient des majorations de salaire en cas de travail le dimanche ou lors d'autres occasions proviennent de conventions collectives ou d'accords collectifs.

À retenir !

■ Le salaire de base peut être fixe et/ou variable. Le salaire brut inclut les primes, les heures supplémentaires et les avantages en nature.

Le coût de la rémunération

Fiche 18

Management de l'équipe commerciale

Le coût de la rémunération est un élément essentiel des charges supportées par l'entreprise.

1 Le coût total employeur

■ Coût total = Salaires bruts + charges patronales.

■ Ce coût est une charge d'exploitation. Il figure dans le compte de résultat de l'entreprise.

■ Le coût total figure aux rubriques :
– Rémunération du personnel.
– Charges sociales.

■ *Ex.* de calcul :
– Grille indiciaire : 750 points
– Valeur du point : 3,5 €
– 13e mois
– Prime annuelle : 1,5 fois le salaire brut mensuel
– Charges patronales : 35 % du salaire brut

Élément	Montant	Calcul
Salaire mensuel brut de base	2 625,00	750 × 3,5
Salaire annuel brut de base	31 500,00	2 625 × 12
13e mois	2 625,00	
Prime	3 937,50	1,5 × 2 625
Rémunération brute annuelle	**38 062,50**	**31 500 + 2 625 + 3 937,5**

Calcul du coût total employeur : 38 062,50 × 1,35 = 51 384,38 €.

2 Les allègements de charge

■ Les pouvoirs publics mettent en place des dispositifs d'allègement de charges patronales.

■ *Ex.* : une réduction de cotisations patronales s'applique aux salariés pour lesquels le salaire n'excède pas 1,6 fois le SMIC ; une réduction de 6 points du taux de cotisations patronales d'assurance maladie pour les salaires inférieurs à 2,5 fois le SMIC…

Notes

3 Les salariés en apprentissage

■ Leur rémunération minimale est définie en fonction d'un SMIC minoré :

	16-17 ans	18-20 ans	20-25 ans	26 ans et plus
1re année	27 %	43 %	53 %	100 %
2e année	39 %	51 %	61 %	100 %
3e année	55 %	57 %	78 %	100 %

■ Les salariés en contrat de professionnalisation sont soumis à d'autres taux.

4 Les employés en intérim

■ Ils ne sont pas directement salariés par l'entreprise dans laquelle ils effectuent leur mission.

■ La rémunération du travailleur temporaire ne peut pas être inférieure à celle que perçoit un salarié de l'entreprise ayant la même qualification et occupant le même poste de travail.

■ L'intérimaire perçoit en outre :
– une indemnité de congés payés ;
– une indemnité de fin de mission.

■ La prestation effectuée par le salarié intérimaire (en contrat de travail temporaire) fait donc l'objet d'une facturation entre l'agence d'intérim et l'entreprise.

À retenir !

■ Le coût total de la rémunération inclut les charges patronales. Des allègement de charges sont possibles.

Le bulletin de paie

L'employeur doit remettre un bulletin de paie (ou bulletin de salaire) au salarié. Le document doit comporter diverses mentions obligatoires. Certaines mentions sont interdites.

1 Le document

- Corps du bulletin de paie simplifié :

Cotisations et contributions sociales	Base	Taux salarial	Part salarié	Part employeur
SANTÉ				
Sécurité Sociale – Maladie Maternité Invalidité Décès	2 650,00			344,50
Complémentaire santé	2 650,00	1,50 %	39,75	48,58
ACCIDENTS DU TRAVAIL – MALADIES PROFESSIONNELLES	2 650,00			22,26
RETRAITE				
Sécurité Sociale plafonnée	2 650,00	6,90 %	182,85	226,58
Sécurité Sociale déplafonnée	2 650,00	0,40 %	10,60	50,35
Complémentaire Tranche 1	2 650,00	3,90 %	103,35	155,03
FAMILLE – SÉCURITÉ SOCIALE	2 650,00			91,43
ASSURANCE CHÔMAGE				
Chômage	2 650,00			111,30
AUTRES CONTRIBUTIONS DUES PAR L'EMPLOYEUR				95,30
COTISATIONS STATUTAIRES OU PRÉVUES PAR LA CONVENTION COLLECTIVE				
CSG non imposables à l'impôt sur le revenu	2 652,21	6,80 %	180,35	
CSG/CRDS imposables à l'impôt sur le revenu	2 652,21	2,90 %	76,91	
ALLÉGEMENT DE COTISATIONS				
TOTAL DES COTISATIONS ET CONTRIBUTIONS			**593,81**	**1 145,33**
Tickets restaurant			**77,22 –**	
Remboursement transport			**37,60 +**	
NET À PAYER AVANT IMPÔT SUR LE REVENU				**2 016,57**

Impôt sur le revenu	Base	Taux personnalisé	Montant
Impôt sur le revenu prélevé à la source	2 181,68	3,50 %	**76,35**

Notes

■ Les cotisations sont regroupées en 5 catégories :
- Santé.
- Accidents du travail et maladies professionnelles.
- Retraite.
- Famille et sécurité sociale.
- Assurance chômage.

■ Le bulletin de paie doit faire apparaître le calcul du salaire de base et le détail du salaire brut : salaire brut = salaire de base + heures supplémentaires + primes + avantages en nature.

■ Le bulletin de paie comporte des mentions obligatoires :
- ☑ Identification du salarié.
- ☑ Identification de l'employeur.
- ☑ Emploi et position du salarié dans la grille de classification professionnelle ou de rémunération.
- ☑ La convention collective.
- ☑ Le salaire brut.
- ☑ Nombre d'heures de travail.
- ☑ Taux et cotisations du salariés.
- ☑ Montants versés par l'employeur.
- ☑ Rémunération nette avant et après impôt.

2 Le bulletin de paie dématérialisé

■ Depuis 2017, la dématérialisation du bulletin de paie est devenu le principe et le format papier l'exception, sauf en cas de désaccord du salarié.

■ Pour la remise du bulletin de paie électronique, l'employeur doit :
- informer le salarié de son droit d'opposition à cette voie de transmission (un mois avant la 1re émission du bulletin de paie ou au moment de l'embauche) ;
- fixer les conditions dans lesquelles le bulletin de paie est disponible pour le salarié (durée de 50 ans ou jusqu'aux 75 ans du salarié).

■ Si l'employeur ne le remet pas régulièrement, il peut être condamné à une amende pouvant atteindre 450 € par bulletin non-remis et à verser des dommages et intérêts au salarié.

■ L'employeur est tenu de conserver un double du bulletin de salaire (sous forme papier ou électronique) pendant au moins 5 ans.

■ Le bulletin de paie ne peut pas mentionner les fonctions exercées au titre de représentant du personnel.

À retenir !

■ Le bulletin de paie doit respecter des conditions de forme fixées par la loi. Il est obligatoire en cas de versement d'un salaire et peut être dématérialisé sous certaines conditions.

La stimulation de l'équipe commerciale

Fiche 20

Le manager doit mettre en œuvre des techniques de stimulation pour motiver son équipe sur des opérations ponctuelles.

1 L'organisation de l'opération commerciale

Fixation d'objectifs et d'indicateurs pertinents	Les objectifs doivent être MALINS (voir fiche 16). Les indicateurs doivent refléter l'atteinte des objectifs. *Ex.* : % de cartes de fidélité placées sur un total défini.
Définition des modalités d'organisation	• Période • Lieu • Temps de présence • …
Définition des règles	• Type de challenge / concours • Résultats individuels / collectifs • Récompenses
Mise en œuvre	• Réunions de suivi • Tableau de bord de suivi • Réajustements si nécessaire
Évaluation	Analyse des résultats pour bénéficier d'un effet d'expérience.

■ Les opérations commerciales sont généralement d'une durée limitée mais certaines entreprises utilisent les techniques de stimulation commerciale de façon permanente.

■ L'organisation d'opérations de stimulation commerciale peut également porter sur tout un réseau commercial et permet une émulation entre les différentes unités commerciales.

2 Les techniques de stimulation

■ Pourquoi motiver son équipe commerciale :

1. Motiver les équipes commerciales et accroître leur performance :
   - fidélisation des clients ;
   - chiffre d'affaires.
2. Favoriser l'adhésion aux valeurs de l'entreprise.
3. Récompenser les meilleurs vendeurs.
4. Animer les réseaux de vente.

Notes

Challenge	Il récompense tous les participants qui atteignent l'objectif fixé.
Concours et jeu	Il récompense la meilleure performance. *Ex.* : concours du meilleur vendeur.
Renforcement d'équipe	Le team building a pour objectif de créer une cohésion dans l'équipe. *Ex.* : organisation d'un Escape Game.

■ En pratique, le terme « challenge » est souvent utilisé pour désigner un concours.

3 Les types de récompenses (*incentives*)

- Gratification et prime.
- Cadeau / chèque cadeau.
- Voyage.

4 Le cadre réglementaire

Cadeaux offerts à un salarié	Le montant doit être intégré à la rémunération en tant qu'avantage en nature.
Cadeaux offerts à des tiers	Ce sont des charges déductibles de l'impôt sur les sociétés.
Cadeaux offerts à des revendeurs (réseau externe)	Des cotisations sociales sont prélevées sous forme d'une contribution libératoire.

À retenir !

■ Les opérations de stimulation commerciale concernent les commerciaux, les réseaux internes ou les réseaux externes. Elles doivent être planifiées et suivent des règles d'organisation précises.

Le plan de développement des compétences

Fiche 21

Le plan de développement des compétences est un outil de compétitivité au service des entreprises.

1 Le plan de développement des compétences

■ C'est un document qui rassemble l'ensemble des formations retenues par l'employeur. Il n'est pas obligatoire.

Actions de formations obligatoires	• Prévues par les conventions collectives et les accords collectifs. *Ex. :* formation pour assurer la sécurité au travail.
Actions de formations non obligatoires	• Décidées au sein de l'entreprise.
Autres	• Bilans de compétences. • Validation des acquis et de l'expérience (VAE).

■ La formation obligatoire se déroule pendant les horaires de travail et la rémunération du salarié doit être intégralement maintenue.

■ Le salarié dispose en outre librement de son compte personnel de formation (CPF) pour suivre des formations de sa propre initiative.

2 Les obligations de l'employeur

1. Proposer aux salariés des entretiens professionnels tous les 2 ans (voir fiche 12).

2. Proposer des formations qui peuvent s'avérer nécessaires :

- Adaptation au poste de travail.
- Maintien dans l'emploi.
- Sécurité.
- …

3 L'élaboration du plan

■ Le plan de développement s'élabore de la façon suivante :

Étape 1 Identification des besoins en formation.

Étape 2 Établissement du budget.

Étape 3 Consultation du CSE (Comité Social et Économique).

Étape 4 Validation du plan.

Notes

■ Exemple de plan de développement des compétences :

	1	2	3
Type	Développement compétences informatiques		
Nom	Tableur niveau avancé		
Objectif	Évoluer vers un poste de manager		
Salarié	Alex Garnier		
Fonction	Commercial		
Durée	1 semaine		
Dates	Du …. Au ….		
Lieu	En interne		
Coût	……..		
Financement	………		

4 Le financement de la formation

Formation	Financement
À l'initiative de l'employeur	Employeur
	OPCA*
À l'initiative du salarié	CPF ou employeur

* OPCA : organisme de financement qui collecte les cotisations des entreprises.

À retenir !

- Il y a 4 étapes d'élaboration du plan de développement des compétences : l'identification des besoins, l'établissement du budget, la consultation du CSE et la validation du plan.

Les modalités et le suivi de la formation

Le plan de développement des compétences est un outil de compétitivité au service des entreprises.

1 Les modalités

	Avantages	Limites
Présentiel Interne	• Réduction des coûts • Valorisation de l'expérience interne	• Mobilise les ressources internes
Présentiel Externe	• Expertise des intervenants	• Coût élevé
E-learning	• Réduction des coûts • Souplesse	• Moins efficace car moins interactif

■ Une formation est dite externe lorsqu'elle est réalisée par un prestataire extérieur même si elle se déroule dans les locaux de l'entreprise.

■ Le temps de formation consacré à un salarié implique une réorganisation de la répartition des tâches au sein de l'équipe.

2 Le coût

■ Le coût est lié à 3 facteurs :

1. La réorganisation interne.
2. Le coût de la formation.
3. Le coût des déplacements et hébergements éventuels.

3 Le suivi de la formation

■ Exemple de tableau de suivi collectif :

	Répartition des salariés en formation			
	Cadres administratifs	**Commerciaux**	**Employés**	**%**
Hommes	0	3	3	43
Femmes	2	2	4	57
%	14	36	50	100

Notes

		% des salariés en formation			
		Cadres administratifs	Commerciaux	Employés	%
Hommes	Total	3	12	11	40
	En formation	0	3	3	9
Femmes	Total	4	8	13	38
	En formation	2	2	4	12
%		14	38	48	100

■ Exemple de tableau de suivi individuel :

Salarié	Fonction	Formations déjà suivies	Compétences acquises	Formation validée/ en cours	Compétences à acquérir

À retenir !

■ Les avantages et limites des différents modes de formation et l'élaboration d'indicateurs de suivi.

La gestion des conflits

Fiche 23

Management de l'équipe commerciale

Les conflits sont fréquents dans les entreprises. Ils ont des origines diverses.

1 Les types de conflits

Malentendu	• Il peut être réciproque ou non. • Il est source de conflit car il peut engendrer des incompréhensions donc des erreurs.
Conflit d'intérêts	• Il n'est pas rare que plusieurs salariés s'affrontent et entrent en conflit en vue d'obtenir un avantage.
Conflit de pouvoir	• Les conflits d'autorité peuvent survenir quand les domaines de compétences ne sont pas précisément définis et que 2 salariés vont s'affronter suite à l'empiètement par l'un sur les compétences de l'autre. • Il survient entre des personnes de même rang hiérarchique.
Conflit de rivalité	• La compétition et l'atteinte d'objectifs peut générer des conflits de rivalité entre salariés.
Conflit de génération	• Les différentes générations n'ont pas la même conception de l'individu au travail. • Les générations Y et Z* accordent davantage de temps aux loisirs. • L'incompréhension entre génération peut générer de fortes tensions dans l'entreprise.

*Génération Y : née entre 1980 et 2000 ; Génération Z : née après 2000.

2 Les techniques de gestion de conflit

Arbitrage / Médiation	• Un ou plusieurs intervenant(s) extérieur(s) vont permettre de faciliter la discussion. Ils possèdent un regard objectif qui leur permet de jouer le rôle d'intermédiaire. De plus, ils ne sont pas émotionnellement impliqués. • Le médiateur peut ainsi faciliter la **conciliation** entre les parties en conflit.
Négociation	• La meilleure stratégie de négociation est la stratégie **« gagnant / gagnant »** qui permet d'obtenir un résultat qui satisfait les 2 parties. • Si l'une des 2 parties impose son point de vue à l'autre, c'est une stratégie **« gagnant / perdant »** qui a un inconvénient : le conflit peut resurgir.
Hiérarchie	• C'est le supérieur hiérarchique qui va imposer une solution au conflit. • C'est un choix **autoritaire** et rapide. Le conflit déclaré peut se transformer en conflit latent.

Notes

- En cas de conflit latent, le manager doit s'efforcer de le désamorcer.
- Des signes de tension visibles peuvent être annonciateurs.

3 La prévention des conflits

- Favoriser les espaces de communication informelle : les espaces de détentes aménagés permettent la communication informelle et sont également un lieu où les problèmes peuvent être résolus plus facilement.
- Définir clairement les compétences et les objectifs : si les règles sont claires, alors un bon nombre de conflits de pouvoir pourront être évités.
- Le renforcement d'équipe (voir fiche 20) : la cohésion permet une meilleure communication dans l'équipe. Le développement d'un sentiment d'appartenance à l'équipe est primordial.

À retenir !

- Le manager doit utiliser des techniques adaptées pour résoudre les conflits.

La gestion de crise

En plus des dommages externes et internes qu'elle peut provoquer, une situation de crise peut durablement affecter l'image de l'entreprise si elle n'est pas traitée suffisamment tôt.

1 Les types de crises

Humaine et sociale	• Conflits sociaux • Dommages humains *Ex. :* vague de suicides chez France Telecom.
Technique	• Défaillances techniques • Produits défaillants • Accidents industriels *Ex. :* explosion de téléphones Apple.
Sanitaire	• Produits dangereux • Produits non conformes *Ex. :* viande de cheval non identifiée dans les plats Findus.
Financière et économique	• Boycott • OPA hostile
Légale	• Mise en examen • Fraudes • Condamnations *Ex. :* le PDG de Renault Nissan mis en examen.
Communication / réputation	• Rumeurs et Bad Buzz • Scandale • Polémique *Ex. :* France 2 qui accuse l'entreprise Petit Navire d'employer des méthodes de pêche discutables.

2 La gestion de crise

- Le plan de gestion de crise doit prévoir :

1. Les procédures à suivre en cas de dommages existants ou possibles.
2. L'organisation de réunions.
3. La création d'une cellule de crise : composition et équipement.
4. Les modalités de communication : interne et externe.

Notes

3 La communication de crise : 3 réponses possibles

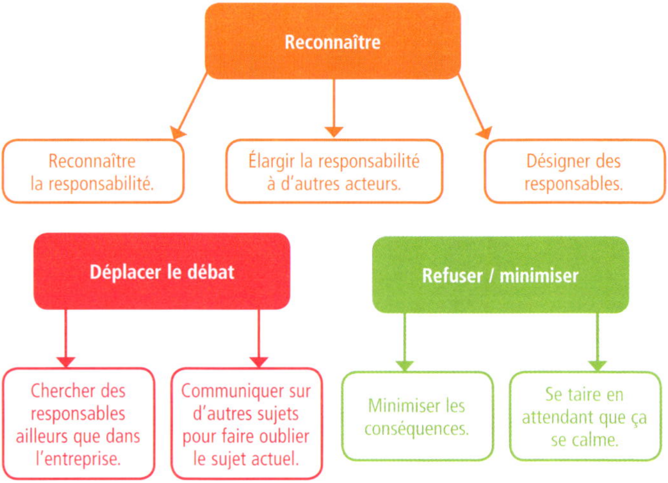

■ L'entreprise peut faire appel à un cabinet spécialisé dans la communication de crise.

À retenir !

■ Il existe plusieurs types de crises. La gestion de crise doit être organisée et faire l'objet d'une communication adaptée.

La gestion des risques psychosociaux

Fiche 25

Les risques psychosociaux concernent la santé physique et mentale des salariés. Ils sont liés aux conditions de travail.

1 Les indicateurs sociaux

1. L'absentéisme et un taux élevé de rotation du personnel.
2. Le non-respect des horaires ou des exigences de qualité.
3. Des problèmes de discipline.
4. La réduction de la productivité.
5. Des accidents de travail et des incidents.
6. Une dégradation du climat social.

2 Les facteurs et les signes de stress au travail

Des exigences au travail	• Délais et objectifs peu clairs. • Surcharge de travail. • Horaires trop importants.
Des exigences émotionnelles	• Contacts difficiles. • Violences physiques ou verbales. • Émotions difficiles à retenir.
Un manque d'autonomie et de marges de manœuvre	• Peu de marges de manœuvre. • Compétences sous-utilisées.
Une perte de sens	• Impression de faire un travail inutile.
L'insécurité de la situation de travail	• Changement de poste non préparé. • Contrat précaire. • …

3 La gestion des risques psychosociaux et du stress au travail

■ Le Code du travail énonce les principes généraux de prévention à adapter en fonction des entreprises (article L 4121-2) :
– Évaluer, prévenir et combattre les risques.
– Réfléchir à l'ergonomie des postes et tenir compte du progrès technique.
– Rendre le travail moins dangereux.
– Planifier les actions de prévention et prendre des mesures de protection.

■ La démarche de prévention

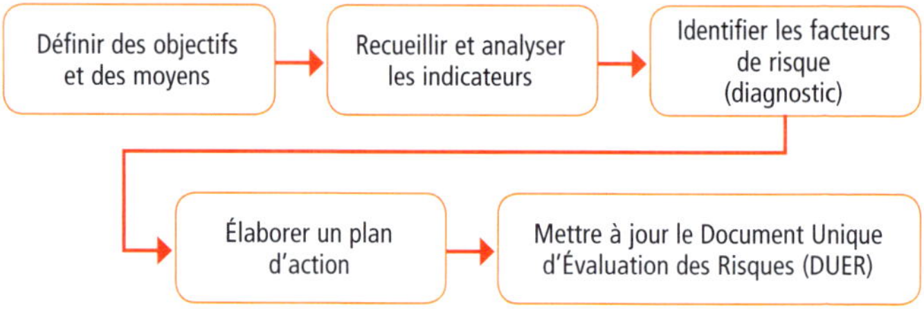

■ La démarche de prévention doit être réalisée par des groupes de travail en concertation avec le CSE (Comité Social et Économique).

Ex. de plan d'action :

Axe	Nom	Dates	Pilote	Moyens	Étapes	Difficultés
Communication	Intégration des nouveaux	....	Mme .	2 séances de 4 heures	....	....

■ Chaque action doit faire l'objet d'une « fiche action » détaillant les propositions avancées par le groupe de travail.

■ Le DUER doit être mis à jour 1 fois par an et est à la disposition des salariés, des représentants du personnel, du médecin du travail et des caisses de retraite et de santé.

4 La gestion des comportements critiques

■ Le manager doit s'efforcer d'établir un dialogue en respectant les principes suivants :
- confidentialité ;
- repérage d'éléments factuels sources de risque ;
- écoute active.

■ Les pistes d'amélioration sont diverses et peuvent consister en :
- une redéfinition ou un aménagement des tâches ;
- du coaching / formation ;
- une modification du poste de travail ;
- …

à retenir !

■ Les risques psychosociaux sont liés aux conditions de travail. Ils se perçoivent grâce à des indicateurs sociaux et peuvent être résolus ou anticipés.

Le tableau de bord

Le tableau de bord de suivi d'équipe permet d'évaluer les performances individuelles et collectives.

1 Les fonctions du tableau de bord

1. Améliorer la réactivité des prises de décision.
2. Contrôler les activités.
3. Améliorer la communication.

2 Les indicateurs du tableau de bord

Chiffre d'affaires	C'est l'indicateur le plus fréquent : total des ventes en valeur.
Marge commerciale	Elle permet de mesurer la performance commerciale : chiffre d'affaires – coût d'achat des marchandises vendues.
Taux de marque	Marge commerciale / chiffre d'affaires.
Panier moyen ou ticket moyen	Il représente les ventes réalisées par client en moyenne : chiffre d'affaires / nombre de clients.
Taux de fidélisation	Part des acheteurs de l'année passée étant encore clients l'année suivante : nombre de clients fidèles / nombre total de clients.
Ventes additionnelles	***Ex. :*** extensions de garantie.
Taux de transformation	Il permet de mesurer l'intensité de l'effort d'argumentation commerciale : nombre de clients / nombre de contacts ou visites.
Taux de démarque inconnue	Coût de la démarque / chiffre d'affaires.
Indice de satisfaction clientèle	Clients satisfaits / clients.

Notes

3 La conception du tableau de bord

■ Extrait de tableau de bord (pour le chiffre d'affaires en k€) :

Nom	CA N–1	CA N	Objectif CA N	Contri-bution au CA en N–1	Contri-bution au CA en N	Écart sur CA N /N-1 en %	Taux de réalisa-tion N
Léa	123 537	136 120	130 000	38 %	40 %	10,19 %	105 %
René	87 412	96 783	100 000	27 %	28 %	10,72 %	97 %
Nina	112 658	107 876	100 000	35 %	32 %	-4,24 %	108 %
Tous	323 607	340 779	330 000	100 %	100 %	5,31 %	103 %

■ Écart : $\frac{(\text{CA en N} - \text{CA en N}-1)}{\text{CA en N}-1} (\times 100)$

■ Taux de réalisation : $\frac{\text{CA en N}}{\text{objectif en N}} (\times 100)$

■ Contribution : $\frac{\text{CA}}{\text{CA total}} (\times 100)$

À retenir !

■ Le choix d'indicateurs adaptés permet de construire un tableau de bord afin d'évaluer les performances individuelles et collectives des membres de l'équipe commerciale.

L'analyse des performances

L'analyse du tableau de bord permet de décider d'actions de remédiation afin d'améliorer les performances.

1 L'analyse des performances

- **L'écart** entre N – 1 et N indique quelle est l'évolution de la performance dans le temps.
- **Le taux de réalisation** permet de piloter l'action commerciale et de prendre des mesures adaptées.
- *Ex. :* un taux de réalisation de l'objectif de 40 % au mois de juin alors qu'il devrait approcher les 50 % pour que l'objectif soit atteint à la fin de l'année impose un effort commercial plus soutenu sur les 6 derniers mois.
- **La contribution aux résultats** permet d'effectuer des comparaisons entre les commerciaux.
- **L'analyse croisée d'indicateurs** peut également fournir des informations pertinentes.
- Exemple de comparaison entre le chiffre d'affaires et la marge (ou le taux de marque).

Commercial	CA	Contribution au CA	Marge	Contribution à la marge	Taux de marque
Alberto	54 276	10 %	12 890	8 %	23,75 %
Émeline	53 980	10 %	16 654	10 %	30,85 %
....	....	....	....	....	......
Total	564 987	100 %	169 502	100 %	30,00 %

Alberto réalise la même part de chiffre d'affaires qu'Émeline, cependant il ne contribue à la marge qu'à hauteur de 8 % contre 10 % pour Émeline. Cela signifie qu'il a tendance à accorder des réductions commerciales plus importantes pour augmenter le niveau des ventes. Émeline se situe dans la moyenne de l'équipe puisqu'elle applique un taux de marque sensiblement égal au taux de marque de l'équipe.

Le croisement des 2 indicateurs montre qu'Alberto est moins performant qu'Émeline puisqu'à chiffre d'affaires presque identique, la marge dégagée est moins bonne comme en témoigne son taux de marque.

Notes

2 Les actions de remédiations

Action	Avantages	Limites
Baisser le prix de vente	• Augmenter le chiffre d'affaires et la part de marché rapidement.	• Une baisse de la profitabilité : baisse de la marge et par la suite du résultat (bénéfice).
Adopter un système de rémunération incitatif	• Commission sur le CA. • Commission sur la marge. • Prime sur objectif.	• L'augmentation de la marge doit compenser l'accroissement des coûts liés à la rémunération supplémentaire due au système incitatif.
Stimuler l'équipe	• Actions de stimulation. • Voir la fiche 20.	• Elles restent ponctuelles.
Former l'équipe	• Amélioration des compétences commerciales.	• Le coût et le temps.
Mercatique	• Politique de fidélisation. • Marchandisage plus efficace. • Événements. • Améliorer l'expérience client. • Revoir l'offre.	

À retenir !

- L'analyse des indicateurs choisis pour le tableau de bord doit être individuelle puis collective. Les actions de remédiations doivent être sélectionnées en fonction des faiblesses repérées.

Culture économique, juridique et managériale

Sommaire

L'impact du numérique sur la vie de l'entreprise

Les mutations du travail

Les choix stratégiques de l'entreprise

Présentation de l'épreuve de Culture économique, juridique et managériale (CEJM)

Épreuve écrite
Durée : 4 heures
Coefficient : 6

1 Les finalités de l'épreuve

■ L'épreuve de CEJM vise à évaluer les compétences que vous avez acquises ainsi que votre capacité à les mobiliser pour éclairer des problématiques de gestion d'entreprise à travers un **questionnement croisant les champs disciplinaires économique, juridique et managérial**.

■ Il est donc important de ne pas se contenter lors de l'épreuve de juxtaposer des connaissances, mais bien **d'utiliser dans un argumentaire construit et cohérent les compétences qui permettent d'éclairer la problématique** posée dans le contexte concret qui est présenté.

2 L'objectif de l'épreuve

■ L'épreuve vise à **évaluer vos compétences** à :
- **analyser des situations** auxquelles l'entreprise est confrontée ;
- **exploiter une base documentaire** économique, juridique et managériale ;
- **proposer des solutions argumentées** en mobilisant des notions économiques, juridiques ou managériales et les méthodologies adaptées aux situations proposées ;
- **établir un diagnostic** (ou une partie de diagnostic) préparant une prise de décision stratégique ;
- **prendre des décisions opérationnelles** intégrant les dimensions économique, juridique et managériale ;
- **exposer des analyses et des propositions** de manière cohérente et argumentée.

■ Vous devez donc **vous positionner dans la fonction du manager** qui, confronté à une situation donnée, doit montrer les étapes de son raisonnement (qui s'appuie sur les compétences acquises dans les trois matières) et formuler une ou des proposition(s) argumentée(s) en lien avec la problématique posée.

■ Autant que la (les) solution(s) envisagée(s), c'est bien **l'ensemble du processus de prise de décision** qui est évalué et la logique du raisonnement que vous mettrez en avant.

■ N'hésitez pas à **être exhaustif** et à **avancer un maximum d'arguments** car le barème détaillé tiendra compte du nombre d'idées différentes avancées.

3 Les modalités de l'épreuve

■ L'épreuve prend appui sur un **dossier** qui comprend :

– la présentation d'une situation contextualisée d'entreprise contenant des problématiques de nature économique ou juridique ou managériale ;

– une base documentaire ;

– une série de questions permettant de structurer et d'orienter le travail à réaliser par le candidat.

■ Le dossier documentaire, d'une dizaine de pages au maximum, ainsi que le questionnement couvrent les trois champs de cette unité. Pour chaque question, une réponse construite et argumentée est attendue.

4 Conseils méthodologiques

Étape 1

■ Commencez par **lire attentivement la présentation générale**, et plus particulièrement les **mises en situation**. Ces dernières introduisent le traitement des questions et sont importantes car elles peuvent contenir des éléments d'information utiles.

Étape 2

■ Lisez ensuite les **questions**. Sachez repérer les verbes d'action utilisés dans les consignes car ils précisent ce qui est attendu :

– **définissez** : définir une notion ;

– **caractérisez** : décrire les traits fondamentaux, voire expliquer ;

– **identifiez**, **repérez** : trouver les éléments d'explication dans les documents en annexe ;

– **expliquez**, **justifiez** : avancer les arguments ou le raisonnement qui donnent les causes d'un fait ou d'une situation ;

– **analysez** : proposer des éléments de comparaison ou d'explication d'au moins deux variables ou plusieurs qui ont des liens entre elles.

Étape 3

■ À chaque question, reportez-vous aux annexes concernées. **Relevez les éléments d'information** qui serviront à formuler une réponse pour chacune de vos questions. Lorsque la question nécessite de faire appel à vos connaissances, rédigez-les avec clarté et en lien direct avec la question posée.

■ Pensez à être **soigneux** dans la rédaction de vos réponses. En général, elles doivent être justifiées à l'aide des documents et, pour le droit, avec rigueur. Vous pouvez recourir en économie et en management à des tableaux ou à des tirets pour énumérer vos arguments.

Les agents économiques, leurs rôles et leurs échanges

Fiche 1

CEJM

De multiples acteurs interviennent dans le domaine économique. On les qualifie d'**agents économiques** en les regroupant selon leurs fonctions économiques principales. Les principaux agents économiques sont les **entreprises**, les **ménages**, les **banques** et l'**État** (ou les **administrations publiques**). L'**activité économique** découle des échanges qui se nouent entre ces agents.

1 Les entreprises

- Une entreprise regroupe des moyens humains, financiers et matériels dans l'objectif de produire des biens ou des services vendus sur le marché.
- Pour produire, l'entreprise utilise des facteurs de production (travail, capital, matières premières, savoirs et connaissances).

Remarque

La majorité des entreprises a un but lucratif (réalisation d'un profit). La théorie économique considère qu'elles visent prioritairement à maximiser leur profit mais l'essor du secteur de l'économie sociale et solidaire montre qu'elles peuvent s'attacher à d'autres objectifs, comme le développement durable.

2 Les ménages

- Au sens statistique, un ménage désigne tous les occupants (un ou plusieurs) d'un même logement, sans qu'ils aient nécessairement des liens de parenté. Les ménages disposent de revenus qu'ils tirent de leur travail (salaires) ou de la détention d'un patrimoine.
- Avec leurs revenus, les ménages consomment et épargnent.

3 Les banques

- Les banques sont des entreprises dont le rôle traditionnel est de collecter l'épargne des agents (dépôts, livrets) afin de financer par crédit d'autres agents qui ont besoin d'emprunter.
- L'essor du marché financier (ou marché des capitaux) a fait évoluer le rôle des banques en permettant aux agents qui souhaitent épargner et à ceux qui souhaitent se financer de s'y rencontrer directement.

4 L'État (ou les administrations publiques)

- Les administrations publiques regroupent l'État central (les ministères, etc.), les collectivités territoriales et les organismes de protection sociale.

Notes

Notes

■ L'action de l'État est principalement financée par des prélèvements obligatoires (impôts, taxes, cotisations).

LES FONCTIONS ÉCONOMIQUES DE L'ÉTAT

- **Allocation** : **Encadrer le fonctionnement du marché** par des règles de droit (droit des contrats, droit de la concurrence, etc.), voire être lui-même producteur de services non marchands (éducation, défense nationale, etc.).
- **Redistribution** : **Assurer une redistribution des revenus** pour éviter les inégalités les plus criantes (notamment *via* la protection sociale).
- **Stabilisation (ou régulation)** : **Réguler l'activité par sa politique économique** (favoriser la croissance, lutter contre le chômage, etc.).

5 Les échanges entre les agents économiques

■ Les agents sont amenés à nouer des relations économiques, généralement lors de transactions qui s'opèrent sur le marché. Ainsi, la relation employeur-employé s'apparente à la rencontre d'une offre et d'une demande sur le marché du travail :
- l'offre de travail émane des ménages ;
- la demande de facteur travail émane des entreprises ;
- le salaire correspond au prix auquel s'effectue l'échange.

■ Les entreprises échangent des biens et services (offre) avec les autres agents en contrepartie d'un paiement (demande) : consommation pour les ménages, consommations intermédiaires ou investissement pour les entreprises.

■ Les entreprises demandent des facteurs pour être en mesure de produire leurs biens et services :
- demande de facteur travail auprès des ménages ;
- demande de facteur capital auprès des banques ou en passant par les marchés financiers.

■ La relation entre les agents économiques ne peut toutefois pas se résumer à la confrontation d'une offre et d'une demande sur le marché.

Ex. : L'État produit des services non marchands (gratuits ou quasi-gratuits) qu'il finance par des prélèvements obligatoires.

À retenir !

- Les principaux agents sont les **entreprises**, les **ménages**, les **banques** et l'**État** (ou les **administrations publiques**).
- Ils sont caractérisés par leur fonction principale et nouent des relations économiques entre eux.

Le fonctionnement et le rôle du marché

La théorie économique fait du **marché** le lieu de rencontre et de régulation des initiatives individuelles prises par les différents agents économiques. La régulation de l'activité économique qui en découle repose notamment sur le principe de la libre concurrence entre les entreprises.

1 Le fonctionnement du marché

Ajustement de l'offre et de la demande sur le marché

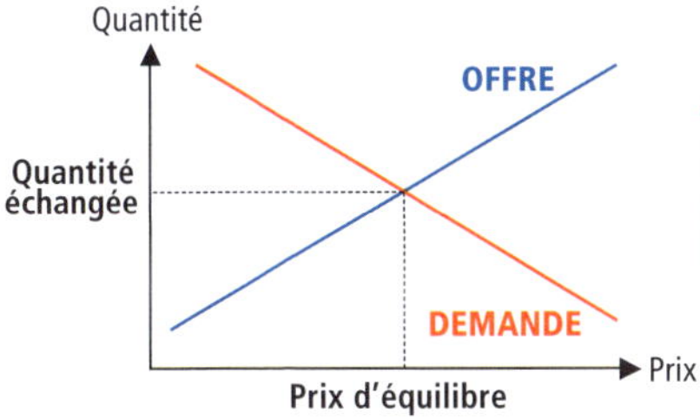

Marché
Lieu (fictif) de confrontation de l'offre et de la demande permettant la fixation d'un prix d'équilibre.

Notes

■ Le marché permet d'égaliser offre et demande et fait émerger un prix d'équilibre.

■ Sur certains marchés, le prix d'équilibre est spécifique :
– le salaire d'équilibre permet d'égaliser l'offre et la demande sur le marché du travail ;
– le taux d'intérêt d'équilibre permet d'égaliser l'offre et la demande sur le marché des capitaux.

■ Sur le marché des biens et services :
– seuls les offreurs ayant un coût de revient inférieur au prix de marché sont rentables et peuvent proposer leurs biens ou services. Lorsque le prix augmente, un plus grand nombre d'offreurs se présente sur le marché ;
– lorsque le prix augmente, certains demandeurs quittent le marché, car leur pouvoir d'achat se réduit ; ils privilégient l'achat d'autres biens pour assurer leur satisfaction ;
– l'équilibre du marché (point où les deux droites se croisent sur le schéma) est atteint lorsqu'il y a égalité entre l'offre et la demande. Ce point de croisement définit le prix d'équilibre (ou prix de marché).

■ En réalité, l'équilibre se met en place progressivement par un jeu d'essais et d'erreurs.

Notes

2 Le rôle du marché

Rôle d'ajustement	Le marché permet d'équilibrer l'offre et la demande.
Rôle incitatif	Le marché oriente les actions et les décisions des agents. ***Ex.*** : une hausse de prix peut inciter des entreprises à se lancer sur le marché concerné car elles deviennent rentables.
Rôle informatif	Le marché et le prix fournissent des informations aux agents sur les tensions entre l'offre et la demande. ***Ex.*** : une hausse de prix indique une pénurie d'offre et/ou une forte pression de la demande.

■ En principe, le marché joue efficacement son rôle de régulateur de l'activité économique lorsque deux conditions sont respectées :
– la possibilité pour les agents de fixer librement leurs prix ;
– le marché doit être concurrentiel : cette émulation pousse les entreprises à réduire leurs prix, à améliorer la qualité de leurs produits et prestations.

3 La concurrence entre les entreprises

■ La compétitivité correspond à la capacité d'une entreprise à faire face à la **concurrence** :
– la compétitivité-prix reflète la capacité d'une entreprise à vendre ses produits à un prix similaire, voire plus faible que celui des concurrents ;
– la compétitivité hors-prix reflète la capacité d'une entreprise à se démarquer de ses concurrents autrement que par le prix (image de marque, innovation, qualité, etc.).

> **Concurrence**
> Rivalité entre agents qui poursuivent un même but (*ex.* : développer leur part de marché).

■ Pour disposer d'un pouvoir de marché (disposer de marges de manœuvre quant à la fixation de leurs prix, par exemple), les entreprises cherchent à résister à la pression concurrentielle qui s'exerce sur elles.

Les cinq forces de la concurrence de Michael Porter

Les cinq forces de la concurrence (M. Porter)
- Les entreprises concurrentes du secteur
- Les fournisseurs
- Les clients
- Les entrants potentiels
- Les produits de substitution

À retenir !

■ Le marché joue un rôle essentiel dans le fonctionnement des économies capitalistes. Pour être efficace, il doit reposer sur le principe de la libre concurrence entre les acteurs économiques.

Les situations de défaillance du marché

Fiche 3

CEJM

Le fonctionnement classique du marché peut être remis en cause soit par des stratégies d'entreprises, qui mettent en place des **coopérations** ou des **barrières à l'entrée** pour freiner la concurrence d'autres agents, soit parce que le marché est **défaillant**.

1 La coopération entre les entreprises

■ Les entreprises nouent parfois des relations de coopération qui peuvent prendre plusieurs formes, parmi lesquelles :

Type de coopération	*Exemple*
Alliance (entre fournisseurs et clients)	Sous-traitance, contrat de franchise, concession, etc.
Création d'une structure juridique propre	Filiale commune, GIE (Groupement d'intérêt économique).

Notes

■ De nombreuses raisons peuvent justifier ces relations de coopération :
- mettre en commun des moyens ou des savoir-faire (mutualiser des efforts de R&D) ;
- atteindre une taille critique ;
- pénétrer un marché étranger, etc.

■ Ces coopérations peuvent concerner l'entreprise dans sa globalité ou alors se limiter à un périmètre plus restreint, qu'il soit géographique ou fonctionnel. Des entreprises peuvent alors se retrouver en situation de coopération tout en restant concurrentes sur le marché.

2 Les barrières à l'entrée

A. Définition et conséquences

■ Les barrières à l'entrée :
- réduisent l'intensité concurrentielle qui pèse sur les acteurs du marché ;
- présentent un risque pour le consommateur que les prix soient plus élevés que sur un marché pleinement concurrentiel.

Barrière à l'entrée
Entrave qui empêche ou freine l'accès au marché à de nouveaux entrants.

■ Lorsqu'il y a des barrières à l'entrée, le marché n'est constitué que de quelques offreurs (oligopole), voire d'une seule entreprise (monopole).

Notes

B. Les différentes formes de barrières à l'entrée

■ Les barrières peuvent être d'ordre règlementaire (nécessité d'avoir un diplôme, monopole institué par l'État), d'ordre technologique (accès au marché bloqué par un brevet), etc.

■ Les tensions commerciales, notamment entre les États-Unis et la Chine, ont conduit à la mise en place de taxes sur les importations qui constituent des barrières (tarifaires) à l'entrée du marché.

■ La structure des coûts du secteur ou des entreprises peut être à l'origine de barrières :
– lorsque les coûts d'entrée sur le marché sont importants ;
– lorsque la structure des coûts conduit à des économies d'échelle, c'est-à-dire à une diminution du coût unitaire lorsque la production augmente. Le premier entré sur un tel marché dispose d'un avantage en termes de coût lui permettant d'éliminer toute concurrence (en baissant suffisamment ses prix pour empêcher les concurrents d'être rentables).

3 L'asymétrie de l'information

A. Définition et conséquences

■ Il y a asymétrie d'information lorsque, dans une transaction entre offreur et demandeur, l'un des deux manque d'informations pour prendre une décision parfaitement éclairée.

■ Les asymétries d'information sont une situation de défaillance de marché. Elles ont pour effet d'entraîner de mauvaises prises de décision, de mauvaises évaluations du risque.

Ex. : L'assureur qui ne sait pas si le conducteur couvert va conduire prudemment. Le client d'un concessionnaire de voitures d'occasion qui ne connaît pas les points faibles de la voiture qu'il achète.

B. S'adapter aux asymétries

■ Les agents qui souffrent de l'asymétrie peuvent parfois obtenir l'information qui leur manque : avant d'accorder un prêt, les banques demandent les bulletins de salaires, les avis d'imposition, etc.

■ L'insertion de clauses dans le contrat noué par les parties peut être un moyen de s'assurer de sa bonne exécution.

■ Le développement des nouvelles technologies permet, en partie, de répondre à ces asymétries en facilitant l'accès à l'information (comparateurs de prix, notation des offreurs et des demandeurs, etc.).

À retenir !

■ Les défaillances du marché nuisent à son bon fonctionnement en limitant la concurrence entre les agents économiques (coopération, barrières à l'entrée) ou en faussant les règles de fixation des prix d'équilibre (asymétrie de l'information).

Les externalités négatives et positives

Fiche 4

CEJM

Notes

Toute activité économique a des effets sur son environnement, qu'ils soient directs ou indirects, qui ne sont pas tous pris en compte par le marché. On parle alors d'**externalité**.

1 Définition

■ Il y a externalité lorsque l'activité d'un agent a des effets induits :

– défavorables pour d'autres agents, sans que celui à l'origine de l'externalité soit sanctionné : externalité négative ;

– favorables pour d'autres agents, sans que celui à l'origine de l'externalité soit récompensé : externalité positive.

Externalité

Fait que l'activité d'un agent économique affecte (négativement ou positivement) le bien-être d'un autre agent économique sans qu'aucun des deux paye ou reçoive une compensation en retour.

2 Les externalités négatives

Exemple	Production ou consommation causant une dégradation de l'environnement (rejets polluants, épuisement des ressources naturelles, etc.).	
Raison de la défaillance	Les agents ne sont pas incités à être plus vertueux car le marché ne les sanctionne pas.	
Correction de la défaillance	Interdiction ou limitation de ces externalités par des règlementations publiques, l'introduction de normes. ***Ex.* :** interdiction de la production d'amiante.	• Principe du pollueur-payeur : faire supporter un coût au pollueur pour l'inciter à limiter les atteintes à l'environnement. ***Ex.* :** fiscalité verte ou écotaxe. • Logique de bonus-malus pour récompenser les agents les plus vertueux. ***Ex.* :** dans le secteur automobile.

■ La création d'un marché des droits à polluer a mis en place le principe du pollueur-payeur (**écotaxe**) relatif aux émissions de CO_2 à l'échelle mondiale :

– celui qui pollue excessivement doit racheter des droits à polluer ;

– celui qui pollue moins que les quotas qui lui sont accordés peut revendre ses droits à polluer et ainsi être « récompensé ».

Écotaxe

Taxe qui repose sur le principe « pollueur-payeur » appliqué aux activités entraînant des dommages sur l'environnement, pour contribuer à les limiter, à en atténuer ou à en réparer certains effets.

Notes

- Toutes les externalités négatives ne sont pas pour autant monétisables sur un marché du fait de la multiplicité des agents concernés : la pollution résulte des activités de production mais aussi de l'activité quotidienne de l'ensemble des agents économiques.

3 Les externalités positives

Exemples	• **La R&D** : les nouvelles connaissances produites vont pouvoir inspirer d'autres entreprises. • **La formation** : une main-d'œuvre mieux formée par une entreprise entraînera des gains profitables pour d'autres agents.
Raison de la défaillance	Si les agents à l'origine des externalités positives ne sont pas récompensés, cela favorise des comportements opportunistes dits de « **passager clandestin** » : – des entreprises peuvent attendre que d'autres engagent des dépenses en R&D pour les copier ou s'inspirer de leurs innovations ; – des entreprises peuvent débaucher des employés formés ailleurs.
Corrections de la défaillance	• Clauses contractuelles qui protègent l'agent à l'origine de l'externalité. *Ex.* : clauses de dédit formation éliminant le risque de débauchage. • Droit des brevets : protège celui qui innove et constitue ainsi une incitation à la R&D ; • Mécanismes incitatifs de l'État (subventions ou crédits d'impôt) ou en produisant lui-même les activités sources d'externalités positives. *Ex.* : enseignement et recherche publics.

4 Mondialisation et externalités

- Dans une économie mondialisée, la prise en compte des externalités se révèle plus complexe.
- Certains États peuvent adopter un comportement de « passager clandestin » pour protéger leurs entreprises.

Ex. : La sortie des États-Unis des accords de Paris.
La taxe carbone variable selon les pays.

À retenir !

- Les externalités liées aux effets induits de l'activité des agents économiques peuvent être négatives ou positives.
- Le marché (mais aussi les pouvoirs publics) cherche à mieux évaluer ces externalités pour mesurer l'impact de l'activité d'une entreprise sur son environnement.

Le rôle des banques et du marché financier

Fiche 5

CEJM

Notes

Le **système financier** regroupe les organismes qui permettent le financement des agents économiques. Les **banques** en sont un acteur incontournable, mais le **marché financier** (ou **marché des capitaux**) est aussi devenu prépondérant en matière de financement.

1 Le rôle du système financier

■ Le système financier a pour fonction première de collecter l'épargne des agents à capacité de financement (ménages, entreprises) afin de financer les agents à besoin de financement (ménages, entreprises, administrations publiques) pour qu'ils puissent investir, consommer, etc.

2 Finance indirecte et finance directe

■ On distingue deux types de financement : le financement direct et le financement indirect.

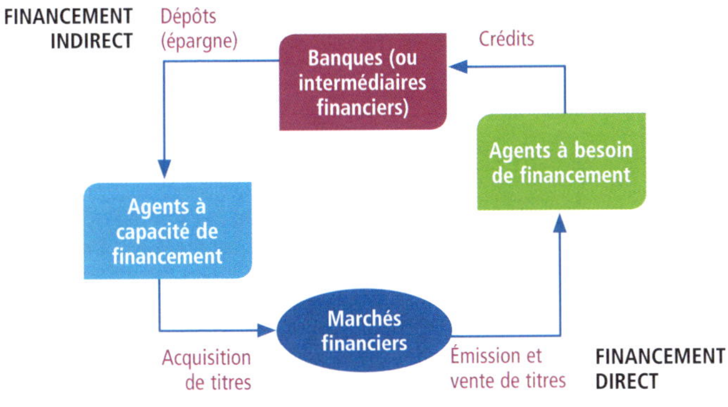

A. Le financement indirect

■ Le financement indirect est également appelé financement intermédié. Les banques (ou établissements de crédit) font office d'intermédiaire entre les agents à besoin et ceux à capacité de financement.

■ Les banques collectent l'épargne des agents *via* des dépôts et livrets dont elles se servent pour accorder des crédits aux agents ayant des besoins de financement. Elles réalisent une marge en

Notes

pratiquant des taux d'intérêt sur les crédits supérieurs aux taux qui rémunèrent les dépôts.

■ Le financement intermédié reste indispensable pour certains agents qui ont des difficultés à se financer directement sur les marchés financiers (jeunes entreprises, PME).

B. Le financement direct

■ Le financement direct est devenu prépondérant : les grandes entreprises se financent aujourd'hui presque exclusivement *via* les marchés financiers. Ce phénomène est qualifié de désintermédiation.

■ Le financement direct (ou désintermédié) permet la rencontre directe de l'offre et de la demande de capital sur le marché financier.

■ Selon les titres ou actifs financiers échangés, on distingue habituellement deux grands marchés :

– le marché monétaire utilisé par les entreprises, les États et, en particulier, les banques ; les durées d'emprunt et de prêt sont courtes ;

– le marché financier où les agents économiques émettent des **actions** ou des **obligations** ; il concerne les financements de moyen et long termes.

■ Le financement direct est devenu prépondérant au sein des économies développées. Il concerne principalement pour les entreprises :

– le marché obligataire où les entreprises émettent et vendent des obligations en contrepartie d'un remboursement futur et du paiement d'un intérêt pour le détenteur de l'obligation (assimilable à un emprunt morcelé) ;

– le marché des actions où les entreprises augmentent leur capital en vendant des actions. Les détenteurs d'actions disposent alors d'un droit sur les bénéfices (dividendes) et espèrent une plus-value lors de la revente des actions acquises.

Action

Titre de propriété délivré par une société de capitaux. Elle confère à son détenteur la propriété d'une partie du capital, avec les droits qui y sont associés.

Obligation

Titre de créance négociable, émis par une société privée, un établissement public, une collectivité locale ou l'État, en contrepartie d'un emprunt.

À retenir !

■ Le système financier permet le financement des agents économiques. Les banques y jouent un rôle important (financement indirect) mais le marché financier (financement direct) constitue une alternative de plus en plus utilisée par les agents économiques.

Le contrat et sa formation

Fiche 6

CEJM

Le droit défend les principes de l'autonomie de la volonté, du consentement libre, du respect de la parole donnée et de la loyauté entre les personnes. Le contrat est formé lorsque l'offre rencontre une acceptation. En principe, un contrat peut être conclu oralement, c'est le **principe du consensualisme**.

1 Les principes généraux du contrat

A. La liberté contractuelle selon l'*article 1102 du Code civil*

Les principes	Les limites légales
Liberté de contracter *(s'engager ou ne pas s'engager)*	La loi interdit de conclure certains contrats. À l'inverse, certains contrats sont obligatoires.
Libre choix du cocontractant *(choisir avec qui on veut conclure un contrat)*	Le libre choix est pertinent dans les contrats dits *intuitu personae*. Mais le libre choix ne doit pas constituer une discrimination.
Libre détermination du contenu du contrat *(fixer ses propres clauses)*	Le contrat doit respecter l'intérêt général, l'ordre public et les bonnes mœurs.

B. La force obligatoire des contrats

■ L'*article 1103 du Code civil* consacre le principe d'irrévocabilité du contrat : il ne peut être rompu que sous certaines formes ou conditions (***ex.*** **:** le respect d'un délai de préavis dans les contrats à durée indéterminée).

C. La bonne foi

■ Selon l'*article 1104 du Code civil*, « Les contrats doivent être négociés, formés et exécutés de bonne foi ».

■ En droit des contrats, ce principe implique une loyauté entre les cocontractants.

2 La formation du contrat

A. L'exception du formalisme dans les contrats

■ Deux atténuations peuvent être apportées au principe du consensualisme.
– Le formalisme *ad probationem* : le contractant a intérêt à se constituer une trace écrite ou électronique afin de disposer d'une preuve en cas de litige.
– Le formalisme *ad validitatem* : lorsque le contrat met en jeu des sommes importantes, la loi impose la rédaction d'un écrit pour le rendre valable.

Notes

Notes

Ex. : Demander un ticket de caisse lors de l'acquisition de vêtements est un formalisme afin de se constituer une preuve d'achat pour éventuellement échanger le bien. En revanche, l'obligation de passer chez le notaire pour acheter ou vendre une maison constitue un formalisme conditionnant la validité du contrat de vente.

B. Les conditions de validité de la formation du contrat

■ **Le consentement ne doit pas être vicié.**

– Le consentement des parties se forme par la rencontre entre une offre ferme et précise et une acceptation. L'acceptant adhère pleinement à l'offre. S'il la modifie, il fait une contre-offre qui est une invitation à rentrer en pourparlers.

– La rencontre de l'offre et de l'acceptation fonctionne également avec les personnes morales via leur représentant légal.

– L'*article 1130 du Code civil* identifie trois vices du consentement :

Erreur	Croyance fausse portant sur un des termes du contrat.	L'erreur porte sur la personne ou sur le bien mais pas sur le prix.
Dol	Fait d'obtenir le consentement de l'autre par des manœuvres trompeuses.	La rétention volontaire d'information ou le silence peuvent être considérés comme un dol.
Violence	Lorsqu'une partie s'engage sous une contrainte.	La violence peut être physique ou morale ; elle doit être illégitime pour être sanctionnée.

■ **Les parties doivent être capables juridiquement.**

– Les parties doivent être des personnes physiques majeures ou mineures émancipées ou une personne physique représentant légalement une personne morale. Les mineurs et les majeurs faisant l'objet d'un régime de protection ne peuvent pas conclure de contrats. Leurs représentants légaux en ont la charge (tuteur ou curateur par exemple).

■ **Le contenu du contrat est licite et certain.**

– Le contenu du contrat doit être déterminé ou déterminable, que ce soit sur le prix ou sur le bien ou la prestation de service à fournir.

■ Le contrat entaché d'un vice du consentement, d'une partie incapable ou d'un contenu illicite est nul et entraîne l'anéantissement rétroactif du contrat.

À retenir !

- Les hommes sont libres de négocier et de s'engager contractuellement. Mais la formation valable d'un contrat suppose la rencontre d'une offre et d'une acceptation exempte de tout vice.

La négociation du contrat

Une période de négociation et des **avant-contrats** précèdent la signature du contrat définitif. Cette phase préfigure le contenu du contrat qui sera formalisé par des **clauses**.

1 La négociation du contrat

A. Les phases de la négociation

■ Avant de s'entendre, les entreprises doivent prendre le temps de se rencontrer, d'établir un terrain d'accord, de fixer les conditions de leurs relations. Cela passe par :

Les pourparlers	Échanges informels d'intentions. Ils n'engagent pas contractuellement.
Les précontrats	Ou avant-contrats. Ils fixent les conditions du déroulement du processus de négociation et les modalités de rupture. Ils engagent les signataires.
Le contrat définitif	L'engagement lie les parties. Le contrat fixe les conditions de la relation contractuelle.

B. Les obligations durant la négociation

■ Les parties doivent satisfaire aux règles de la bonne foi pendant ces différentes phases, ce qui fait naître une obligation générale d'information : les parties doivent s'échanger les informations déterminantes qui ont un lien direct et nécessaire avec le contenu du contrat ou la qualité des parties.

Remarque

Le devoir d'information est impératif (« d'ordre public ») ; les parties ne peuvent ni le limiter, ni l'exclure.

■ Le principal élément de négociation reste le prix du bien ou du service. C'est pourquoi la loi prévoit que ce devoir d'information ne porte pas sur l'estimation de la valeur de la prestation.

C. La protection en cas d'échec des négociations

■ En cas de faute commise dans les négociations ou de non-respect du devoir d'information, la partie qui s'estime lésée doit apporter la preuve de son préjudice. À charge pour la partie adverse de prouver qu'elle n'a pas commis de faute ou qu'elle a bien fourni cette information.

Comportements pouvant entraîner une sanction

- Abus dans la rupture des pourparlers
- Non-respect d'une clause inscrite dans les avant-contrats
- Absence de remise d'une information déterminante par l'une des parties

Notes

■ La loi envisage plusieurs sanctions selon l'importance du comportement constaté :
– le versement de dommages et intérêts par l'auteur de la faute commise ;
– l'annulation du contrat définitif, si la faute a généré un vice.

2 Les clauses contractuelles : le contenu du contrat

A. Clause contractuelle et clause abusive

■ Chaque clause contractuelle est rédigée librement par les parties en fonction de leurs besoins respectifs. Les clauses ont également pour but d'anticiper d'éventuelles difficultés. Pour chacune, il convient de respecter un équilibre entre les parties.

■ Une clause abusive est une clause qui a pour objet ou pour effet de créer un déséquilibre significatif entre les parties. Elles sont réputées non écrites par le juge.

B. Les différentes clauses contractuelles classiques

Clause	Définition	Remarques
Pénale	Les parties s'engagent à verser une somme forfaitaire fixée à l'avance si l'une d'entre elles ne remplit pas ses obligations.	• Le montant peut être modifié par le juge s'il est excessif ou dérisoire. • Elle est interdite dans certains contrats (de consommation, de prêt).
De renégociation	Les parties prévoient la possibilité de redéfinir les termes du contrat : le prix ou les prestations.	• Clause fréquente notamment dans les contrats à exécution successive. • Les clauses dites de révision, de variation de prix ou d'indexation de prix sont très proches.
Résolutoire	Les parties prévoient que le contrat sera résolu de plein droit si survient un événement décrit.	• Elle dispense le créancier de s'adresser à la justice. Il devra adresser à son débiteur une mise en demeure. • Ne s'applique pas si l'inexécution résulte d'un cas de force majeure.
Limitative de responsabilité	• Clause qui aménage la responsabilité des parties. • Les clauses les plus usuelles fixent à l'avance le montant maximum de dommages et intérêts en cas d'inexécution du contrat.	• Clause valable sous réserve de respecter l'ordre public et des textes spécifiques. • Elle ne peut pas porter sur les obligations essentielles du contrat.
De réserve de propriété	Elle diffère le transfert de propriété d'un bien jusqu'au paiement complet du prix.	Véritable garantie pour le créancier qui peut venir saisir le bien vendu si le prix n'a pas été intégralement payé.

À retenir !

■ La liberté contractuelle permet aux parties de définir librement le contenu des clauses contractuelles. Mais ces dernières ne doivent pas être considérées comme abusives, sinon le juge peut les réputer non écrites.

La finalité de l'entreprise

Comme toutes les organisations, une entreprise se crée et se structure dans un but initial précis, déterminé par l'entrepreneur. Son action interagit avec son environnement et ses résultats doivent s'analyser au regard de la finalité que l'entreprise s'est fixée.

1 Définition

- La finalité d'une entreprise définit les buts principaux que celle-ci cherche à atteindre. La finalité a donc un caractère permanent pour l'entreprise.
- Au-delà des aspects économiques, la finalité de l'entreprise recouvre aujourd'hui des aspects de plus en plus larges.
- Le projet d'entreprise traduit de manière effective la finalité de l'entreprise. Il permet d'exprimer l'identité de l'entreprise et de rassembler ses acteurs autour d'un projet fédérateur et mobilisateur décliné en termes d'objectifs concrets (qualitatifs et quantitatifs).

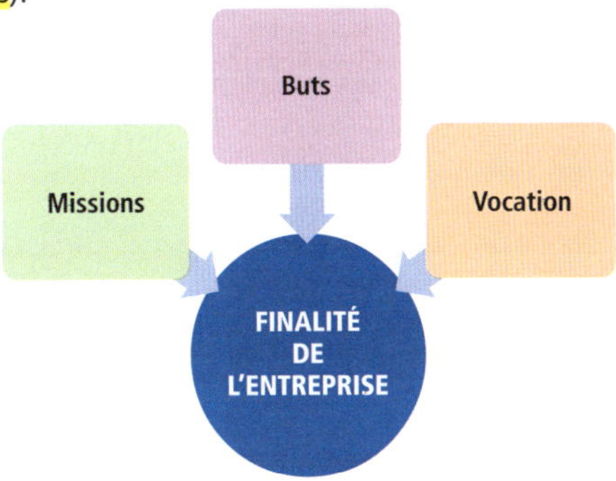

2 La responsabilité sociale de l'entreprise (RSE)

- La responsabilité sociale de l'entreprise se rapporte au concept de développement durable appliqué aux entreprises.
- À l'opposé d'une vision purement économique, la RSE incorpore les aspects sociaux (finalité sociétale), environnementaux (finalité

Remarque

L'économie sociale et solidaire rassemble les entreprises qui cherchent à concilier solidarité, performances économiques et utilité sociale. En 2017, ces entreprises représentaient 10 % du PIB et près de 13 % des emplois privés en France.

Notes

Notes

environnementale) de l'action d'une entreprise, ainsi que les préoccupations de ses principales parties prenantes (clients, fournisseurs, etc.). Elle illustre l'impact des actions d'une entreprise au sein de la société dans laquelle elle s'intègre.

■ Une entreprise peut concrétiser ces nouvelles responsabilités :

– en cherchant à limiter l'impact de ses activités sur l'environnement : développement du recyclage, mise en place de processus de production économes en énergie, responsabilisation des fournisseurs sur les aspects éthiques et environnementaux, etc. ;

– en valorisant l'action de ses salariés : valorisation des activités associatives, engagements à soutenir les initiatives individuelles ou collectives, etc. ;

– en s'impliquant pour soutenir des actions au service de la collectivité : mécénats, bourses de recherche, partenariats avec des associations caritatives, etc.

3 Les facteurs qui agissent sur la finalité de l'entreprise

■ La finalité d'une entreprise ne se limite pas à son simple objet social. Elle se construit à partir d'un ensemble de facteurs qui peuvent évoluer dans le temps :

– l'histoire de l'entreprise, ses traditions, ses statuts et sa culture ;

– la personnalité du dirigeant, ses valeurs et aspirations personnelles ;

– les attentes des parties prenantes (salariés, actionnaires, associés, etc.) de l'entreprise ;

– l'environnement commercial (fidélisation de la clientèle) ;

– l'environnement concurrentiel (part de marché et intensité de la concurrence) ;

– les évolutions technologiques, etc.

Remarque

Peter Drucker propose de mettre en avant la satisfaction de la clientèle comme finalité pour une entreprise. Cela passe notamment par la valorisation de l'innovation et du marketing.

■ Ces différents facteurs illustrent le fait qu'une entreprise se caractérise de plus en plus en fonction des conséquences de son activité sur son environnement social (emploi, effet sur l'environnement, etc.).

À retenir !

- La finalité d'une entreprise est déterminée par un ensemble de facteurs mis en cohérence dans une approche globale.
- L'impact croissant de l'action des entreprises sur la société amène à élargir la notion de finalité pour évaluer leur responsabilité sociale.

Les parties prenantes

Dans une entreprise, le pouvoir de décision ne saurait se limiter à la volonté d'un seul individu. La prise de décision s'opère avec les motivations des différentes parties prenantes impliquées dans l'entreprise.

1 Les principales parties prenantes

■ Les parties prenantes ne se limitent pas aux acteurs internes à l'entreprise mais doivent s'analyser aussi en prenant en compte les acteurs externes qui influent sur les prises de décision de l'entreprise.

Typologie des parties prenantes	Composantes
Internes	Propriétaires, dirigeants et managers, salariés.
Externes	Ensemble des groupes liés à l'entreprise (actionnaires, clients, fournisseurs, distributeurs, concurrents, médias, etc.).
Primaires	Liées contractuellement à l'entreprise et qui contribuent à son activité quotidienne : actionnaires, clients, salariés et fournisseurs.
Secondaires	Ne contribuent pas directement au fonctionnement de l'entreprise : consommateurs, groupes de pression, concurrents, médias, etc.

Notes

■ Les principales parties prenantes sont :

– les salariés, qui apportent leur force de travail, et recherchent une meilleure rémunération et une amélioration de leurs conditions de travail ;

– les actionnaires, qui fournissent des capitaux, et souhaitent obtenir des dividendes élevés ;

– les banques, qui fournissent également des capitaux, et souhaitent le remboursement des prêts contractés et le versement d'intérêts ;

– les fournisseurs, qui alimentent l'entreprise (matières premières, consommations intermédiaires, etc.), et veulent une juste rémunération de leurs produits et services ;

– les clients, qui contribuent au chiffre d'affaires, et souhaitent une baisse du prix des produits ou une amélioration des services rendus.

Notes

2 Les modèles de gouvernance

■ Le type de prise en compte des parties prenantes influence directement le modèle de **gouvernance** que va adopter une entreprise.

■ À partir d'une approche purement financière, ce modèle de gouvernance évolue sensiblement pour mieux appréhender le rôle social de l'entreprise et son impact global sur la société dans laquelle elle évolue.

Gouvernance d'entreprise

Ensemble de règles qu'une entreprise décide d'adopter pour équilibrer les pouvoirs au sein de sa direction, de son management et, plus généralement, entre toutes les parties prenantes.

Modèle actionnarial (*shareholder*)	Modèle partenarial (*stakeholder*)
• Privilégie la relation dirigeant/actionnaire. • Objectif de maximisation au profit des actionnaires. • Dirigeant soumis au contrôle des actionnaires.	• Cherche à prendre en compte et à défendre l'intérêt de l'ensemble des parties prenantes. • Management qui prend en compte la notion de responsabilité sociétale.

3 Les approches théoriques

■ Richard Cyert et James G. March analysent l'entreprise comme une organisation constituée de groupes d'individus aux aspirations contradictoires : approche conflictuelle fondée sur les intérêts divergents des parties prenantes.

– Le manager cherche à répondre à des objectifs parfois divergents selon un processus de décision privilégiant le meilleur compromis possible entre les parties prenantes, parfois au détriment du choix de la solution la plus optimale pour l'entreprise.

■ Michel Crozier insiste sur la nécessité pour le manager de mettre en place des mécanismes prenant en compte les intérêts individuels divergents au sein d'une entreprise, pour élaborer une dynamique collective positive et favoriser le bon fonctionnement de l'entreprise.

Ex. : On oppose souvent les attentes des actionnaires (recherche d'un dividende/profit maximum) aux aspirations des salariés (attentes d'augmentations salariales).

À retenir !

■ La prise en compte de la motivation des différentes parties prenantes impliquées dans l'entreprise est un facteur essentiel pour comprendre le modèle de gouvernance qui sera adopté. Le manager doit être en mesure d'identifier les intérêts divergents de ces parties prenantes et de mettre en place les mécanismes qui permettent d'aboutir à une dynamique collective positive.

Logiques entrepreneuriale et managériale

Fiche 10

CEJM

Notes

L'entrepreneur est l'acteur central de l'action collective engagée par l'entreprise. Sa démarche peut relever d'une logique managériale ou entrepreneuriale qu'il faut définir pour comprendre les motivations qui le guident.

1 Définitions

A. Le processus entrepreneurial

- Le processus entrepreneurial ne se limite pas à identifier une opportunité.
- Sa mise en œuvre et le respect d'un certain nombre d'étapes sont indispensables pour assurer la réalisation du projet et garantir au mieux sa pérennité.

Les étapes du processus entrepreneurial

- étape 1 : Idée ou opportunité
- étape 2 : Formalisation du projet
- étape 3 : Étude de faisabilité
- étape 4 : Définition des moyens
- étape 5 : *Business plan*
- étape 6 : Choix de la structure
- étape 7 : Lancement de l'activité
- étape 8 : Choix stratégiques

B. La logique entrepreneuriale

- La logique entrepreneuriale est une logique d'entreprise qui articule quatre composantes entre elles :
  - l'opportunité d'affaires ;
  - l'innovation ;
  - la création d'une organisation ;
  - la création de valeur.
- L'entrepreneur est donc tout à la fois un innovateur, un manager et un leader.

Remarque

Pour **Joseph Schumpeter**, l'entrepreneur est un agent économique dont la fonction est d'exécuter de nouvelles combinaisons productives ; c'est avant tout un innovateur qui a le goût de la prise de risque.

Notes

C. La logique managériale

■ La logique managériale est une logique d'entreprise caractérisée par la recherche de performance à travers l'optimisation des ressources exploitées pour atteindre les objectifs fixés.

■ On la retrouve essentiellement dans les entreprises où le manager n'est pas le propriétaire de l'entreprise. En tant que salarié, le manager se voit fixer des objectifs par les propriétaires de l'entreprise (les actionnaires).

2 Comparaison des deux logiques

	Entrepreneur	Manager
Gestion des risques	L'entrepreneur investit ses capitaux personnels et assume les risques de l'exploitation.	Le manager n'engage pas ses propres ressources. Il assume une responsabilité vis-à-vis du budget qui lui est accordé et des objectifs qu'il doit atteindre.
Recrutement	L'entrepreneur recrute ses collaborateurs.	Le manager partage le pouvoir décisionnaire ou confie le recrutement à un collaborateur.
Définition et mise en œuvre de la stratégie	L'entrepreneur définit la stratégie et les moyens nécessaires à sa réalisation.	Le manager participe à la définition de la stratégie mais doit surtout s'assurer de sa mise en œuvre et de l'utilisation des ressources qui y sont affectées.
Innovation	L'entrepreneur est un créateur, un innovateur en termes de produit, de procédé, de forme d'organisation du travail, etc.	Le manager cherche à créer de la valeur et donc à intégrer l'innovation pour améliorer l'efficacité de l'entreprise et assurer sa pérennité face à la concurrence.

■ L'entrepreneur se distingue donc plutôt par son côté créatif, audacieux et son goût pour les initiatives tandis que le manager mettra sa rationalité, sa capacité de gestion et de contrôle au service de l'entreprise.

À retenir !

■ Les logiques entrepreneuriale et managériale étant de plus en plus mêlées dans les entreprises, la notion d'**entrepreneur-manager** (intrapreneur) cherche à faire la synthèse des deux approches et permet aux entreprises de favoriser la prise de risque et l'innovation des collaborateurs en recherchant à la fois la performance et le développement de l'entreprise.

Les indicateurs de performance

Fiche 11

CEJM

Une entreprise est reconnue **performante** lorsqu'elle réalise les résultats et objectifs fixés compte tenu des moyens mis en œuvre pour y parvenir.

1 La mesure de la performance d'une entreprise

- La notion de performance implique une dimension interne à l'entreprise (rentabilité, productivité, etc.) ainsi qu'une dimension externe (implication sociétale de l'entreprise, prise en compte des attentes des clients, des fournisseurs, des actionnaires, etc.).
- La performance, souvent associée à des critères quantitatifs (résultats financiers), se mesure de plus en plus à partir de critères qualitatifs (climat social, degré de satisfaction de la clientèle, etc.).

Notes

Les différents critères d'évaluation de la performance

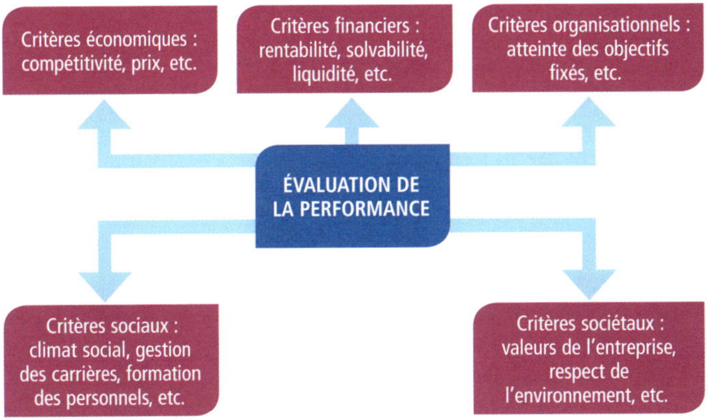

- La mesure de la performance d'une entreprise doit :

– concilier des éléments quantitatifs et qualitatifs : l'atteinte d'un objectif de production doit se faire dans le respect de normes de qualité ;

– allier des objectifs à court et à long termes ;

– rechercher une performance collective basée sur le développement individuel de chaque membre de l'entreprise ;

– favoriser la stabilité de l'entreprise tout en la rendant apte au changement ;

– cibler une performance globale qui s'appuie sur une **efficacité** à chaque étape du processus productif ;

– assurer une unité de pilotage de l'entreprise tout en responsabilisant les acteurs (délégation du pouvoir de décision).

Efficacité et efficience

- **Efficacité** : capacité à obtenir le résultat souhaité ou attendu, à atteindre l'objectif qui a été fixé.
- **Efficience** : capacité à parvenir à un maximum de résultat avec un minimum de ressources.

Une action peut être efficace, mais pas efficiente si elle utilise des moyens disproportionnés.

2 Le tableau de bord : un outil au service du manager

■ Le tableau de bord prospectif permet d'orienter les décisions du manager. Avec cet outil d'évaluation, on passe du management stratégique au management opérationnel en rendant plus lisible la stratégie de l'entreprise. Le tableau de bord permet également d'équilibrer la répartition des critères de performance entre les acteurs.

■ Parmi les principaux critères utilisés pour concevoir un tableau de bord, on peut citer le chiffre d'affaires, le taux de marge, les délais de paiement client et fournisseur, le nombre de nouveaux clients, le taux d'absentéisme, le *turnover* des salariés, les flux de trésorerie ou la rotation des stocks.

■ Pour être pertinent, un indicateur doit être adapté, simple, précis, applicable et constant.

Un exemple de tableau de bord : le modèle de Norton et Kaplan

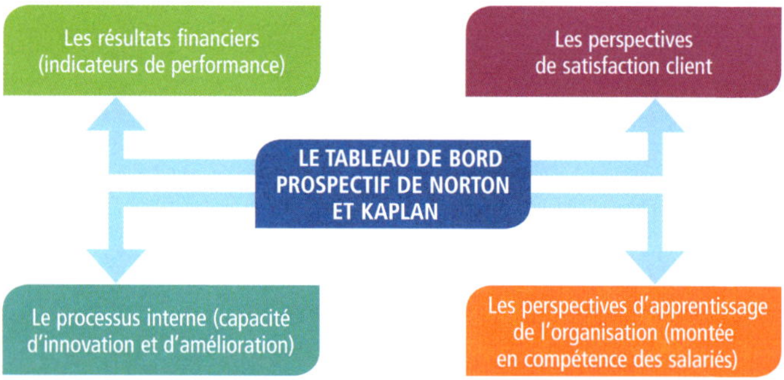

À retenir !

■ La notion de performance est une notion essentielle pour évaluer la pérennité d'une entreprise. Sa mesure, à la fois quantitative et qualitative, implique la mise en place d'un tableau de bord partagé entre le manager et les salariés.

Le rôle de l'État

Fiche 12

CEJM

Le poids de l'État est très différent d'un pays à l'autre. Néanmoins, quelle que soit sa place dans une économie de marché, l'État assume **trois grandes fonctions** selon **Richard Musgrave** : **allocation, redistribution** et **régulation**.

1 La fonction d'allocation

■ L'État met en place le cadre juridique et institutionnel indispensable au bon fonctionnement du marché : droit de la propriété, des contrats, de la concurrence, etc.

> **Richard Musgrave**
>
> **Richard Abel Musgrave** (1910-2007) était un économiste américain d'origine allemande, connu pour avoir appliqué l'approche microéconomique afin de comprendre le fonctionnement de l'État.

Ex. : L'absence de droit des contrats pénaliserait sans doute l'activité économique : les travailleurs pourraient craindre de ne pas être rémunérés par l'employeur.

■ Lorsque le marché est défaillant, l'État cherche à y remédier :

– en mettant en place les corrections nécessaires ;

Ex. : La fiscalité peut être un levier d'action pour freiner la pollution ; l'instauration des brevets est une incitation à la recherche et développement et à l'innovation.

– en se substituant au marché et en étant lui-même producteur de services non marchands.

Ex. : éducation nationale, défense nationale, etc.

2 La fonction de redistribution

■ L'État intervient pour corriger une répartition trop inégalitaire des richesses et des revenus.

■ Les inégalités de revenus concernent prioritairement les citoyens qui ne perçoivent aucun revenu de l'activité de production (retraités, demandeurs d'emplois, inactifs, etc.).

■ Son action passe par le versement de prestations ou la prise en charge de dépenses (soins médicaux) financées par des prélèvements obligatoires (impôts, taxes, cotisations) :

– la redistribution peut être verticale : les prélèvements s'opèrent sur les plus aisés en faveur des plus démunis ;

– la redistribution est horizontale lorsqu'elle couvre les risques sociaux (maladie, maternité, etc.) indépendamment des revenus.

Notes

Notes

3 La fonction de régulation (ou stabilisation)

■ La politique de régulation consiste à agir à court terme sur les fluctuations économiques. Selon **Nicholas Kaldor**, la situation économique d'un pays peut être envisagée à partir de quatre critères : la croissance de l'activité économique, l'évolution du niveau général des prix, l'équilibre extérieur de la balance commerciale et la situation du marché du travail. La recherche d'équilibre passe par une attention à chacun des critères pour former un « carré magique ».

Nicholas Kaldor

Nicholas Kaldor (1908-1986) était un économiste britannique, connu pour avoir travaillé sur les cycles économiques. Il justifie ainsi l'intervention de l'État dans l'économie pour en réguler l'activité.

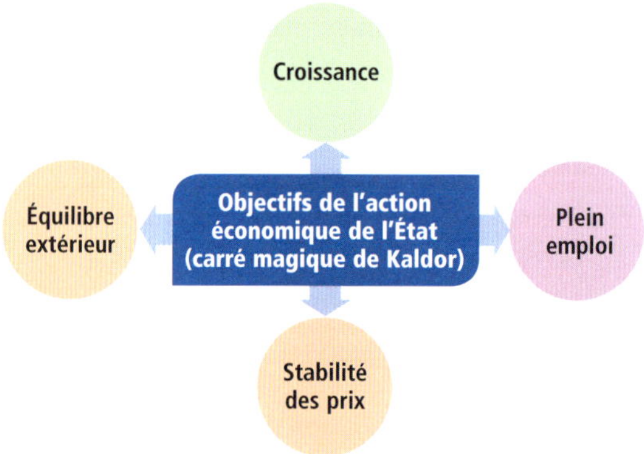

■ Il n'est en pratique pas possible de poursuivre simultanément ces quatre objectifs qui peuvent s'opposer (d'où le qualificatif de « magique »). Ainsi, privilégier la croissance repose sur une demande dynamique qui favorise un dérapage inflationniste, à l'encontre de l'objectif de stabilité des prix.

■ En matière de politique économique, l'État s'appuie sur deux leviers principaux :

– la politique budgétaire : l'État cherche à influer sur l'activité économique *via* ses dépenses et ses mesures fiscales ;

– la politique monétaire : l'État (la BCE pour les pays membres de l'UEM) cherche à influer sur l'activité économique *via* ses émissions de monnaie et son action sur les taux d'intérêt.

À retenir !

- L'État est un agent particulier qui exerce les fonctions d'allocation, de redistribution et de régulation.
- Son action répond à un besoin de justice sociale, de production de services non marchands et de stabilisation de l'activité économique.

La croissance économique

Pour évaluer l'activité économique d'un pays, il est nécessaire de définir des indicateurs permettant de mesurer la croissance économique. Au-delà d'une évaluation purement quantitative (PIB ou **PNB**), des approches plus contemporaines s'interrogent sur les aspects qualitatifs du développement économique.

1 Mesure et portée de la croissance économique

- La croissance économique est mesurée par le taux de variation du PIB (produit intérieur brut) d'un pays. Ce dernier peut s'envisager selon trois perspectives :

Optique production	Le PIB correspond aux richesses produites sur le territoire national. Il est égal à la somme des valeurs ajoutées (VA) produites par les agents. VA = Production – Consommations Intermédiaires
Optique demande	• Le PIB correspond à l'ensemble des éléments constitutifs de la demande globale. PIB = Consommation + Investissement + (Exportations – Importations) • Le PIB reflète les débouchés des entreprises : la demande interne (consommation et investissement) et la demande externe (exportations). Une partie de ces débouchés est toutefois captée par des entreprises étrangères (importations).
Optique revenu	Le PIB correspond à l'ensemble des revenus versés aux agents économiques résidents. Ainsi, le PIB par habitant (PIB/population) est un indicateur de revenu moyen.

- La croissance est un objectif majeur de la politique économique car elle conditionne l'augmentation du niveau de vie des individus.
- Pour qu'il y ait une croissance économique, il faut que le PIB/habitant augmente (PIB qui progresse plus rapidement que la population).

Produit national brut (PNB)

À la différence du PIB, le produit national brut (PNB) est un indicateur économique qui mesure la richesse produite au cours d'une année par l'ensemble des agents nationaux (qu'ils résident sur le territoire national ou à l'étranger).

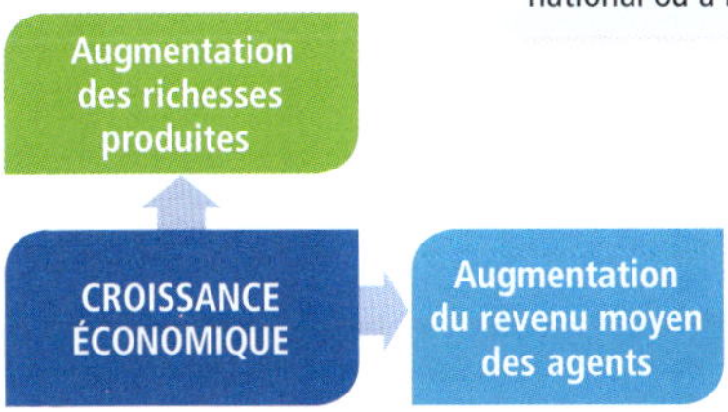

Notes

Notes

2 Les limites de la croissance

■ La croissance n'est pas toujours synonyme de progrès :

– le progrès et le bien-être ne peuvent se résumer à des aspects exclusivement monétaires ;

– le PIB ne mesure pas parfaitement les richesses produites (non prise en compte des activités bénévoles, sous-estimation des productions non marchandes, etc.) ;

– la croissance peut s'accompagner d'effets indésirables tels que la pollution (externalité négative) ;

– la croissance peut aller de pair avec un creusement des inégalités.

■ Les pouvoirs publics s'attachent donc aujourd'hui à des objectifs plus larges que la simple croissance. La volonté de promouvoir un développement durable en est un exemple. Ce dernier correspond à un « développement qui répond aux besoins du présent sans compromettre la capacité des générations futures de répondre aux leurs » (rapport Brundtland, 1987). En d'autres termes, le développement durable vise à concilier la croissance et une répartition équitable des richesses ainsi que la préservation de l'environnement.

■ D'autres indicateurs que le PIB ont ainsi été élaborés afin de « mieux » mesurer la notion de progrès :

– l'IDH (indicateur de développement humain) est un outil de mesure qui ne néglige pas totalement le PIB (prise en compte du revenu national brut par habitant) mais qui intègre également l'espérance de vie et l'accès aux études ;

Extrait du classement des États du monde selon l'IDH (en 2018)

Rang	État	IDH	PIB/habitant en $ US (rang)
1	Norvège	0,953	79 733 (4)
2	Suisse	0,944	82 412 (3)
3	Australie	0,939	55 421 (11)
...			
13	États-Unis	0,924	64 767 (9)
24	France	0,901	42 473 (21)

– l'empreinte écologique est un indicateur qui évalue la pression exercée par les êtres humains sur les ressources naturelles.

À retenir !

■ L'évolution de l'activité économique est un indicateur important permettant d'évaluer la richesse et donc le bien-être d'un pays et de ses habitants. Sa mesure passe par l'élaboration d'indicateurs quantitatifs (PIB) mais aussi qualitatifs (IDH).

L'existence de déséquilibres

Notes

Les fluctuations de l'activité économique génèrent des déséquilibres sur les marchés. Ces déséquilibres peuvent se traduire par des variations des prix (**inflation** ou **déflation**) et par le développement du **chômage** sur le marché du travail.

1 L'inflation et la déflation

A. Les effets de l'inflation et de la déflation

■ Une inflation trop forte est nuisible pour l'économie :

– elle réduit le pouvoir d'achat des individus (hausse du coût de la vie) ;

– elle crée de l'incertitude sur les recettes et les coûts futurs des entreprises (les coûts d'achat vont-ils progresser plus vite que les prix de vente ?), ce qui peut paralyser l'activité économique.

Inflation et déflation

- **Inflation :** élévation généralisée et soutenue des prix.
- **Déflation :** baisse généralisée des prix (ou inflation négative).

■ La déflation peut toutefois s'avérer pire qu'une inflation forte car elle est un symptôme de crise particulièrement grave : la baisse généralisée des prix conduit les entreprises à réduire leurs coûts (notamment salariaux) fragilisant ainsi la demande et les débouchés, ce qui a pour effet d'entretenir la crise (spirale déflationniste).

■ C'est pourquoi les pouvoirs publics visent une relative stabilité des prix (objectif d'une inflation positive de moins de 2 % au sein de l'UEM).

Ex. : En 2018, l'inflation a atteint un niveau record en France depuis 6 ans, même si elle a ralenti à 1,6 % sur un an en décembre du fait de la baisse des cours du pétrole.

B. Les multiples causes de l'inflation

Inflation par la demande	Une forte demande incite les entreprises à augmenter leurs prix. Une croissance forte peut ainsi s'accompagner d'une dérive inflationniste.
Inflation monétaire	L'inflation est causée par un excès de création monétaire (crédit bancaire notamment).
Inflation par les coûts	La hausse des coûts conduit les entreprises à augmenter leurs prix pour maintenir leurs marges.

Notes

2 Le chômage

A. Définition

■ Selon le BIT (Bureau international du travail) est chômeur toute personne en âge de travailler, sans emploi, disponible dans les 15 jours et à la recherche active d'un emploi.

■ En France, la mesure du chômage comprend différentes catégories de chômeurs. Le taux de chômage peut donc différer de celui du BIT. La mesure la plus courante s'appuie sur le nombre de demandeurs d'emplois en fin de mois (Pôle emploi).

B. Les effets du chômage

■ Outre la perte de revenu dont souffrent les chômeurs, le chômage fragilise le potentiel de croissance d'une économie (facteur travail disponible mais non utilisé) et les débouchés pour les entreprises.

C. Les multiples causes du chômage

■ Parmi les causes principales du chômage, on peut notamment citer :

– la faiblesse de la croissance et de l'activité des entreprises ;

– le manque de flexibilité du marché du travail (freine l'embauche des entreprises quand la conjoncture est favorable de peur d'avoir à licencier ultérieurement) ;

– le problème de formation (inadéquation avec les besoins des entreprises) ;

– le coût du facteur travail comparé au coût du facteur capital.

D. Chômage conjoncturel et chômage structurel

■ Le chômage conjoncturel est directement lié aux variations de l'activité économique : en phase de croissance économique, les offres d'emploi augmentent, ce qui fait baisser le taux de chômage.

■ Le chômage structurel ne dépend pas du niveau de l'activité économique mais du déséquilibre entre les compétences recherchées par les entreprises et celles des demandeurs d'emploi.

À retenir !

■ Les pouvoirs publics cherchent à agir pour prévenir ou corriger les déséquilibres qui nuisent à l'activité économique, en luttant contre l'inflation (ou la déflation) et le chômage. Cela suppose d'en comprendre les causes (parfois multiples) afin d'y apporter les réponses adéquates.

Les politiques économiques : finalités et leviers d'action

Fiche 15

Notes

L'intervention de l'État dans la sphère économique se fait par le biais de **politiques économiques** qui dépendent d'objectifs (**finalités**) qui varient dans le temps et qui s'appuient sur différents **leviers d'action**.

1 Les objectifs des politiques économiques

■ L'économiste Nicholas Kaldor a identifié quatre objectifs principaux pour les politiques économiques : la croissance économique, le plein emploi, la stabilité des prix et l'équilibre extérieur.

■ On parle à ce sujet d'un « carré magique » pour signifier qu'il n'est pas possible de poursuivre simultanément ces quatre objectifs. Ainsi, par exemple :

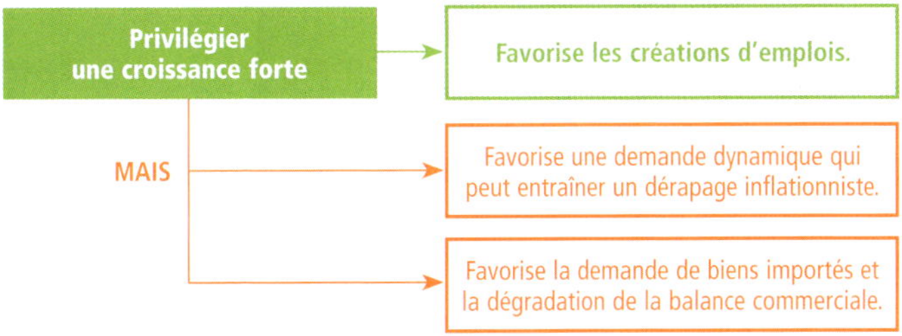

■ Les pouvoirs publics doivent donc constamment effectuer des arbitrages et privilégier certains objectifs au détriment d'autres selon le contexte et les déséquilibres observés.

2 Les principaux leviers de la politique économique

A. La politique budgétaire

■ La politique budgétaire (et fiscale) consiste à agir sur les dépenses et recettes publiques.

■ Une politique budgétaire expansionniste (ou de relance) consiste à augmenter les dépenses publiques et/ou alléger la fiscalité :

– pour augmenter les revenus des agents (embauche de fonctionnaires, baisses d'impôts) ;

– pour accroître les débouchés des entreprises (consommation, investissement) ;

– pour accélérer la croissance économique.

Notes

■ À l'inverse, une politique budgétaire visant à rétablir l'équilibre budgétaire en réduisant les dépenses et/ou en alourdissant la fiscalité sera qualifiée de politique de rigueur ou d'austérité.

B. La politique monétaire

■ La politique monétaire consiste principalement à agir sur les taux d'intérêt et la quantité de monnaie dans l'économie (*via* le crédit bancaire).

■ Une politique monétaire restrictive (ou de rigueur ou d'austérité) consiste principalement à augmenter les taux d'intérêt :
- elle renchérit le coût du crédit bancaire ;
- elle freine la création monétaire et la demande ;
- elle réduit le risque inflationniste.

■ À l'inverse, une politique monétaire visant à faire baisser les taux d'intérêt sera qualifiée de politique monétaire expansionniste (ou de relance).

C. Les autres leviers

■ La politique économique s'appuie aussi sur ce qui relève de la fonction d'allocation de l'État, notamment son pouvoir règlementaire : définir le niveau du SMIC, des cotisations, faire évoluer le droit du travail, élever le niveau de formation des individus, etc.

■ La politique économique de l'État peut également être plus ciblée avec, par exemple, la mise en place :
- d'une politique industrielle : soutien public ciblé à certaines branches professionnelles ;
- d'une politique de change : **dévaluation** de la monnaie nationale pour favoriser la compétitivité des entreprises nationales ;
- d'une politique commerciale : instauration de taxes sur les importations pour protéger l'industrie nationale ;
- etc.

Dévaluation compétitive
Opération consistant pour un pays à abaisser le taux de change de sa monnaie afin d'accroître ses exportations et de diminuer ses importations.

Ex. : En 2018 et 2019, les États-Unis ont instauré des taxes sur les importations de produits chinois pour protéger leur industrie.

À retenir !

■ Les politiques budgétaires et monétaires constituent les principaux leviers d'action à la disposition d'un État pour agir dans la sphère économique. Des politiques spécifiques permettent de mener une action plus sectorielle ou répondant à un objectif ciblé.

Les politiques conjoncturelles et structurelles

Fiche 16

CEJM

L'État intervient dans la sphère économique soit pour agir sur le niveau global de l'activité économique à court terme, soit pour améliorer à long terme l'environnement économique des entreprises. On distingue alors les politiques conjoncturelles des politiques structurelles.

1 Les politiques conjoncturelles

■ Les politiques conjoncturelles visent à agir sur la demande globale afin de stabiliser la conjoncture économique.

Types de politiques	Politique économique mobilisée	Moyens employés	Objectifs privilégiés
Politiques expansionnistes (ou de relance)	Politique budgétaire	Creusement du déficit budgétaire (↗ dépenses, ↘ impôts) pour stimuler la demande	Croissance et emploi
	Politique monétaire	↘ taux d'intérêt pour stimuler le crédit et la demande	
Politiques de rigueur (ou d'austérité)	Politique budgétaire	Résorption du déficit budgétaire pour freiner la demande	Stabilité des prix et équilibre extérieur
	Politique monétaire	↗ taux d'intérêt pour freiner le crédit et la demande	

■ Les politiques conjoncturelles sont dites « contracycliques » car elles cherchent à corriger les variations de l'activité économique afin de maintenir un rythme de croissance stable à moyen terme. L'État s'appuie principalement sur la politique budgétaire, la politique monétaire reposant sur la banque centrale européenne.

2 Les politiques structurelles

■ Les politiques structurelles sont plus particulièrement centrées sur l'offre. Les actions de l'État visent principalement à mettre en place un contexte favorable à l'activité des entreprises et à favoriser les mécanismes d'un marché concurrentiel ; les effets ne se font donc généralement ressentir qu'à moyen terme, voire à long terme.

Ex. : • Politiques de formation (élévation du niveau de formation, promotion de la formation continue, etc.).
• Politique de dérèglementation du travail (flexibilité horaire, etc.).

Notes

Notes

3 Limites et difficultés de l'intervention de l'État

■ Les politiques conjoncturelles et structurelles peuvent être difficiles à concilier.

Politique de baisse des impôts →

Sur le plan conjoncturel
Favorise la demande (consommation, investissement) donc la croissance.

MAIS →

Sur le plan structurel
Peut conduire l'État à réaliser des économies nuisibles pour la croissance sur le long terme (réduction des dépenses de formation, des investissements dans les infrastructures de transport et de communication).

Ex. : Le projet de budget 2020 présenté par le gouvernement en septembre 2019 prévoit une baisse des impôts de 5 milliards d'euros affectant la majorité des ménages afin de soutenir la consommation et donc l'activité économique.

■ De plus, dans des économies ouvertes, les politiques conjoncturelles peuvent se traduire par une hausse des importations et un creusement du déficit commercial si les entreprises nationales ne peuvent répondre à la hausse de la consommation des ménages (ce qui limite leur impact sur la croissance).

■ L'État fait face à certaines contraintes et difficultés qui réduisent ses marges de manœuvre :

– une légitimité en matière de régulation économique parfois contestée ;

– des marges de manœuvre réduites sur le plan budgétaire : une fiscalité en France considérée comme lourde et une dette publique élevée (environ 100 % du PIB en 2019) ;

– l'obligation de respecter les engagements pris dans le cadre de l'appartenance à l'Union européenne (limitation du déficit public à 3 % du PIB) ;

– une mondialisation qui crée des interdépendances plus fortes entre les pays : une diminution de la croissance chez nos partenaires économiques a un impact direct sur nos exportations et donc sur la croissance de notre économie.

À retenir !

■ Face à un ralentissement de l'activité économique, l'État peut intervenir par le biais de sa politique conjoncturelle. À plus long terme, il cherche à favoriser l'activité des entreprises en mettant en œuvre une politique structurelle.

Les limites de l'intervention de l'État dans une économie internationalisée

Fiche 17

CEJM

Notes

L'intervention de l'État dans l'économie est de plus en plus remise en cause du fait de l'interdépendance des économies ou de l'existence de déséquilibres dont la résolution dépasse les frontières nationales.

1 L'ouverture commerciale croissante

A. Une ouverture croissante des économies aux échanges internationaux

■ Le degré d'ouverture des économies (poids des échanges extérieurs dans le PIB) a fortement progressé depuis la Seconde Guerre mondiale : progrès en matière de transports et de communications, rôle de l'**OMC** et réduction des barrières à l'échange telles que les droits de douane.

OMC (Organisation mondiale du commerce)
Organisation internationale, créée en 1944, qui définit des règles régissant le commerce international entre les pays, et dont l'objectif principal est d'accroître les échanges internationaux.

■ Les politiques de relance ont une efficacité moindre : la stimulation de la demande profite en partie à des produits importés ; elle ne dynamise donc pas l'activité des entreprises locales.

B. La mesure de l'ouverture des économies

■ L'ouverture d'une économie peut s'évaluer de différentes manières :

– degré d'ouverture d'une économie : ce taux mesure la part du commerce international dans l'activité économique d'une nation :

Degré d'ouverture = [(importations + exportations) / 2] / PIB × 100

– le taux de couverture : ce taux permet d'évaluer la capacité d'une nation à équilibrer ses échanges avec l'extérieur :

Taux de couverture = (valeur des exportations/valeur des importations) × 100

– le compte des transactions courantes : il permet de mesurer les conséquences de l'ouverture d'une économie sur la richesse globale d'une nation en distinguant les principaux flux financiers selon leurs origines (échanges de biens, de services, transfert de revenus, autres transferts). Le compte des transactions courantes regroupe à la fois :

- les échanges de biens (solde commercial = exportations de marchandises – importations de marchandises) ;
- les échanges de services : tourisme, transports, services bancaires, assurance, etc. ;

Notes

• les transferts de revenus : ensemble des revenus des facteurs de production implantés à l'étranger (dividendes, intérêts perçus de placements à l'étranger, salaires, etc.) ;
• les transferts courants : transferts sans contrepartie (contribution au budget européen, dons accordés à d'autres États, etc.).

– Un compte des transactions courantes positif signifie qu'une nation s'enrichit globalement.

2 La mobilité internationale des capitaux

■ La plus grande mobilité des capitaux (mouvements financiers internationaux, délocalisations d'activité) crée des interdépendances fortes entre les pays et accentue les problèmes et contraintes suivants :
– les disparités en matière de coût du travail et de fiscalité qui affectent la compétitivité et l'attractivité des pays ;
– la perte d'autonomie des politiques monétaires et des politiques de change ;
– la nécessaire prise en compte du problème du financement des dettes souveraines (émises par un État ou une banque centrale).

3 Les problèmes à appréhender à l'échelle internationale

■ Les règlementations et politiques menées à l'échelle nationale ne suffisent plus face à certains phénomènes (évasion fiscale, puissance des multinationales qui tendent à devenir apatrides) et à certains problèmes qui ne peuvent être traités qu'à l'échelle internationale, parmi lesquels :
– les crises bancaires ou financières d'ampleur mondiale : la mise en place de règles contraignantes pour les organismes financiers, si elles ne concernent qu'un pays, peut entraîner une fuite des capitaux ;
– certains problèmes environnementaux tels que les gaz à effet de serre et le réchauffement climatique.

4 Les perspectives

■ La mondialisation économique rend donc les économies de plus en plus interdépendantes, ce qui réduit l'autonomie et l'efficacité des politiques économiques nationales.

■ Un pays ne peut mener une politique économique propre sans s'interroger au préalable sur son impact en matière de compétitivité, sans envisager de possibles fuites de capitaux qui fragiliseraient le financement de l'activité économique.

À retenir !

■ Le développement du commerce international se traduit par une plus grande interdépendance entre les pays. Ce phénomène de mondialisation limite d'autant l'efficacité des politiques économiques nationales.

Le rôle du droit dans la régulation économique

Fiche 18

CEJM

Notes

Le **droit** fixe les règles du jeu de la concurrence pour les entreprises. Certaines règles sont dites d'ordre public, c'est-à-dire **impératives**, et d'autres sont dites **supplétives**, c'est-à-dire susceptibles de règles contractuelles alternatives.

1 Les caractères de la règle de droit

■ La règle de droit peut imposer, interdire ou permettre.

Ex. : Le droit oblige une entreprise à déclarer ses bénéfices au Trésor public, interdit le vol et permet d'opter pour différents statuts juridiques pour fonctionner (SA, SAS, SARL, etc.).

Droit

Ensemble des règles qui régissent les rapports des hommes entre eux. Il suppose des prérogatives individuelles (les droits subjectifs) que les institutions protègent (le droit objectif).

■ Le législateur et les institutions de l'État au sens large jouent donc un rôle fondamental pour régir les rapports sociaux. Les juges complètent par leur jurisprudence les insuffisances de la loi.

■ Deux institutions jouent un rôle spécifique dans la régulation juridique de l'économie :

– l'autorité de la concurrence pour la France ;

– la Commission européenne pour l'Union européenne.

2 Les règles impératives : l'ordre public

A. L'ordre public et le respect des libertés individuelles

■ L'autonomie de la volonté, la liberté contractuelle et la liberté du commerce et de l'industrie ne sont garanties qu'à condition qu'elles respectent un intérêt général impérieux appelé « ordre public ». La cohésion de l'ensemble prime sur les prérogatives individuelles.

Ex. : ***Article 1102 du Code civil***

Chacun est libre de contracter […] **dans les limites fixées par la loi. La liberté contractuelle ne permet pas de déroger aux règles qui intéressent l'ordre public.**

■ La notion d'ordre public fait référence à des règles impératives auxquelles on ne peut pas déroger, par opposition aux règles supplétives où l'individu peut proposer des aménagements selon son bon vouloir.

Notes

B. L'ordre public de direction et l'ordre public de protection

■ Généralement le législateur régule l'activité économique :

– selon l'ordre public de direction : il regroupe l'ensemble des règles qui ont pour vocation de fixer les limites entre ce qui est interdit et ce qui est autorisé ; cet ordre public vise à protéger l'intérêt général et à manifester des choix de société où la liberté est limitée ;

Ex. : L'interdiction de la mise sur le marché des organes humains pour de l'argent.

– selon l'ordre public de protection : il regroupe l'ensemble des règles impératives qui ont pour vocation de protéger les parties faibles (les mineurs, les salariés, les consommateurs).

Ex. : Le montant du SMIC protège les salariés face à leur employeur.

3 Les finalités des règles de droit

■ Le droit assure principalement cinq grandes finalités :

Fonction	Principe	*Exemple*
Assurer l'ordre social	Les règles de droit évitent l'anarchie et contribuent au vivre ensemble.	Les commerçants ne peuvent pas exercer de pratiques commerciales déloyales.
Orienter les choix de développement d'une société	À travers les lois qu'elle vote, une société poursuit un modèle de vie collective qui lui est propre.	Les grands hypermarchés sont interdits dans les centres-villes.
Garantir des règles stables dans le temps	Lorsque les règles sont clairement établies et respectées, elles permettent aux personnes de prendre des engagements les unes envers les autres.	Les clauses d'un contrat fixent les relations entre les cocontractants pour le temps d'exécution du contrat.
Assurer la sécurité des personnes	Pour vivre ensemble, les personnes doivent respecter les libertés de chacun et ne pas nuire à autrui.	Un vendeur s'engage à ne pas mettre sur le marché un produit défectueux.
Assurer la sécurité des biens	Les individus sont responsables des biens dont ils sont propriétaires.	Un bien mis en circulation ne doit pas entraîner de dommage à son utilisateur.

À retenir !

■ Les règles de droit, impératives ou supplétives, permettent ou obligent des comportements. Elles contribuent, notamment, à réguler les relations économiques entre les agents sur les marchés.

Le droit de la concurrence

Fiche 19

CEJM

Notes

La liberté du commerce et de l'industrie a été proclamée en 1791. **Le droit de la concurrence** a pour objectif majeur de protéger le marché, d'une part en favorisant la concurrence, d'autre part en la protégeant. Ainsi, certains comportements sont considérés comme étant anticoncurrentiels, donc interdits, et d'autres sont règlementés. L'ensemble est encadré par des Autorités Administratives Indépendantes (AAI).

1 L'interdiction des pratiques anticoncurrentielles

A. Les pratiques anticoncurrentielles sanctionnées pénalement

Pratique anticoncurrentielle	Article	Principe
L'entente	• *Article L. 420-1 du Code du commerce* • *Article 101 du Traité sur le fonctionnement de l'UE*	Toute forme d'accord entre entreprises qui cherche notamment à limiter l'accès au marché, à faire obstacle à la libre fixation des prix est interdit.
L'abus de position dominante	• *Article L. 420-2 du Code de commerce* • *Article 102 du Traité sur le fonctionnement de l'UE*	Une entreprise a le droit d'exploiter une position dominante mais pas d'en abuser.

■ À titre exceptionnel, les ententes et les abus de position dominante sont autorisés lorsqu'un texte règlementaire ou législatif le prévoit explicitement, ou lorsque l'entente peut assurer un progrès économique, la création d'emploi ou le partage équitable du profit qui en résulte, notamment pour le consommateur.

■ Les pratiques anticoncurrentielles sont sanctionnées par l'autorité de la concurrence en droit français et par la Commission européenne sur le marché européen. Les sanctions sont pénales : des amendes financières et/ou la cessation du comportement illicite.

B. Les pratiques déloyales sanctionnées civilement

■ **Les conditions de l'action en concurrence déloyale**

– Une victime de concurrence déloyale peut agir en justice par une action en concurrence déloyale dans un délai de 5 ans à partir du jour où la victime a connaissance du dommage ou lors de la cessation des agissements déloyaux.

Concurrence déloyale

Ensemble des procédés concurrentiels contraires à la loi ou aux usages, constitutifs d'une faute intentionnelle ou non, et de nature à causer un préjudice aux concurrents.

Notes

– Pour être efficace, le demandeur doit apporter la preuve de trois conditions :

La faute du professionnel ← **Le lien de causalité entre les deux** → **Le préjudice de la victime**

Direct et certain

4 formes possibles :
– le dénigrement ;
– l'imitation ou la recherche de confusion ;
– la désorganisation de l'entreprise ;
– la désorganisation du marché.

5 types de dommage :
– la dépréciation d'un élément attractif de la clientèle (comme une marque) ;
– la diminution d'un avantage concurrentiel ;
– le détournement de clientèle ;
– la gêne dans les initiatives commerciales ;
– l'atteinte à l'image de marque.

■ **Les sanctions de la concurrence déloyale**

– Le versement de dommages et intérêts pour indemniser la victime du préjudice subi peut être à titre financier, matériel ou moral (atteinte à l'image de l'entreprise, à sa réputation).
– À titre complémentaire, le juge peut également ordonner la cessation du comportement déloyal ou la publication du jugement.

2 Les pratiques concurrentielles réglementées : le contrôle des concentrations

■ Les entreprises ont naturellement vocation à acquérir des parts de marché pour tendre vers une situation de monopole. Le but de la régulation est de contrôler les opérations de concentration afin que la concurrence soit maintenue.

■ **La définition des opérations de concentration**

– *Les articles L. 430-1 et suivants du Code de commerce* précisent les opérations visées. La concentration suppose :
• soit une opération de fusion entre entreprises ;
• soit une prise de contrôle d'une ou plusieurs entreprises par prise de participation.

■ **La procédure de contrôle**

– L'autorité de la concurrence, qui est une autorité administrative indépendante, intervient lorsque l'opération de concentration dépasse certains seuils financiers définis par une ordonnance du 29 mars 2011.
– La Commission européenne procède au même type de contrôle selon les seuils fixés par le règlement communautaire du 20 janvier 2004.

À retenir !

■ Les autorités administratives indépendantes telles que l'autorité de la concurrence pour la France ont la charge de réguler l'économie en encourageant la concurrence et en contrôlant les concentrations.

Le droit de la propriété industrielle : le brevet et la marque

Fiche 20

CEJM

Notes

Dans un monde concurrentiel, l'État accorde un monopole d'exploitation temporaire et une protection contre les reproductions sans autorisation aux entreprises qui se démarquent par une innovation, formalisée par un **brevet**, ou par un signe distinctif, concrétisé par une **marque**.

1 Les brevets d'invention

(articles L. 611-1 et suivants du Code de la propriété intellectuelle)

Brevet

Titre juridique délivré par un organisme public (Institut national de la propriété industrielle en France, INPI) qui confère à son titulaire un **monopole temporaire d'exploitation de l'invention** (20 ans). En contrepartie, le titulaire du brevet doit divulguer le contenu de son invention et payer une redevance annuelle à l'INPI.

■ Pour être brevetable, une invention doit remplir quatre conditions :

– avoir un caractère industriel : être utilisable dans l'industrie ou l'agriculture ;

– être nouvelle : produits ou procédés nouveaux, combinaisons nouvelles de procédés déjà connus ; ne pas avoir déjà fait l'objet d'une demande de brevet ; ne pas avoir été divulguée ;

– impliquer une activité inventive : il en est ainsi lorsque, pour un homme du métier, l'invention ne découle pas d'une manière évidente de l'état de la technique ;

– être licite : ne pas être contraire à l'ordre public et aux bonnes mœurs.

■ Par principe, le propriétaire du brevet est le déposant. Toutefois, une entreprise est propriétaire du brevet dès lors que l'invention a été mise au jour par un salarié travaillant pour le compte de l'entreprise.

2 Les marques

(articles L. 711-1 et suivants du Code de la propriété intellectuelle)

Marque

Signe susceptible de représentation graphique servant à distinguer les produits ou services d'une personne physique ou morale. Elle joue un rôle actif dans la pérennité de l'entreprise, permettant notamment d'attirer et de retenir la clientèle.

■ Une fois déposée, la marque est protégée pendant 10 ans renouvelables indéfiniment.

***Exemples de marques* :** Google, Danone, Décathlon, Renault.

Notes

■ Pour être valablement déposée, la marque doit remplir quatre conditions :

Condition : la marque doit…	Explication
être originale et distinctive	Elle ne doit pas être la désignation générique ou usuelle du produit ou la forme imposée par la nature.
ne pas être déceptive	Elle ne doit pas tromper le public sur le produit ou le service.
être nouvelle	Elle ne doit pas porter atteinte à des droits antérieurs : une autre marque déjà enregistrée, une marque notoire, même non déposée s'il y a risque de confusion, etc.
être licite	Certains signes sont réservés ou prohibés.

■ Lors du dépôt de la marque, le déposant doit déclarer les « classes » dans lesquelles il souhaite la protéger. Il existe 45 classes rassemblées dans un document appelé la « classification de Nice ».

3 La protection de la propriété industrielle

A. Les formalités de protection

■ Pour bénéficier de la protection liée au brevet ou à la marque, les entreprises doivent réaliser un dépôt à l'Institut national de la propriété industrielle (INPI) en France. La protection est également accordée au niveau européen par le dépôt d'un brevet européen ou d'une marque communautaire.

B. L'action en contrefaçon

■ Le brevet comme la marque représentent pour la plupart des entreprises une grande valeur patrimoniale, c'est pourquoi il est nécessaire de les protéger. Dès lors que le brevet ou la marque sont déposés, ils confèrent un monopole d'exploitation que le propriétaire peut utiliser à sa guise comme un droit de propriété. Il peut le conserver pour lui, octroyer des licences d'exploitation ou encore le céder.

■ Si quelqu'un porte atteinte à ce monopole d'exploitation sans avoir eu l'autorisation du propriétaire du titre juridique, ce dernier peut agir en contrefaçon. La contrefaçon est un délit pénal.

■ Si la contrefaçon n'est pas une reproduction identique de l'invention ou de la marque, l'entreprise titulaire du titre peut agir en concurrence déloyale contre l'entreprise malveillante.

À retenir !

■ Grâce au droit de la propriété industrielle, l'État concilie régulation du jeu de la concurrence économique et incitation au progrès technique.

Les caractéristiques de l'environnement

Fiche 21

CEJM

Notes

Pour définir sa stratégie, une entreprise doit au préalable analyser ses forces et ses faiblesses internes et les confronter aux opportunités et menaces de son environnement. Elle réalise pour cela un diagnostic stratégique.

1 Les sources de l'avantage concurrentiel

■ Une entreprise s'intéresse en premier lieu aux forces et faiblesses qui la caractérisent vis-à-vis de ses principaux concurrents sur le marché.

■ Pour définir ses sources d'**avantage concurrentiel**, une entreprise doit mener un diagnostic global de son environnement.

Avantage concurrentiel
Élément qui différencie une entreprise de ses concurrents et lui procure un avantage sur eux ; c'est un facteur clé de succès, un atout stratégique.

Ex. : L'industrie du luxe fait de la marque un élément important de différenciation.

Les groupes de distribution unissent leurs services achats pour peser sur la négociation avec les fournisseurs.

Apple a développé un système d'exploitation spécifique et fermé pour éviter la concurrence des autres entreprises du secteur.

■ Selon **Michael Porter**, les cinq forces de la concurrence sont :

– l'existence de produits de substitution qui exerce une pression indirecte sur le marché de l'entreprise ;

– le pouvoir de négociation des fournisseurs qui mesure le degré de dépendance d'une entreprise par rapport à ses fournisseurs ;

– le pouvoir de négociation des clients qui mesure les conditions d'achat qui peuvent être négociées par les clients ;

– l'intensité de la concurrence sur le marché (taille et nombre des entreprises concurrentes) ;

– l'existence de barrières à l'entrée qui limitent la menace de nouveaux entrants potentiels sur le marché.

Michael Porter
Professeur de stratégie d'entreprise à l'université d'Harvard, Michael Porter, né en 1947, est devenu célèbre pour son analyse sur la manière dont une entreprise peut obtenir un avantage concurrentiel en maîtrisant mieux que ses concurrents les forces qui structurent son environnement concurrentiel.

2 Le modèle Pestel

■ Le modèle PESTEL propose une analyse plus globale de l'environnement que celle de Michael Porter.

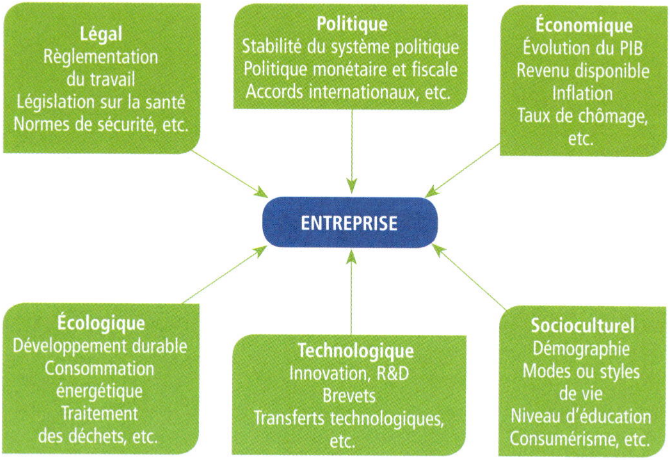

■ Le diagnostic stratégique fait donc apparaître les forces et faiblesses de chaque entreprise (diagnostic interne) vis-à-vis des différentes composantes de son environnement (diagnostic externe) et lui permet ainsi d'adapter sa stratégie pour réagir.

Ex. : **Caractéristique socioculturelle de l'environnement (modèle PESTEL)**
Les confiseurs ont signé en juin 2018 une charte de déontologie et d'engagement pour rendre les bonbons plus transparents. Fini donc l'ajout du colorant E171, cancérogène, et place à un étiquetage plus clair pour les consommateurs. Par ailleurs, les fabricants de sucreries prévoient d'innover en créant des produits allégés en sucre, voire sans sucre.

■ Dans un environnement de plus en plus incertain et complexe, la force d'une entreprise réside en grande partie dans ses capacités d'analyse de l'environnement, d'adaptation et de réactivité, ce qui l'amène à revoir son organisation et ses processus de décision.

À retenir !

■ Le diagnostic stratégique est un outil d'aide à la décision qui permet de définir l'avantage concurrentiel sur lequel une entreprise va se fonder pour assurer son développement. De nombreux outils et grilles d'analyses peuvent permettre l'élaboration de ce diagnostic : modèle de Michael Porter, modèle PESTEL, etc.

Le rôle de l'innovation

Fiche 22

CEJM

Notes

Pour rester compétitives, les entreprises consacrent une part importante de leurs ressources à innover et se constituer un patrimoine technologique qui leur permettra de bénéficier d'un avantage concurrentiel.

1 L'innovation

Innovation
Ensemble des démarches scientifiques, technologiques, organisationnelles, financières et commerciales qui aboutissent à la réalisation de produits, procédés ou processus nouveaux ou améliorés.

■ L'**innovation** distingue notamment :
– la création de produits nouveaux qui répondent mieux aux besoins des consommateurs ;
– la satisfaction d'un besoin nouveau qui permet à l'entreprise de se démarquer de la concurrence ;
– l'amélioration de la qualité d'un produit qui permet parfois d'offrir de nouveaux services au consommateur ;
– la conquête de nouveaux débouchés soit à l'international, soit en touchant de nouvelles clientèles ;
– la mise au point d'une nouvelle méthode de production afin de réaliser des gains de productivité.

■ Ces innovations permettent à l'entreprise de différencier sa production et d'obtenir un avantage concurrentiel temporaire sur le marché.

***Exemples d'innovations* :** Les grands constructeurs automobiles se lancent dans la production de véhicules électriques pour remplacer les véhicules diesel et à essence. Dyson abandonne l'aspirateur avec fil à la suite de ses innovations technologiques.

2 Le patrimoine technologique

■ **Le patrimoine technologique** regroupe l'ensemble des technologies possédées par une entreprise, qu'elles soient émergentes (technique en phase de développement), clés (déterminantes dans l'avantage concurrentiel de l'entreprise) ou de base (nécessaires mais non discriminantes par rapport à la concurrence).

■ Ce patrimoine doit être protégé pour éviter qu'il ne soit utilisé par les entreprises concurrentes. Cela passe notamment par un dépôt de brevet qui assure la protection et la valorisation des inventions, des innovations et des créations. Ces brevets peuvent couvrir le territoire national mais aussi s'appliquer au niveau international et protéger ainsi l'entreprise des risques de contrefaçon.

Notes

■ Dans une économie de plus en plus tournée vers le secteur tertiaire et le numérique, la propriété industrielle concerne de plus en plus le patrimoine immatériel d'une entreprise (la marque, le nom commercial, le nom de domaine ainsi que les appellations d'origine).

■ La connaissance du patrimoine technologique de l'entreprise est un élément déterminant de la politique d'innovation qui pourra être décidée par le manager.

3 Le développement du patrimoine technologique

■ Pour accroître son patrimoine technologique, l'entreprise dispose de nombreux outils :

– la recherche et le développement : l'ensemble des travaux de création entrepris de façon systématique en vue d'accroître la somme des connaissances et son utilisation pour de nouvelles applications ;

– la veille technologique : l'ensemble des techniques licites qui organisent de façon systématique la collecte d'informations technologiques, l'analyse, la diffusion et l'exploitation de ces informations utiles à la croissance et au développement de l'entreprise ;

– la démarche qualité : mode de management qui consiste à rechercher l'amélioration continue et progressive des pratiques existantes.

■ Les activités de recherche et développement nécessitent la mobilisation de capitaux, de temps et de personnel pour des résultats de recherche (ou de faisabilité), par principe, aléatoires. La question du financement de ces activités se pose donc logiquement pour le manager et, tout particulièrement, pour les PME qui n'ont pas toujours les capitaux suffisants.

■ Les dépenses de recherche et développement représentent un peu plus de 2 % du PIB en France. En 2018, les entreprises françaises ont déposé 16 222 brevets à l'INPI, 95 419 marques et 5 757 dessins et modèles. Le classement 2018 confirme qu'en France, le secteur automobile (et ses fournisseurs) reste le principal secteur concerné par la protection intellectuelle avec Valéo, leader des dépôts de brevets depuis 2016 (1 355), suivi de PSA (1 074), Renault (453) et Michelin (352).

À retenir !

■ L'innovation est au cœur de la stratégie de nombreuses entreprises qui cherchent ainsi le moyen de se constituer un avantage compétitif. Le poids des investissements en recherche et développement est un bon indicateur pour évaluer l'engagement d'une entreprise à se constituer un patrimoine technologique.

Les facteurs de production

Afin d'assurer la production de biens ou de services, **l'entreprise s'appuie sur des facteurs de production** qui correspondent aux moyens humains, matériels et immatériels qu'elle utilise.

1 Le choix d'un mode de production

■ La majorité des entreprises opère dans un but lucratif : elles cherchent à adopter un **mode de production** tel que la valeur de la production excède les coûts engendrés par l'utilisation de facteurs.

Mode de production
Manière dont les différents facteurs de production (ressources, matérielles ou non) sont organisés et utilisés dans le processus de production pour réaliser un bien ou un service.

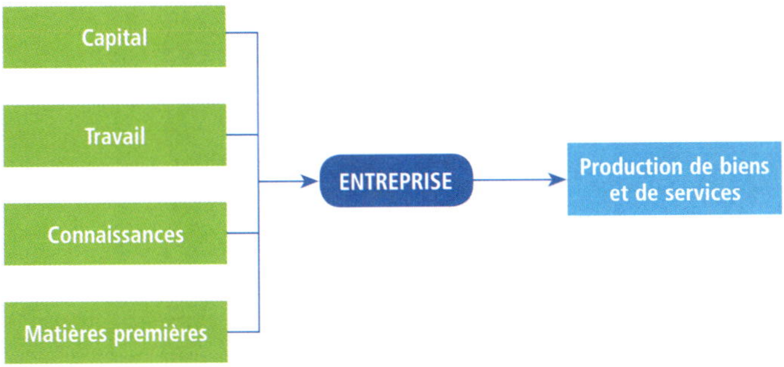

■ Le choix d'un mode de production dépendra du type de production de l'entreprise :
– production en série (réalisation de produits standardisés fabriqués en grand nombre), par lots ou à l'unité (production en fonction des commandes passées sur des biens non standardisés) ;
– production en continu (production en flux continus qui peut se faire 24 heures sur 24) ou discontinue (selon l'activité de l'entreprise ; ***ex.* :** la restauration).

■ Les services font l'objet d'un mode de production spécifique : ils ne sont, en effet, pas stockables et sont consommés immédiatement après avoir été produits.

Notes

2 Les principaux facteurs de production

Les entreprises combinent plusieurs facteurs de production pour fabriquer des biens ou proposer des services.

Le facteur capital peut être envisagé de deux manières :

– les moyens financiers nécessaires au développement de l'activité. Sur le plan comptable, le capital s'apparente à un passif, par exemple, le capital social ;

– les moyens matériels (et immatériels) permettant la production. Sur le plan comptable, le capital s'apparente à des immobilisations (actif), par exemple, les équipements et les machines.

Le facteur travail regroupe l'ensemble des moyens humains nécessaires à la production, qu'ils soient permanents (CDI) ou temporaires (CDD, intérim, etc.).

Les connaissances prennent une part de plus en plus importante dans le processus de production, car elles sont source de différenciation, d'innovation et de **progrès technique**. Elles résultent, par exemple, d'activités de R&D et de la formation des salariés. Elles s'apparentent à un capital immatériel lorsqu'elles prennent la forme de brevets, de logiciels. Sur le plan comptable, on parle d'immobilisations incorporelles.

Progrès technique
Ensemble des innovations permettant d'améliorer l'efficacité du système productif, de créer de nouveaux produits ou de nouveaux procédés commerciaux.

Les matières premières, contrairement au capital, sont détruites lors du processus de production et sont généralement incorporées aux biens et aux services réalisés.

Le mode de production retenu doit permettre à l'entreprise d'optimiser l'utilisation de ses facteurs de production. La recherche d'une production en « juste-à-temps » permet la réduction des délais durant le cycle de fabrication en ajustant en temps réel les quantités produites à la demande exprimée par les clients. Ceci permet de réduire les stocks sur l'ensemble du cycle de production de l'entreprise.

À retenir !

- Le processus productif est déterminé par le mode de production adopté par une entreprise pour réaliser un bien ou un service à partir des facteurs de production à sa disposition.
- Les principaux facteurs de production utilisés sont le facteur travail, le facteur capital, le capital immatériel ainsi que les matières premières.

Les gains de productivité et les coûts de production

Notes

Pour rester compétitive, une entreprise s'engage dans un processus constant d'amélioration de son processus productif afin de réaliser des **gains de productivité** qui lui permettront de réduire ses **coûts de production**. Pour cela, elle adapte sa **combinaison productive** en fonction du coût relatif des différents facteurs de production.

1 Productivité et progrès technique

■ Les gains de productivité correspondent à un accroissement de la productivité.

■ L'entreprise peut soit produire autant avec moins de facteurs, soit produire plus en volume ou créer plus de valeur avec une même quantité de facteurs.

■ Les gains de productivité sont le fruit du progrès technique qui peut provenir :
- d'une élévation des qualifications des travailleurs ;
- d'un investissement dans des équipements plus performants ;
- d'une meilleure organisation de la production.

Productivités

- **Productivité :** rapport entre une production et l'ensemble des moyens humains, financiers et techniques mis en œuvre pour assurer cette production. La productivité peut aussi être déterminée pour un facteur spécifique (productivité du travail, du capital).
- **Productivité horaire :** valeur d'une production/nombre d'heures nécessaires à sa production.

2 Les coûts de production

■ Les coûts de production sont déterminés à partir des facteurs de production utilisés.

Facteurs de production	Éléments de coût
Capital (financier)	• Le coût du capital est surtout reflété par le taux d'intérêt. • Le taux d'intérêt représente le coût d'un financement lorsqu'il s'agit d'emprunt.
Travail	• Tensions sur le marché du travail (faible/forte demande pour un métier, pénurie de main-d'œuvre, etc.). • Aspects fiscaux et sociaux (cotisations). • Formations à mettre en place pour les nouveaux embauchés. • Etc.
Connaissances	• Coûts des activités de R&D, coût de formation des salariés. • Achats ou licences d'exploitation de brevets. • Etc.
Matières premières	• Cours des matières premières. • Éventuels coûts induits (externalités négatives → paiement d'écotaxes).

Notes

3 Le choix d'une combinaison productive

■ La combinaison productive (part des différents facteurs utilisés dans le processus de production) résulte d'un arbitrage entre le coût des facteurs et leur productivité.

■ Ainsi, une entreprise peut choisir d'automatiser plus fortement sa production (renforcer la part du capital au détriment du facteur travail) lorsque plusieurs phénomènes le favorisent, par exemple :

Les taux d'intérêt baissent.
→ **baisse du coût du capital.**

L'automatisation améliore la qualité de la production et crée de la valeur aux yeux des consommateurs.
→ **gain de productivité (capital).**

Les taux de cotisation augmentent.
→ **hausse du coût du travail.**

→ **Choix d'une nouvelle combinaison productive :** plus de facteur capital, moins de facteur travail (ou substitution du capital au travail).

■ La productivité globale résulte de la combinaison des facteurs de production qui sera mise en œuvre et du volume de production réalisé.

■ Ainsi, la productivité d'une machine dépendra de son taux d'utilisation qui varie selon la demande adressée à l'entreprise, selon les temps de maintenance indispensables à sa bonne utilisation, etc. Une réduction du facteur travail peut alors entraîner une réduction parallèle de la productivité du capital.

■ Au-delà des seules considérations économiques, la combinaison productive choisie par l'entreprise peut tenir compte d'objectifs de développement durable.

Ex. : Privilégier des produits ou procédés plus économes en matières premières, envisager un possible recyclage en fin de vie du produit, etc.

À retenir !

- L'adaptation de la combinaison productive est le résultat d'une recherche permanente de gains de productivité de la part de l'entreprise.
- Le progrès technologique permet la diminution régulière des coûts de production.

La chaîne de valeur

L'analyse de l'origine de la productivité implique pour l'entreprise d'étudier de manière globale sa **chaîne de valeur** afin d'identifier les activités qui sont essentielles afin de maintenir son avantage compétitif.

1 Présentation de la chaîne de valeur

■ La chaîne de valeur de Michael Porter a pour objectifs de recenser les activités de l'entreprise et de mesurer en quoi elles sont créatrices de valeur pour les clients (et donc de marge pour l'entreprise).

La chaîne de valeur de Porter

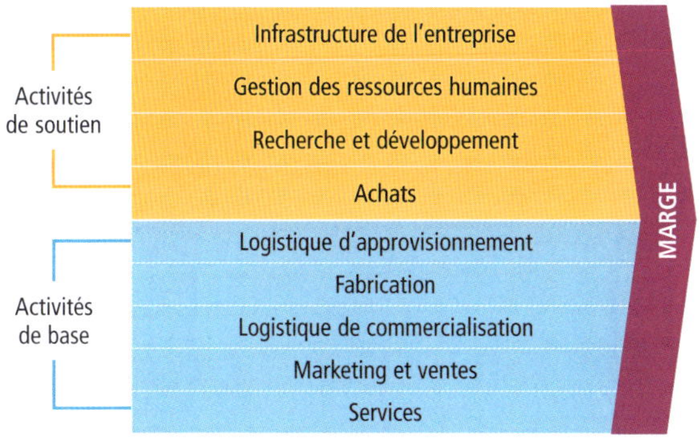

■ Michael Porter distingue :

– les activités de base (fabrication, vente, etc.) qui participent directement à la création et à la vente du produit de l'entreprise ;

– et les activités de soutien ou de support (gestion de l'infrastructure de l'entreprise, R&D, GRH, etc.) qui rendent possibles les activités de base et en assurent la coordination, le bon fonctionnement.

■ La valeur que l'entreprise parvient à générer provient des activités elles-mêmes, mais elle peut être le fruit de complémentarité entre activités.

***Ex.* :** L'un des atouts d'Amazon est d'avoir su mettre à profit son activité de R&D (activité de soutien) pour robotiser et améliorer son activité de logistique en matière de gestion des stocks (activité de base).

Notes

2 Les enseignements à tirer de la chaîne de valeur

■ L'analyse de la chaîne de valeur permet au manager d'optimiser son organisation afin de concentrer les ressources de l'entreprise sur les activités qui contribuent le plus à la création de valeur.

■ Face à des ressources par principe limitées, une entreprise peut confier à une entreprise extérieure une partie de la production d'un bien ou la prestation d'un service pour pouvoir se concentrer sur les activités fortement créatrices de valeur.

■ Cela entraîne une perte de compétences en interne dont il ne faut pas négliger les conséquences potentielles.

Type d'activité	Actions envisagées
Activités fortement créatrices de valeur	• Les **développer pour construire un avantage concurrentiel**. • Les conserver et en faire le **cœur de métier de l'entreprise**. • Logique d'optimisation pour l'entreprise : **maximiser la création de valeur/coût** (ne pas chercher à faire des économies qui feraient diminuer plus fortement encore la valeur créée).
Activités faiblement créatrices de valeur	• Activités avant tout génératrices de coûts. • Logique d'optimisation : **minimiser les coûts**. • **Peuvent faire l'objet d'une externalisation**.

Ex. : La société Nike a su bâtir son expansion en s'appuyant sur son image de marque :
– les dépenses marketing et publicitaires (en faisant appel à des sportifs reconnus) et la conception des nouveaux modèles valorisent cette image de marque et sont ainsi fortement créatrices de valeur. Elles constituent le cœur de métier de la société ;
– en réalité, la fabrication des produits crée peu de valeur. Nike fait appel à des sous-traitants.

À retenir !

■ Michael Porter propose un schéma global de la chaîne de valeur distinguant les activités de base des activités de soutien.

■ L'analyse de la chaîne de valeur permet à l'entreprise d'identifier les activités dans lesquelles investir pour renforcer son avantage concurrentiel.

Les principes et finalités de l'impartition

Fiche 26

CEJM

Notes

Les ressources d'une entreprise étant limitées, celle-ci doit s'interroger sur les activités dans lesquelles elle doit investir. Cela peut l'amener à transférer à des partenaires externes la réalisation de certaines activités (**stratégie d'impartition**).

1 Les techniques d'impartition

Stratégie d'impartition

Stratégie consistant à faire réaliser ou produire des biens et services par d'autres entreprises.

■ L'impartition va de pair avec la domination ou le contrôle d'une entreprise sur une autre. Les principales techniques d'impartition sont :

La concession	• Modalité très présente dans la distribution automobile. • Une entreprise (le concédant) s'engage à approvisionner en produits de sa marque une autre entreprise (le concessionnaire). • Le concessionnaire doit respecter des contraintes (éventuels quotas, politique commerciale de vente du concédant, etc.).
La franchise	• Modalité présente dans divers secteurs, notamment la restauration rapide (Subway, McDonald's), l'entretien automobile (Feu vert, Point S), etc. • Une entreprise (le franchiseur) met à la disposition d'une autre entreprise (le franchisé) sa gamme de produits ou de services et une assistance commerciale ou technique. Le franchisé s'acquitte du paiement d'une redevance. • Permet une croissance rapide, sans moyens importants pour le franchiseur (il achète lui-même son point de vente).
La sous-traitance	• Une entreprise (donneuse d'ordre) confie à une autre entreprise (le sous-traitant) des travaux à exécuter. • Les grandes entreprises distinguent souvent différentes catégories de sous-traitants selon l'importance stratégique des activités confiées et peuvent, dans certains cas, intégrer les ateliers de certains sous-traitants au sein même de leurs unités de production.

■ Dans des organisations productives fonctionnant de plus en plus selon le principe du « juste-à-temps », la sous-traitance implique le développement de relations contractuelles stables afin de ne pas perturber la chaîne de production. La défaillance d'un sous-traitant aura, en effet, un impact immédiat sur l'entreprise. Le rapport de domination ou de contrôle peut être contrebalancé par un rapport de dépendance du donneur d'ordre envers son fournisseur.

Notes

2 Les finalités de l'impartition

■ Le recours à l'impartition est envisageable :

– lorsqu'il y a un gain à recourir à une autre entreprise car elle propose des prestations moins coûteuses et/ou de meilleure qualité qu'une prestation réalisée soi-même ;

> **Remarque**
> La question du recours à l'impartition est une réponse à la question : faire ou faire faire ?

– lorsque les coûts de transaction (liés à la coopération à mettre en place avec l'entreprise partenaire) ne l'emportent pas sur les gains attendus. L'entreprise peut ainsi se concentrer sur les activités créatrices de valeur.

■ Mais l'impartition ne doit pas concerner les activités fortement créatrices de valeur, source d'avantage concurrentiel.

■ L'impartition concerne donc plutôt les activités de soutien de l'entreprise (gestion des ressources humaines, gestion) et les activités de base non stratégiques pour l'entreprise (logistique par exemple).

■ L'impartition entraîne un risque de perte de savoir-faire et de compétences qui peut causer une dépendance du donneur d'ordre envers le sous-traitant ; l'activité sous-traitée devient alors essentielle en terme de création de valeur pour le produit ou service d'ensemble.

■ L'impartition est souvent envisagée dans une relation contractuelle de long terme avec les sous-traitants (qui peut même se traduire par une prise de participation minoritaire au capital du sous-traitant), une défaillance de celui-ci faisant courir un risque trop important pour l'activité de l'entreprise.

Processus de choix du mode d'impartition

Étape ❶ → Étape ❷ → Étape ❸

- Étape ❶ : **Analyse des activités** réalisées par l'entreprise
- Étape ❷ : **Identification** des activités qui peuvent être sous-traitées
- Étape ❸ : **Choix du mode d'impartition** (concession, franchise, sous-traitance)

À retenir !

■ Dans une logique de concentration des ressources sur les activités stratégiques, une entreprise peut mettre en œuvre une stratégie d'impartition pour ses activités non essentielles. Une telle démarche entraîne un risque de perte de savoir-faire et de compétences qu'il convient d'analyser avec attention.

Le choix de la structure juridique pour l'entreprise

Fiche 27

CEJM

Notes

L'entreprise rassemble des moyens humains, matériels et financiers afin de fonctionner. Le choix de la **structure juridique** de l'entreprise dépend logiquement des moyens dont elle veut se doter. Plusieurs formes juridiques existent.

1 Les facteurs de choix d'une structure juridique

A. Entreprendre seul ou à plusieurs

- Le choix s'effectue selon quelques critères décisifs :

Critère clé	Entrepreneur individuel	Société commerciale
Nombre d'entrepreneurs	Une personne physique.	Plusieurs personnes physiques ou morales appelées « associés ».
Autonomie	Le chef d'entreprise décide seul. Il a tous les pouvoirs.	Les décisions sont prises au moins à la majorité des associés.
Formalisme	Une personne physique peut créer sa microentreprise en quelques minutes.	L'existence de la personne morale suppose la signature des statuts et l'immatriculation de la société au RCS.
Le régime fiscal applicable aux bénéfices de l'activité	Impôt sur le revenu dans la rubrique « bénéfices industriels et commerciaux » (BIC).	Impôt sur les sociétés des bénéfices réalisés.
La transmission de l'entreprise	Le chef d'entreprise doit transmettre l'ensemble des biens constituant son activité.	Les associés doivent simplement transmettre leurs parts sociales. Le transfert est facilité.

B. Protéger son patrimoine

Critère clé	Entrepreneur individuel	Société commerciale
Capacité financière de développement	Selon le patrimoine de l'entrepreneur.	Possibilité de faire appel à des capitaux extérieurs et de créer des alliances avec d'autres structures.
Étendue de la responsabilité	En principe, à l'ensemble du patrimoine de l'entrepreneur.	Au montant des apports des associés dans les sociétés où la responsabilité est limitée (SARL, SA, SAS).

Notes

■ En matière d'entreprise individuelle, le législateur a instauré plusieurs dispositifs afin de protéger le patrimoine de l'entrepreneur contre les risques de saisie par les créanciers :
– depuis le 1er janvier 2011, une personne physique peut opter pour le régime de l'EIRL ; il permet de compartimenter son patrimoine et d'affecter une partie seulement de ses biens à une activité professionnelle ; alors, les biens en dehors de cette affectation ne sont pas saisissables ;
– depuis la loi du 6 août 2015, la résidence principale de l'entrepreneur est insaisissable de plein droit (auparavant il devait effectuer une déclaration d'insaisissabilité).

C. Choisir son régime matrimonial

■ Le régime matrimonial de l'entrepreneur marié ou pacsé peut avoir un impact sur les biens saisissables en cas de déconfiture de l'activité. Trois régimes coexistent :
– la communauté légale : les biens acquis à titre onéreux pendant le mariage sont communs aux deux époux. C'est le régime par défaut du Code civil ;
– la communauté universelle : l'ensemble des biens, même ceux acquis avant le mariage, appartient à l'un et à l'autre des époux ;
– la séparation des biens : ce qui est acquis par un conjoint, avant ou après le mariage, lui appartient exclusivement.

■ Lorsqu'un conjoint se lance dans une entreprise individuelle, le régime matrimonial recommandé est la séparation des biens. Le choix est plus libre si l'entreprise créée est une société.

2 L'entreprise individuelle et les structures sociétaires

■ Le choix d'une forme juridique implique des régimes fiscaux et sociaux différents que le créateur d'entreprise doit prendre en compte.

Critère clé	Entrepreneur individuel	Société commerciale
Le régime fiscal applicable aux bénéfices de l'activité	Impôt sur le revenu dans la rubrique « bénéfices industriels et commerciaux » (BIC).	• EURL : impôt sur le revenu ou impôt sur les sociétés sur option. • SA, SAS, SARL : impôt sur les sociétés mais possibilité d'impôt sur les revenus sous conditions.
Le statut social de l'entrepreneur	Travailleur non salarié ou assimilé salarié.	• Associés d'EURL : travailleurs non salariés. • Associés de SA, SAS, SARL : régime des salariés.

À retenir !

■ Le choix de la forme juridique a des incidences sur la protection du patrimoine de l'entrepreneur et sur le statut fiscal et social de l'entreprise.

Les formes juridiques de l'économie sociale et solidaire (ESS)

Fiche 28

CEJM

Notes

L'économie sociale et solidaire (ESS) est une **déclinaison du concept de développement durable**. Elle cherche à concilier trois piliers : la performance économique, le respect des humains en appliquant des valeurs d'équité et d'utilité sociale, et le respect de l'environnement.
Le législateur a instauré des formes juridiques adaptées à ce modèle économique.

1 Les principes communs aux formes juridiques de l'ESS

- L'ESS représentait plus de 10 % du PIB en France et environ 12 % des emplois en 2017. Les domaines d'activité sont multiples : santé, éducation, logement, insertion sociale, environnement, banque, etc.
- Les entreprises de l'ESS se définissent par des modes de gestion et de décision démocratiques et participatifs. L'utilisation des résultats financiers est strictement encadrée : leur finalité est de réinvestir des bénéfices dans l'activité, pas de distribuer des profits.
- Les formes juridiques de l'ESS bénéficient d'un cadre renforcé par la loi du 31 juillet 2014 relative à l'économie sociale et solidaire : des sociétés commerciales peuvent être labellisées ESS, ce qui leur permet de bénéficier d'une fiscalité avantageuse et de dispositifs de financement spécifiques.

2 Les règles spécifiques aux formes juridiques de l'ESS

- La loi distingue trois grandes familles de structures juridiques relevant de l'ESS : les associations, les mutuelles et les coopératives.

A. Les associations

- Depuis la loi de 1901, les associations sont des personnes morales à but non lucratif. Elles sont représentées par un président et leurs statuts sont déposés à la préfecture.
- Elles peuvent être déclarées d'utilité publique lorsqu'elles poursuivent un but caritatif, humanitaire ou culturel.
- Elles peuvent engager des salariés mais aussi recourir à l'aide de bénévoles.

***Ex.* :** Les Restaurants (Restos) du Cœur, la Croix-Rouge française, etc.

Notes

B. Les mutuelles

■ Comme leur nom l'indique, les mutuelles ont vocation à mettre des moyens en commun. Elles sont nombreuses dans le domaine de l'assurance.

Ex. : Mutuelles du Mans, MGEN, MAIF, etc.

■ Les mutuelles sont des sociétés de personnes (par opposition aux sociétés de capitaux). Ce sont des groupements ayant la capacité civile où le pouvoir de décision est attaché à la personne (un adhérent = une voix) et non pas fonction du capital qu'elle détient. Leur création est soumise à déclaration.

■ Les mutuelles s'autogèrent et n'ont pas de but lucratif. Elles doivent observer une obligation stricte de prudence financière pour garantir l'intérêt des adhérents. Elles peuvent être dirigées par des bénévoles élus au sein de leur rang.

C. Les coopératives

■ Les formes de coopératives sont nombreuses et dépendent de la qualité de leurs membres :
– les coopératives agricoles ont pour membres des agriculteurs ;
– les coopératives de consommateurs ont pour membres des consommateurs ;
– les sociétés coopératives (SCOP) de forme SA, SARL ou SAS sont composées majoritairement de salariés. Dans ce dernier cas, les salariés détiennent au moins 51 % du capital et 65 % des droits de vote.

À noter

Les sociétés coopératives d'intérêt collectif (SCIC) sont des SCOP dans les domaines de l'énergie, l'environnement, la culture, la santé. Toutefois, les membres associés au capital peuvent avoir des qualités très variées : salariés mais aussi clients, bénévoles, collectivités territoriales, partenaires privés… L'essentiel est de s'impliquer dans le projet.

■ La SCOP présente plusieurs caractéristiques :

Nomination du dirigeant	Élu par les salariés associés.
Partage du profit : respect du principe d'équité	• Une part pour tous les salariés, sous la forme de participation et d'intéressement ; • une part pour les salariés associés sous la forme de dividendes ; • une part pour les réserves de l'entreprise.
Réserves	Non partageables et définitives, elles contribuent à la pérennité de l'entreprise.

À retenir !

■ Afin de faciliter le développement d'une économie plus sociale et plus solidaire, les associations, mutuelles et coopératives sont des alternatives juridiques aux structures traditionnelles tournées vers des objectifs purement financiers.

La responsabilité de l'entreprise face aux risques juridiques

Notes

Dans un environnement concurrentiel et incertain, l'entreprise peut être amenée à affronter divers risques susceptibles d'engager sa responsabilité juridique civile ou pénale lorsque plusieurs conditions sont remplies.

1 Les risques

■ En termes de droit, le risque est un événement dommageable dont la survenance est incertaine.

■ L'entreprise est confrontée à de nombreux risques.

Type de risque	Illustration
Environnemental	Lorsqu'une entreprise porte atteinte à l'environnement, elle peut être amenée à réparer le préjudice écologique qu'elle a commis (*article 1246 du Code civil*).
Technologique	Lorsqu'une machine tombe en panne ou qu'un brevet a été copié, l'entreprise peut réduire sa production et voir son chiffre d'affaires diminuer rapidement.
Numérique	L'entreprise peut faire l'objet d'une attaque par un virus informatique.
Politique	Le programme d'un homme politique peut avoir un impact sur l'activité de l'entreprise. ***Ex.*** : Les mesures protectionnistes prises par Donald Trump aux États-Unis ont un impact sur les activités économiques des entreprises européennes.
Économique	Un client en difficulté ne paie pas ses factures dans les délais.

■ Lorsque le risque est subi, l'entreprise peut (mais pas toujours) agir en justice pour demander réparation au partenaire fautif.

■ Lorsque l'entreprise est elle-même à l'origine du risque, consciemment ou non, elle engage sa responsabilité juridique.

■ En 1999, le navire Erika fait naufrage et génère une marée noire sur la côte ouest française. Cette affaire a entraîné une évolution de la législation et a donné naissance à la notion de « préjudice écologique ». Une entreprise doit donc désormais réparer ses atteintes à l'environnement.

■ Selon l'*article 1249 du Code civil*, l'atteinte à l'environnement doit être réparée en priorité en nature. Si c'est impossible, un dédommagement est versé à l'État.

Notes

2 La responsabilité civile et la responsabilité pénale

■ Le droit distingue deux formes de responsabilité. Leurs caractéristiques diffèrent :

Type de responsabilité	Civile	Pénale
Manifestation	Atteinte à un intérêt privé	Atteinte à l'intérêt général
Fondement	Faute volontaire ou non Risque encouru	Réalisation intentionnelle d'une infraction (contravention, délit ou crime)
Type de sanction	Dommages et intérêts	Amende et/ou peine d'emprisonnement
Objectif de la sanction	Réparer le dommage causé à la victime	Réparer le dommage causé à la société

A. La responsabilité civile

■ En matière civile, trois conditions sont nécessaires pour que la responsabilité soit engagée :

– un fait générateur : il peut s'agit d'une faute intentionnelle ou non issue d'une situation contractuelle ou extracontractuelle ;

– un dommage : une personne subit un préjudice ;

– un lien de causalité entre le fait générateur et le dommage. Le dommage découle directement du fait générateur.

B. La responsabilité pénale

■ Pour qu'une infraction pénale soit constituée, trois composantes doivent être réunies :

– un élément légal : un texte prévoit de sanctionner l'infraction. Il n'y a pas d'infraction sans texte ;

– un élément matériel : l'infraction est exécutée et consommée par des actions précises ou parfois par une omission ;

– un élément intentionnel : le délinquant doit avoir agi en connaissance de cause. La mauvaise foi doit être prouvée.

Remarque

En matière pénale, ce qui n'est pas interdit n'est pas une infraction.

Ex. : Selon l'*article L. 823-12 du Code de commerce* (élément légal), le commissaire aux comptes commet un délit s'il ne dénonce pas une faute constatée (élément matériel comprenant une omission) dans la tenue des comptes de l'entreprise qu'il certifie et dont il avait connaissance (élément intentionnel).

À retenir !

■ Les entreprises font face à des risques variés qui peuvent engager leur responsabilité civile ou pénale. Chaque type de responsabilité a son régime juridique propre et donne donc lieu à des sanctions spécifiques.

L'inexécution du contrat et la responsabilité civile contractuelle

Le contrat génère une stabilité dans le temps dont l'entreprise peut jouir. Mais si les contrats sécurisent effectivement les relations, ils peuvent également être source d'inexécution et donc de risque. Or, l'*article 1103 du Code civil* rappelle bien que tous « les contrats légalement formés tiennent lieu de loi à ceux qui les ont faits. » **L'inexécution du contrat entraîne donc la responsabilité contractuelle du débiteur défaillant.**

Notes

1 Les trois conditions de la responsabilité civile contractuelle

A. La faute

■ Elle consiste en l'inexécution de ses obligations par l'une des parties et peut prendre trois formes : l'inexécution totale, l'inexécution partielle ou le retard dans l'exécution.

B. Le dommage

■ Le créancier victime de la faute du débiteur peut exiger réparation dès lors qu'une des obligations au contrat n'a pas été remplie. Le dommage peut être patrimonial ou extrapatrimonial.

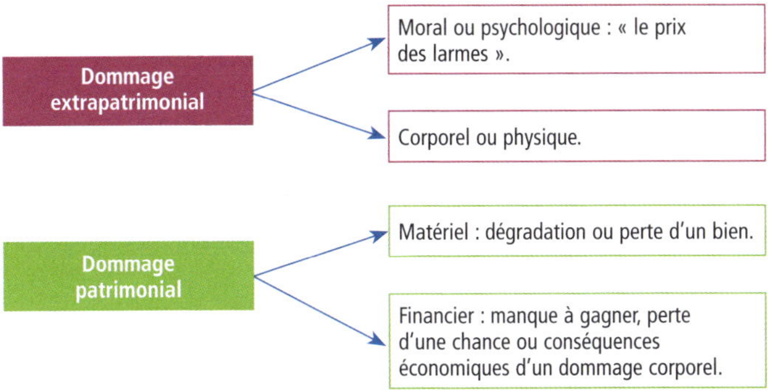

C. Le lien de causalité

■ Ce lien entre la faute et le dommage doit être direct et certain. Seul le dommage prévisible donne lieu à réparation car chacun doit pouvoir calculer les risques qu'il prend en contractant.

Notes

2 Les cinq sanctions de l'inexécution contractuelle

■ Selon l'*article 1217 du Code civil*, des sanctions sont envisageables.

Sanction	Explication
L'exception d'inexécution	Dans un contrat synallagmatique (bilatéral), une partie peut refuser d'exécuter son obligation si l'autre n'exécute pas la sienne.
L'exécution forcée en nature	Lorsque l'obligation inexécutée est une obligation de payer une somme d'argent, l'exécution forcée s'effectue en nature : les biens du débiteur sont saisis et vendus. Le créancier est payé sur le prix de la vente. Cette sanction n'est pas envisageable pour l'exécution d'une prestation de service.
La réduction du prix	Le créancier peut accepter une exécution imparfaite du contrat et solliciter une réduction proportionnelle du prix. Si l'obligation n'est que partiellement remplie, il est logique que le prix soit moindre.
La résolution du contrat	Le créancier dénonce la faute du débiteur et les parties reviennent dans la situation dans laquelle elles étaient avant la conclusion du contrat.
La réparation du préjudice	Le débiteur fautif verse des dommages et intérêts au créancier victime. Les intérêts versés peuvent être compensatoires et/ou moratoires.

3 Les formalités à accomplir

■ Par une mise en demeure, le créancier envoie un dernier avertissement solennel au débiteur pour qu'il se conforme à ses obligations.

■ Si cet ultimatum n'est pas suivi d'effet, le créancier peut saisir la justice et obtenir réparation de son préjudice ou l'exécution forcée du contrat.

Remarque

Comme dans le régime de droit commun, il appartient au créancier victime d'apporter la preuve de la défaillance de son cocontractant.

4 Les causes d'exonération

■ Une « cause étrangère » entraîne l'exonération de la responsabilité du débiteur. Elle peut correspondre à deux situations :
– un cas de force majeure : il découle des forces de la nature ;
– un cas fortuit : il découle de l'intervention fortuite d'une tierce personne.

■ Dans tous les cas, la cause étrangère est un événement extérieur, imprévisible et surtout irrésistible : le débiteur ne peut pas le surmonter.

À retenir !

■ L'engagement de la responsabilité contractuelle suppose de réunir la preuve de ses éléments constitutifs. Mais, dans des cas spécifiques, la responsabilité peut faire l'objet d'une exonération.

Les principes de la responsabilité civile extracontractuelle

Fiche 31

CEJM

Lorsqu'une personne subit un dommage dans le cadre non d'un contrat mais d'une situation relevant d'un **fait juridique**, la victime peut invoquer le régime de la **responsabilité civile extracontractuelle** pour obtenir une **indemnisation**.

1 La responsabilité civile extracontractuelle : de la faute au risque

A. Le principe : la faute

- Historiquement, la responsabilité d'une personne est engagée dès lors que l'on peut prouver qu'elle a commis une faute intentionnelle.
- La responsabilité est qualifiée de subjective car elle n'est retenue que si la faute est établie. Cette responsabilité a toutefois été étendue aux cas où l'auteur du fait juridique a agi avec imprudence et négligence (faute non intentionnelle).

Ex. : Un entrepreneur ne prend pas soin de bien fixer des tuiles et du matériel de chantier sur un toit. Un fort vent fait s'envoler quelques tuiles qui créent des dégâts sur l'immeuble voisin. L'entrepreneur a commis une imprudence qui constitue une faute non intentionnelle.

- Mais l'ère de la révolution industrielle et de la production en masse de produits complexes a rendu plus difficile l'identification des auteurs d'une faute. Pour éviter ces incertitudes, le droit s'est progressivement tourné vers une systématisation de l'indemnisation.

B. Priorité à l'indemnisation de la victime : la théorie du risque

- La théorie du risque s'est bâtie pour permettre d'engager la responsabilité d'une personne physique ou morale sans avoir à prouver une faute de sa part. Le risque, c'est d'abord celui qu'il faut assumer parce qu'il accompagne le profit tiré d'une activité.
- Dans ce cas, l'existence seule du dommage permet à la victime de devenir créancière. La responsabilité est dite objective ou de plein droit.

C. Jusqu'au bout de la logique : la théorie de la garantie

- Dans cette théorie, la réparation du préjudice subi par la victime est considérée comme une priorité sociale et son indemnisation est fortement facilitée.
- On ne cherche plus à identifier l'auteur et sa faute (qui le sont d'ailleurs difficilement). Ce mécanisme s'appuie sur un principe d'assurance.

Notes

Notes

2 Les conditions de mise en œuvre

■ Aujourd'hui, pour être engagée, la responsabilité civile extracontractuelle suppose de réunir trois conditions :
– un fait générateur : le Code civil prévoit le fait personnel, le fait d'autrui et le fait des choses ;
– un dommage : son appréciation est la même qu'en matière contractuelle. Il est patrimonial ou extrapatrimonial ;
– un lien de causalité direct et certain entre le fait générateur et le dommage.

3 Les régimes spéciaux de la responsabilité civile extracontractuelle

A. La responsabilité du fait des produits défectueux
(articles 1245 et suivants du Code civil)

■ Elle définit les conditions de la responsabilité de plein droit du producteur lorsqu'un produit défectueux a porté atteinte à une personne physique ou à un bien (pour un dégât supérieur à 500 €).
■ Un produit est considéré comme défectueux dès lors qu'il n'offre pas à son utilisateur la sécurité à laquelle il peut légitimement s'attendre. Toute personne ayant participé à la chaîne de production est responsable solidairement du dommage causé.
■ Le régime prévoit quelques cas d'exonération du producteur *(article 1245-10 du Code civil).*

B. La responsabilité de l'employeur vis-à-vis de ses salariés

■ L'employeur a une obligation de sécurité de résultat vis-à-vis de ses salariés. Il est responsable des dommages qu'ils peuvent subir dès lors qu'il « avait ou aurait dû avoir conscience des risques » qu'il leur faisait encourir.

À noter
L'employeur peut voir engager sa responsabilité civile mais aussi sa responsabilité pénale.

C. La responsabilité du fait de l'atteinte à l'environnement

■ La responsabilité de l'entreprise peut être engagée à l'occasion de la survenance d'un préjudice écologique. *L'article 1246 du Code civil* énonce : « Toute personne responsable d'un préjudice écologique est tenu de le réparer. »

D. L'obligation précontractuelle d'information

■ Lors de la négociation du contrat, une sanction est envisageable sur le fondement de la responsabilité extracontractuelle lorsque l'une des parties ne respecte pas l'obligation de bonne foi et l'obligation précontractuelle d'information qui en découle.

À retenir !

■ Le droit prévoit les conditions d'engagement de la responsabilité civile extracontractuelle lorsqu'une personne est victime d'un fait juridique préjudiciable. Pour envisager tous les cas de figure, certains régimes spéciaux de responsabilité ont été créés.

Les ressources tangibles et intangibles

Une entreprise se constitue autour d'un **ensemble de** qui vont être utilisées pour financer l'activité, réaliser le tions de production ou de commercialisation. La quantité et qualité des ressources disponibles conditionnent le niveau d'activité de l'entreprise.

1 Les ressources tangibles

■ Les ressources tangibles constituent les ressources matérielles propres à l'entreprise.

RESSOURCES TANGIBLES

- Ressources humaines : les salariés
- Ressources physiques : bâtiments, équipements, installations techniques
- Ressources financières : financement à court et long termes (dette, trésorerie)

■ Les ressources humaines sont évaluées à la fois d'un point de vue qualitatif, mais aussi quantitatif (nombre de salariés en équivalent temps plein × temps de travail annuel en heures).

■ Les ressources physiques peuvent être détenues directement en propriété par l'entreprise mais, pour gagner en souplesse, elle peut aussi faire appel à des mécanismes de prêt à plus ou moins long terme de matériels ou d'équipements (**ex. :** crédit-bail).

■ Les ressources financières doivent permettre de faire face aux besoins financiers de l'entreprise à court et long termes.

■ Si l'on se base sur la théorie des ressources d'Edith Penrose, une économiste anglaise (1914-1996), l'entreprise est un ensemble de ressources tangibles (matérielles) et intangibles (immatérielles).

> **Remarque**
> Les ressources sont appelées ressources stratégiques lorsqu'elles permettent d'obtenir un avantage concurrentiel.

2 Les ressources intangibles

■ Dans une économie toujours plus fondée sur les technologies de l'information et de la communication (TIC), l'avantage compétitif d'une entreprise dépend de ses ressources intangibles (immatérielles ou compétences).

Notes

RESSOURCES INTANGIBLES

- Organisation de l'entreprise (structure, SI)
- Ressources technologiques (brevets, savoir-faire)
- Ressources commerciales (image de marque, notoriété)

3 Les savoirs et compétences

■ La compétence d'une entreprise repose sur trois éléments complémentaires détenus par ses salariés :

– les connaissances ou le savoir : connaissance acquise par l'étude, par l'apprentissage, par l'expérience ;

– les pratiques ou le savoir-faire : ensemble des expériences acquises par un individu dans son domaine d'activité ;

– les attitudes ou le savoir-être : capacité de produire des actions et des réactions adaptées à l'environnement humain et écologique. On parle aussi de « savoir-être relationnel ».

■ La compétence est donc la capacité d'une entreprise ou d'un individu à mettre en œuvre (mobiliser) ses ressources afin d'atteindre ses objectifs.

■ Les compétences constituent un élément de plus en plus important de l'avantage compétitif d'une entreprise.

Ex. : Le groupe LVMH, leader mondial du luxe, a créé en 2014 un Institut des métiers d'excellence afin de proposer des formations en alternance et d'assurer la transmission de ses savoir-faire dans l'artisanat, la création et la vente.

■ Les compétences sont dites stratégiques si elles permettent à l'entreprise de saisir les opportunités sur un marché ou de réduire ses coûts de production.

■ Par ailleurs, elles doivent alors être difficilement imitables par les concurrents (elles ne sont donc pas facilement accessibles aux autres entreprises).

À retenir !

- Une entreprise, pour fonctionner, doit disposer d'un ensemble de ressources tangibles ou intangibles.
- La compétitivité repose de plus en plus sur les ressources intangibles du fait de la révolution numérique et de la tertiarisation de l'économie.

Les mécanismes de coordination et de contrôle

Fiche 33

CEJM

Notes

Une entreprise se caractérise par une organisation (**structure**) particulière qui suppose des **mécanismes de coordination et de contrôle** adaptés.

1 Les composants d'une structure selon Henry Mintzberg

■ La pertinence d'une structure s'évalue notamment par les mécanismes de coordination et de contrôle qui en assurent le bon fonctionnement.

■ Ces mécanismes permettent de donner une cohérence aux différentes composantes de l'organisation mise en place, notamment :

– la technostructure contribue à concevoir, organiser les procédés de travail au sein de l'entreprise ;

– le centre opérationnel regroupe l'ensemble des salariés qui effectuent le travail de production ;

– le support logistique assure l'ensemble des activités non directement liées à la production.

Henry Mintzberg

Henry Mintzberg, né en 1939, est un universitaire canadien en sciences de gestion, ayant principalement travaillé dans le domaine du management, de l'efficacité managériale, de la structure des organisations ou de la planification stratégique.

Les composantes de l'organisation selon Mintzberg

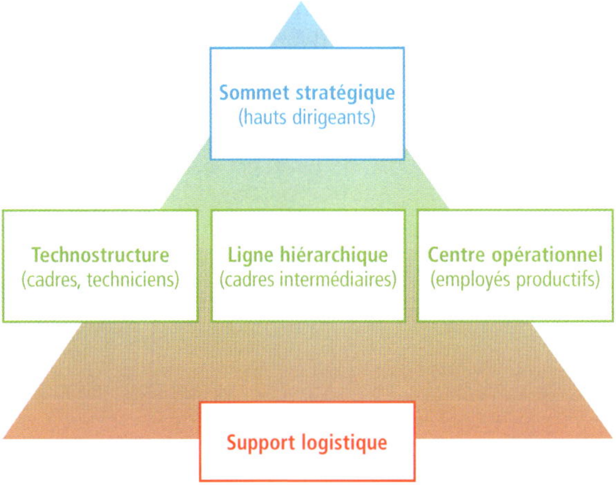

Notes

2 Les mécanismes de coordination d'une structure

■ Henry Mintzberg distingue six mécanismes de coordination possibles selon le type d'organisation d'une entreprise.

❶ Supervision directe	Une seule personne donne les ordres et s'assure de la coordination du travail.
❷ Ajustement mutuel	La coordination des tâches se fait par la négociation et le compromis entre individus d'un même niveau hiérarchique.
❸ Standardisation des procédés	Processus d'uniformisation des règles de fonctionnement et des méthodes de travail. La technostructure assure l'essentiel de ce travail pour le compte des personnels du centre opérationnel.
❹ Standardisation des qualifications	Processus d'uniformisation du savoir et des compétences des salariés grâce à l'utilisation de références communes (langage, procédures, etc.). Cela permet de coordonner le travail des salariés de l'entreprise.
❺ Standardisation des résultats	Processus d'uniformisation des objectifs (et donc des résultats) définis pour chaque département d'une organisation.
❻ Standardisation des normes	Processus d'uniformisation des croyances des membres de l'entreprise autour d'une culture commune.

3 Les mécanismes de contrôle

■ Il existe divers types de contrôles de la performance :

– par la règle (bureaucratique) : respect des normes et des procédures ;

– par le marché : contrôle des résultats obtenus par rapport aux objectifs initiaux ;

– par la standardisation : respect des consignes et standardisation des opérations et des compétences ;

– par l'idéologie, les valeurs et la culture d'entreprise : l'action des individus doit être conforme aux valeurs communes développées dans l'entreprise.

■ Ces types de contrôle ne sont pas exclusifs. L'objectif n'est pas simplement d'analyser l'atteinte ou non des objectifs fixés, mais plutôt d'évaluer les écarts éventuels, d'en identifier les causes et de prendre les mesures correctives pour les réduire. La pertinence des indicateurs utilisés par l'entreprise doit permettre une bonne évaluation de l'efficacité (ou de l'efficience) de celle-ci.

À retenir !

■ Une entreprise est une organisation qui peut se caractériser par sa structure et les mécanismes de coordination et de contrôle qui en assurent le bon fonctionnement. On doit à Henry Mintzberg la description et la classification de ces mécanismes.

Les styles de management

Fiche 34

CEJM

Le type de structure de l'entreprise influe sur le style de management et les prises de décision, facteurs importants de productivité.

1 Les différents styles de management selon Rensis Likert

■ **Rensis Likert** identifie quatre styles de management caractérisés selon le mode de prise de décision mis en œuvre par le manager.

Rensis Likert

Rensis Likert (1903-1981) est un psychologue américain qui a travaillé dans le domaine du management des entreprises, en particulier sur les styles de direction.

Style de management	Caractéristiques
Style autoritaire ou autocratique	Décisions imposées par le dirigeant aux salariés sans concertation : ce système repose sur la sanction et le respect des instructions données par une **communication descendante**.
Style consultatif ou démocratique	La direction consulte les salariés avant de prendre ses décisions grâce à un système de communication aussi bien **ascendant** que **descendant**. Cette implication des salariés est un facteur de motivation.
Style paternaliste ou bienveillant	Système proche du style autoritaire : le dirigeant cherche à mettre en avant un rôle protecteur, bienveillant envers les salariés qui restent soumis aux décisions **descendantes**.
Style participatif	Décisions prises dans une démarche consensuelle avec l'ensemble des membres de l'entreprise impliqués. Selon Likert, cette démarche rend l'entreprise plus efficace.

■ L'exercice du pouvoir de décision dépend en grande partie du style de management mais s'analyse aussi selon une vision classique (descendante, hiérarchique) telle que décrite par **Henri Fayol**.

Henri Fayol

Henri Fayol (1841-1925) définit l'activité administrative dans une entreprise selon cinq composantes : prévoir, organiser, commander, coordonner, contrôler.

2 Les facteurs qui influent sur la prise de décision

■ Selon Herbert Simon, la prise de décision ne peut être dissociée de celui qui la prend et du contexte de l'entreprise dans laquelle elle est prise. Parmi les principaux facteurs qui l'influencent, on peut noter :

– le style de direction (concerté ou non) ;

– le style du manager (personnalité, histoire, attitude défensive ou offensive, expérience, etc.) ;

Notes

Notes

– la structure de l'entreprise (entreprise décentralisée ou non) ;
– le degré de risque (niveau d'incertitude dans lequel est prise la décision) ;
– la répétitivité de la décision ;
– etc.

Ex. : Dans les TPE-PME, le dirigeant est généralement le propriétaire de l'entreprise et son mode de management dépendra en grande partie de sa personnalité (d'autoritaire à paternaliste). Dans de plus grandes sociétés, le manager ne possède pas l'entreprise. Son mode de management est plus orienté vers la recherche d'efficacité en lien avec les résultats attendus par les actionnaires.

3 Les trois types de décisions selon Igor Ansoff

■ **Igor Ansoff** propose d'identifier différents types de décisions selon le critère principal de la réversibilité.

Igor Ansoff

Igor Ansoff (1918-2002), professeur américain d'origine russe, a proposé un classement des décisions en trois catégories : stratégique, tactique et opérationnelle.

Types de décisions	Caractéristiques
Décisions stratégiques	• Elles concernent les objectifs globaux de l'entreprise. • Elles sont prises par la direction et sont irréversibles. • Elles peuvent remettre en cause la pérennité de l'entreprise.
Décisions tactiques	• Elles concernent le choix d'affectation des ressources au sein de l'entreprise. • Elles sont prises par la direction opérationnelle et fonctionnelle de l'entreprise. • Elles sont réversibles, mais à un coût très important pour l'entreprise.
Décisions opérationnelles	• Elles concernent la vie quotidienne de l'entreprise. • Elles sont prises par les différents niveaux de responsabilité de l'entreprise. • Elles sont donc facilement réversibles.

À retenir !

■ La prise de décision dans une entreprise est un élément important de sa compétitivité.
■ Elle dépend, selon les auteurs, du style de management du dirigeant (Rensis Likert), des facteurs qui l'influencent (Herbert Simon) ainsi que du type de décision (Igor Ansoff).

Les processus de l'entreprise

Fiche 35

CEJM

Notes

Pour produire, une entreprise réalise un ensemble d'opérations qui se structurent selon un processus productif organisé. Ces différentes activités indispensables au bon fonctionnement de l'entreprise se décomposent entre des activités principales et des activités de soutien.

1 Le modèle de Michael Porter de la chaîne de valeur

■ Le modèle de Michael Porter repose sur une représentation générale de l'entreprise s'appuyant sur un processus composé d'un enchaînement d'activités transformant les *inputs* (matières premières) en *outputs* (produits finis) vendus aux consommateurs.

■ L'entreprise est définie selon son processus de transformation à partir duquel elle génère de la valeur. Ces activités créatrices de valeur sont de deux sortes : activités principales et activités de soutien.

2 Les activités principales

■ Les activités principales recouvrent l'ensemble des étapes nécessaires à la création et à la distribution au client du produit ou service réalisé par l'entreprise. Au-delà de la production elle-même, les services ou la logistique constituent des activités essentielles pour assurer la compétitivité de l'entreprise.

Activités principales	Caractéristiques
Logistique interne	Activités logistiques (en amont) de réception, de stockage et de manutention interne pour affecter les moyens indispensables à la production.
Production	Transformation des moyens de production en produits finis (y compris emballage et contrôle qualité).
Logistique externe	Ensemble des activités de livraison des biens et services aux clients (collecte, stockage, distribution).
Commercialisation (marketing) et vente	Ensemble des moyens et méthodes utilisés pour promouvoir l'offre de l'entreprise (publicité, force de vente, choix des circuits de distribution).
Services	Ensemble des activités associées à la fourniture de services complémentaires dans le but d'accroître la valeur du produit ou service fourni (maintenance, assistance, etc.).

Notes

3 Les activités de soutien

■ Les activités de soutien constituent les fonctions support de l'entreprise. Elles ne sont donc pas directement liées aux activités de production mais sont indispensables au bon fonctionnement de l'entreprise.

Remarque

Ces activités ne doivent pas être négligées car elles contribuent largement à la compétitivité globale de l'entreprise.

Activités de soutien	Caractéristiques
Approvisionnements	Activités liées aux achats de matières premières, de marchandises, de fournitures diverses, mais aussi des moyens de productions de l'entreprise.
Développement technologique	Activités qui permettent à l'entreprise de disposer des technologies indispensables à la production et aux activités de soutien (recherche et développement, systèmes d'information de l'entreprise, développement des connaissances, etc.).
Gestion des ressources humaines	Activités de type RH de l'entreprise (recrutement, rémunération, motivation, formation, gestion de carrière, etc.).
Infrastructure de l'entreprise	Activités administratives liées au fonctionnement de l'entreprise (direction générale, planification, finance, comptabilité, communication, service juridique).

4 Le processus de management

■ Le processus de pilotage contribue, d'une part, à la définition d'une stratégie et d'une politique pour l'entreprise et, d'autre part, à la détermination du mode de pilotage des actions à mettre en œuvre pour atteindre les objectifs fixés. Ces processus sont sous la responsabilité de l'équipe de direction.

■ Ils se matérialisent par les processus de décision et de contrôle qui vont s'appliquer des points de vue hiérarchique et fonctionnel afin d'assurer la cohérence de l'organisation, notamment entre les activités principales et celles de soutien.

À retenir !

- Une entreprise peut être caractérisée à partir de l'ensemble des processus de transformation qui contribuent à son activité.
- Ces processus varient selon les types d'activités (principales et de soutien) présentes dans l'entreprise.

La responsabilité éthique, sociale, sociétale et environnementale

Les entreprises, au-delà de leur fonction principale qui est de produire un bien ou un service, ont un impact important sur les questions sociales et environnementales qui concernent l'ensemble des citoyens. La prise en compte de la **responsabilité sociétale des entreprises** devient un enjeu stratégique dans la prise de décision des managers.

Notes

1 La responsabilité sociétale des entreprises (RSE)

A. La notion d'entreprise socialement responsable

- Les entreprises sont dites « socialement responsables » quand elles prennent en compte la responsabilité de leur impact sur la société en dehors de la simple obligation légale. Cet impact peut être de différents types :

- Cette notion d'entreprise socialement responsable peut sembler aller à l'encontre du but premier d'une entreprise qui est de réaliser un profit. À long terme néanmoins, face à des consommateurs de plus en plus sensibles aux impacts sociaux et sociétaux des entreprises, cette dimension peut devenir un élément de différenciation positif (réputation) pour l'entreprise et son activité.

B. Éthique et responsabilité sociale de l'entreprise

- Les sociétés expriment généralement leur approche **éthique** par un ensemble de valeurs ou de principes fondamentaux qui sont clairement formulés et communiqués en interne et en externe.

Éthique des affaires
Ensemble des règles, codes ou principes qui vont orienter les décisions des organisations vers plus de morale et de transparence.

Notes

■ On identifie généralement cinq dimensions à la RSE :

❶ la gestion de l'entreprise : prendre en compte le développement durable, l'intérêt des parties prenantes ;

❷ la qualité de vie au travail : privilégier la qualité de l'emploi, le dialogue social, l'équité des relations et la non-discrimination, assurer des conditions de travail saines et sûres ;

❸ la protection de la planète : réduire l'impact environnemental des activités et des produits ;

❹ l'acteur responsable sur le marché : dans le respect des droits de l'homme et de l'environnement, agir avec responsabilité envers les partenaires économiques (fournisseurs et clients) ;

❺ l'implication locale : en fonction de la localisation des activités, agir en respectant le développement des territoires.

2 Une démarche globale

■ Au-delà de simples opérations de communication, les grandes entreprises sont plus sensibles à une démarche RSE du fait de l'évolution des modes de consommation, de la montée des enjeux sociétaux et environnementaux et des risques liés à leur réputation (image de marque).

■ Une démarche RSE se traduit par un engagement continu d'amélioration en différentes étapes :

Ex. : Le groupe Lego a présenté en 2018 ses premières briques *eco-friendly* obtenues à partir de canne à sucre. Le développement de pièces végétales vise à lutter contre l'utilisation du plastique.
Orange a présenté fin 2017 une application mobile nommée Ellomi qui présente les différents types de handicaps et précise l'engagement et les aménagements prévus par l'entreprise pour accompagner et maintenir ses salariés en situation de handicap dans l'emploi.

À retenir !

■ Une entreprise n'est pas uniquement un agent économique chargé de produire des biens et des services. Elle a des responsabilités sociales et sociétales importantes et son impact sur l'environnement est de plus en plus pris en compte dans l'acte d'achat des consommateurs. La démarche RSE devient donc un facteur important de compétitivité pour l'entreprise.

Les effets d'expérience

Fiche 37

CEJM

Notes

La maxime « C'est en forgeant qu'on devient forgeron » signifie qu'en exécutant de façon répétée une ou plusieurs tâches, on gagne en **expérience** et en **savoir-faire**. À l'échelle d'une entreprise, cela revient à faire valoir les **effets d'expérience** acquis par une organisation au fil du temps.

1 L'effet d'expérience pour l'entreprise

- L'effet d'expérience permet à l'entreprise de produire plus rapidement, plus efficacement, d'améliorer la qualité de ses produits et de ses processus de production.
- Ces éléments permettent à l'entreprise de se doter de manière durable d'un avantage de coût qui lui assurera un avantage comparatif à long terme. Cet avantage comparatif ne sera recherché que si le prix est un élément essentiel de compétitivité.
- Dans certains secteurs économiques, moins sensibles au prix de vente (*ex.* : le secteur du luxe), l'effet d'expérience n'est pas un facteur clé de succès.

La courbe d'apprentissage

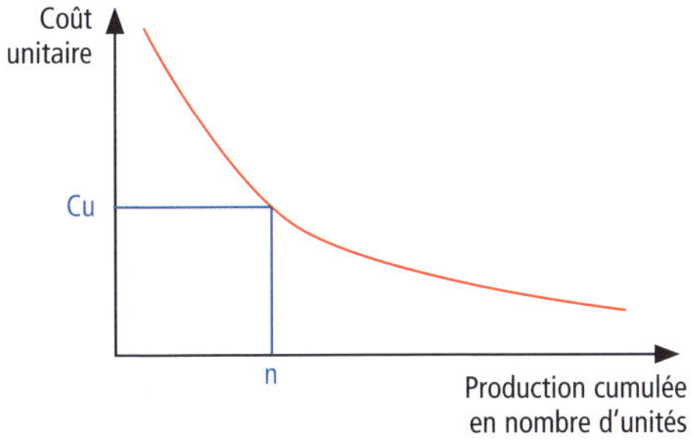

- L'effet d'expérience est généralement matérialisé par la courbe d'apprentissage qui illustre la diminution du coût unitaire de production au fur et à mesure que la production cumulée augmente.
- La courbe d'apprentissage revient à mettre en avant la notion de compétitivité prix comme facteur principal de compétitivité d'une entreprise (notamment dans le secteur industriel).

Notes

2 Les principales causes de l'effet d'expérience

■ Les principales raisons qui expliquent cette diminution du coût unitaire de production sont :

– l'effet d'apprentissage : l'expérience acquise par les salariés d'une entreprise qui se traduit par des gains de productivité. Beaucoup d'entreprises sont sensibilisées à ces pertes d'apprentissage lors du remplacement de salariés (nécessité d'assurer une transmission des savoir-faire en interne) ;

– la spécialisation des personnels (approche tayloriste) qui consiste à spécialiser les salariés en divisant les tâches pour accroître la compétitivité globale de la chaîne de production au fur et à mesure que les volumes produits augmentent ;

– l'investissement continu qui entraîne des modifications dans le processus de production (nouvelles machines plus performantes, nouvelle organisation du travail, évolutions technologiques, etc.). Cette amélioration continue se traduit par des gains de productivité et une diminution du coût unitaire de production ;

– l'effet d'échelle qui permet de répartir les frais fixes sur un volume plus important de biens produits (une hausse des volumes permet ainsi de faire diminuer le coût d'achat auprès des fournisseurs en jouant sur les quantités commandées, etc.).

***Ex.* :** Les principaux constructeurs automobiles mondiaux sont engagés dans une course au volume pour produire à moindre coût (rachat d'Opel par PSA en 2017, projet de fusion Renault-Fiat Chrysler en 2019, etc.).

■ Lorsqu'une entreprise n'est pas en mesure d'investir suffisamment dans son outil de production ou d'augmenter les volumes produits pour bénéficier de cet effet d'expérience, il peut être judicieux de confier à un sous-traitant une partie de la production afin de concentrer les ressources sur d'autres éléments de la chaîne de valeur. L'externalisation de la production, notamment dans des pays où les coûts de production sont plus faibles, est une des conséquences de cette recherche continue de diminution des coûts de production. Il conviendra néanmoins de conserver la même exigence de qualité pour les productions réalisées par le sous-traitant.

À retenir !

■ Plus une entreprise produit et plus elle réduit ses coûts unitaires de production et accroît sa productivité. À l'origine de ce constat réside la notion d'effet d'expérience qui repose sur un effet d'apprentissage lié à la spécialisation des personnels, un investissement constant dans l'outil de production et des économies d'échelle.

La distinction cycle d'exploitation-cycle d'investissement

Notes

Il existe un lien direct entre la définition de la stratégie et la réflexion à mener par l'entrepreneur sur le volume des ressources financières dont doit disposer l'entreprise pour faire face à ses besoins de financement.

1 Les besoins liés au cycle d'exploitation

- Par principe, une entreprise doit produire avant de vendre sa production, ce qui se traduit par un décalage entre ses recettes futures et ses dépenses immédiates.
- Ces dépenses immédiates (cycle d'exploitation) sont liées à l'ensemble des opérations nécessaires à une entreprise pour produire et vendre un bien ou un service :
  - acquisition des matières premières et biens intermédiaires auprès de ses fournisseurs ;
  - fabrication du produit ou du service (salaires, frais engendrés par la chaîne de production, etc.) ;
  - stockage et approvisionnement des points de vente (logistique, etc.) ;
  - financement éventuel de la fonction commerciale (vendeurs, commerciaux, crédits accordés aux clients).
- Le besoin en fonds de roulement (BFR) détermine le montant que doit financer l'entreprise afin de couvrir le besoin résultant de ces décalages entre les décaissements (financement des matières premières et des biens intermédiaires, des salaires, des charges logistiques, des frais de stockage, etc.) et les encaissements (encaissement des ventes) liés à son activité.

Calcul du BFR

BFR = dépenses d'exploitation (décaissements) – recettes d'exploitation (encaissements)

- Certaines entreprises en forte croissance peuvent se retrouver en difficulté si elles ne disposent pas des ressources financières adéquates.
- Les délais de paiement des créances clients et fournisseurs constituent un levier important d'évolution du BFR en permettant à l'entreprise d'obtenir des encaissements plus rapides ou en retardant, pour les fournisseurs, la date du décaissement.

Notes

2 Les besoins liés au cycle d'investissement

■ Outre le financement de son cycle d'exploitation, l'entreprise doit engager un ensemble de dépenses d'investissements (cycle d'investissement) pour financer l'acquisition d'immobilisations.

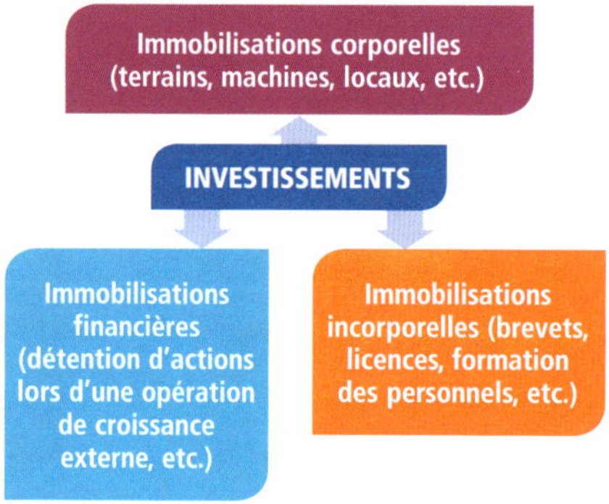

■ Ces immobilisations seront utilisées sur plusieurs cycles de production et permettent à l'entreprise soit d'accroître, soit d'améliorer ses capacités de production.

■ Le financement du cycle d'investissement repose sur des financements à long terme (ressources durables).

■ Le fonds de roulement net global (FRNG) correspond à la différence entre les ressources durables d'une entreprise et les dépenses d'investissement engagées pour financer les immobilisations. S'il est positif, le fonds de roulement net global permet à l'entreprise de financer tout ou partie de son besoin en fonds de roulement.

Calcul du FRNG

FRNG = ressources durables – dépenses d'investissement

■ Dans l'idéal, le FRNG doit être supérieur au BFR pour que l'entreprise dispose d'une marge de manœuvre financière pour assurer son développement.

À retenir !

- Une entreprise doit disposer de ressources financières suffisantes pour faire face à son besoin en fonds de roulement.
- Elle s'assurera pour cela de disposer de ressources durables en capacité de financer ses investissements et tout ou partie de son besoin en fonds de roulement.

Le bilan fonctionnel de l'entreprise

Fiche 39

Notes

Le bilan fonctionnel se différencie du bilan comptable en distinguant l'impact des principaux cycles de l'entreprise (cycle d'investissement, cycle d'exploitation et hors exploitation).
Il donne une indication sur la situation financière de l'entreprise et sa capacité à mettre en œuvre sa stratégie.

1 L'analyse du bilan fonctionnel

■ L'analyse du bilan permet de s'assurer de l'équilibre financier d'une entreprise en distinguant les différents cycles qui impactent sa structure financière :

– le cycle de financement et d'investissement permet de vérifier l'adéquation entre les ressources financières d'une entreprise et leur emploi (un emploi stable doit être financé par une ressource stable) ;

– le cycle d'exploitation et hors exploitation permet d'analyser les besoins de financement générés par le cycle d'exploitation de l'entreprise et les modalités de son financement ;

– le cycle de trésorerie mesure l'impact des cycles précédents sur la trésorerie de l'entreprise.

2 La présentation simplifiée du bilan fonctionnel

■ Le bilan fonctionnel présente les emplois et les ressources classés par fonctions.

■ On ne parle pas ici d'actif et de passif mais d'emplois et de ressources.

Emplois (actif)	Ressources (passif)
Emplois stables (principaux postes) – immobilisations corporelles – immobilisations incorporelles – immobilisations financières	**Ressources stables** – capitaux propres – provisions pour risques et charges – amortissements – dettes financières
Actif circulant – d'exploitation (stocks, créances clients) – hors exploitation (autres créances)	**Passif circulant** – d'exploitation (dettes fournisseurs) – hors exploitation (autres dettes)
Trésorerie active – liquidités disponibles	**Trésorerie passive** – concours bancaires à court terme

Notes

3 Les principaux ratios financiers d'analyse du bilan

■ L'analyse du bilan fonctionnel d'une entreprise permet d'obtenir des informations utiles sur sa situation financière et sur sa capacité à assurer son développement et sa pérennité.

■ **Délais de paiement accordés à la clientèle** : mesure la durée moyenne du crédit client.

$$\frac{\text{(Créances clients et Comptes rattachés)} \times 360}{\text{CA TTC}}$$

■ **Taux d'endettement** : mesure le poids du financement externe dans les ressources stables d'une entreprise.

$$\frac{\text{Dettes financières}}{\text{Capitaux propres}}$$

■ **Ratio d'indépendance financière** : permet de déterminer l'indépendance financière d'une entreprise vis-à-vis des établissements bancaires.

$$\frac{\text{Capitaux propres}}{\text{Dettes financières}}$$

■ **Capacité de remboursement** : mesure le nombre d'années que l'entreprise mettra à rembourser ses dettes en utilisant sa capacité d'autofinancement.

$$\frac{\text{Dettes financières}}{\text{CAF}}$$

■ Le choix d'un ou plusieurs ratios dépendra avant tout de l'information que souhaite obtenir l'entreprise et doit permettre d'aider le manager dans la définition de la future stratégie ou d'évaluer la stratégie actuelle.

Remarque

La loi réglemente les délais de paiement entre professionnels (30 jours avec un possible allongement à 60 jours) afin de protéger les PME qui ne disposent pas d'un pouvoir de négociation suffisant auprès des grandes entreprises.

À retenir !

■ Le bilan fonctionnel permet d'analyser la situation financière d'une entreprise en comparant ses emplois (actif) à ses ressources (passif). L'analyse de ce bilan grâce à des ratios financiers permet d'aider le manager dans ses prises de décisions.

Le compte de résultat de l'entreprise

Fiche 40

CEJM

En fin d'exercice, une entreprise établit son compte de résultat à partir de l'ensemble des opérations qui se sont traduites par des encaissements et des décaissements. Elle peut ainsi déterminer sa capacité à réaliser un bénéfice.

1 La présentation simplifiée du compte de résultat

- Le compte de résultat (CR) est un document comptable qui présente l'ensemble des produits (encaissements) et des charges (décaissements) de l'entreprise pendant un an (exercice comptable).
- Il fournit des informations sur les performances réalisées par une entreprise et constitue un outil indispensable à l'entrepreneur pour évaluer l'impact de sa stratégie sur la santé financière de son entreprise (performance économique et rentabilité).

Notes

Charges (décaissements)	Produits (encaissements)
Charges d'exploitation (principaux postes) – coût d'achat des marchandises vendues – charges externes (fournitures, loyers, frais postaux, etc.) – salaires et charges sociales – impôts et taxes sur la production	**Produits d'exploitation** – vente de marchandises – production vendue, stockée et immobilisée – reprises sur amortissements et provisions – autres produits
Charges financières – dotations aux amortissements et provisions – intérêts d'emprunts et charges assimilées	**Produits financiers** – intérêts sur placements – reprises sur provisions
Charges exceptionnelles – sur opérations de gestion ou en capital	**Produits exceptionnels** – sur opérations de gestion ou en capital
Bénéfice si produits – charges > 0	**Perte** si produits – charges < 0

- Le résultat net (bénéfice ou perte) résulte de la différence entre les produits (encaissements) et les charges (décaissements).
- Il ne dépend donc pas uniquement de l'activité d'exploitation.
- Il doit, de ce fait, être étudié en détail et sur plusieurs exercices (notamment en isolant les éléments exceptionnels non récurrents) pour éviter les erreurs d'interprétation.

Notes

2 Les principaux soldes intermédiaires de gestion (SIG)

■ Une analyse plus détaillée du compte de résultat permet d'établir les soldes intermédiaires de gestion.

■ Valeur ajoutée (VA) : mesure la richesse brute créée par l'entreprise dans le cadre de son activité.

VA = Marge commerciale + Production de l'exercice
– Consommations de l'exercice en provenance de tiers

■ Excédent brut d'exploitation (EBE) : mesure la performance commerciale et industrielle indépendamment de la politique de financement et d'investissement de l'entreprise et des événements exceptionnels.

EBE = VA de l'entreprise + Subventions d'exploitation
– Impôts, taxes et versements assimilés – Charges de personnel

■ Résultat d'exploitation : mesure la capacité de l'entreprise à générer des ressources avec son activité principale, sans prendre en compte les éléments financiers et exceptionnels. Il met en avant la performance économique de l'entreprise.

Résultat d'exploitation = Produits d'exploitation – Charges d'exploitation

■ Capacité d'autofinancement (CAF) : mesure l'ensemble des ressources internes générées par l'entreprise dans le cadre de son activité qui permettent d'assurer son financement.

CAF = Produits encaissables – Charges décaissables

■ Cette approche plus détaillée permettra au manager de mesurer sur une année d'exercice la réelle efficacité de son organisation productive ainsi que l'impact de la politique de financement.

Remarque

Les SIG fournissent des informations plus utiles parfois que le simple résultat net sur la situation financière d'une entreprise (CAF, EBE, etc.).

À retenir !

■ Le compte de résultat permet à une entreprise de mesurer ses principaux soldes intermédiaires de gestion (Valeur Ajoutée, Excédent Brut d'Exploitation, Résultat d'Exploitation et Capacité d'autofinancement). L'analyse de ces soldes constitue une source précieuse d'information pour évaluer l'efficacité du processus de production mis en œuvre par l'entreprise.

Les différents modes de financement

Fiche 41

CEJM

Notes

Pour faire face à ses besoins de financement, l'entreprise peut s'appuyer sur différents modes de financement, qu'ils soient internes ou externes.

1 Les principaux modes de financement

Financement interne (utilisation des ressources financières dégagées par l'entreprise elle-même)	Financement externe (obtention de ressources financières par des financeurs externes)
Utilisation de la CAF (capacité d'autofinancement) : ensemble des ressources financières internes dégagées par l'entreprise et utilisables pour satisfaire ses besoins de financement à long terme.	**Apports financiers des associés** qui constituent le capital social d'une entreprise mais qui peuvent l'abonder par la suite en cas de besoin.
	Augmentation de capital : opération qui consiste pour l'entreprise à accroître son capital par émission de nouvelles actions.
Cession d'actifs (désinvestissement) : opération qui consiste pour une entreprise à céder à une autre entreprise une partie de ses actifs en échange d'une contrepartie monétaire.	**Crédit-bail :** opération permettant à une entreprise de disposer d'un bien d'équipement de son choix, sans en être propriétaire, en le louant à une société spécialisée qui l'achète au fabricant.
	Emprunts bancaires : opérations par lesquelles un établissement financier met à la disposition d'une entreprise une somme d'argent contre la promesse de son remboursement et moyennant le paiement d'un intérêt.

■ Les grandes entreprises peuvent mobiliser conjointement les différents modes de financement.

■ Les PME, par nature plus fragiles, sont susceptibles de rencontrer des difficultés pour obtenir des financements (accès au crédit réduit, CAF limitée voire négative en phase de croissance, etc.).

Remarque

Le **crédit-bail** est un contrat de location conclu entre un établissement bancaire (qui est le bailleur) et une entreprise qui est l'occupant. Ce contrat de location est assorti d'une promesse de vente à l'issue du contrat de location. Le crédit-bail concerne surtout du matériel (voiture, outillage, équipements, etc.) mais peut aussi concerner des biens immobiliers.

2 Leurs caractéristiques

■ Le choix du mode de financement dépendra des avantages et inconvénients propres à chacun :

– l'utilisation de la CAF présente un risque de mauvaise utilisation des fonds disponibles qui sont immobilisés dans l'entreprise alors qu'ils auraient pu être investis autrement et offrir une meilleure rentabilité (*ex.* : placements financiers). La CAF constitue aussi une réserve financière que pourra utiliser l'entreprise en cas de difficultés ;

– les cessions d'actifs engendrent un risque de perte de compétences et de sortie définitive d'un marché par l'entreprise. Elles peuvent, par ailleurs, entraîner un coût (moins-value) par rapport à la valeur comptable des actifs cédés ;

– l'augmentation de capital engendre un risque de perte de pouvoir de l'entrepreneur du fait de l'arrivée de nouveaux actionnaires et un coût financier futur lié à la nécessité de verser des dividendes plus importants ;

– l'emprunt bancaire engendre un coût financier lié à la nécessité de payer des charges d'intérêts sur les sommes contractées et un risque d'endettement trop important de l'entreprise ;

– le coût de la location du crédit-bail accroît les charges de l'entreprise. Le risque est plus limité puisque l'entreprise ne devient pas propriétaire des biens acquis par ce procédé.

■ Une fois les contraintes financières identifiées, l'entrepreneur doit choisir le mode de financement adéquat pour adapter les ressources de l'entreprise à la stratégie mise en œuvre.

■ La détermination du mode de financement dépendra de la comparaison entre les coûts et les bénéfices des différentes solutions mesurée sur la durée totale du besoin à satisfaire. Plus l'échéance sera longue et plus l'entreprise cherchera à privilégier les options qui ne remettront pas en cause sa stabilité financière globale.

Remarque

L'encours des dettes contractées par les sociétés non financières installées en France s'est élevé à 1 609 milliards d'euros à la fin du mois de décembre 2018. Cela représente 74 % du PIB, soit une augmentation de 10 points en 4 ans. Cette hausse est en partie due à des taux d'intérêts faibles qui limitent les charges d'intérêts et favorisent ainsi le recours à l'emprunt.

À retenir !

■ Pour faire face à ses besoins de financement, l'entreprise peut faire appel à différents modes de financement qui présentent chacun des avantages et inconvénients spécifiques qu'il convient de comparer avant de les choisir.

L'équilibre financier de l'entreprise

Fiche 42

CEJM

Notes

Dans le cadre de la **gestion financière**, l'entrepreneur s'intéresse à l'équilibre entre les **ressources financières** dont dispose l'entreprise et ses **besoins de financement**. Une attention particulière est apportée à la **gestion du fonds de roulement** qui résulte du **cycle d'exploitation** de l'entreprise.

1 Les principales contraintes financières d'une entreprise

Gestion financière
Ensemble des décisions et actions destinées à équilibrer les besoins et les ressources de financement de l'entreprise à court terme comme à long terme.

■ L'entrepreneur ou le manager doit faire face à deux types de besoins qui supposent des réponses spécifiques (mais non nécessairement dissociées) :

– des besoins de financement à court terme, pour assurer le financement du cycle d'exploitation ;

– des besoins de financement à long terme, pour assurer le financement des investissements de l'entreprise à moyen et long termes en fonction de la stratégie de développement adoptée.

■ L'entrepreneur doit assurer une gestion financière qui intègre différentes contraintes :

– la contrainte de solvabilité : capacité de l'entreprise à honorer ses dettes exigibles à tout moment (contrainte de liquidité des fonds disponibles) ;

– la contrainte de pérennité : assurer la cohérence entre le besoin de financement (à court ou long terme) et le mode de financement retenu pour le financer. Par principe, le financement d'un besoin doit être assuré par une ressource ayant la même échéance ;

– la contrainte de disponibilité des ressources à court terme : assurer le bon usage des ressources disponibles à court terme. Une entreprise doit, par ailleurs, disposer de réserves pour faire face à des besoins temporaires ou exceptionnels ;

– la contrainte du coût du mode de financement retenu : le coût du financement doit notamment être mis en parallèle avec la rentabilité attendue des dépenses envisagées.

■ La contrainte de solvabilité demeure une contrainte prédominante pour le manager pour lequel un incident de paiement (même en phase de développement) peut entraîner la disparition de l'entreprise.

Notes

2 La gestion du fonds de roulement

■ La gestion du fonds de roulement est un enjeu essentiel pour l'entrepreneur qui doit s'assurer en priorité de la solvabilité de son entreprise.

■ Pour diminuer son besoin de financement à court terme (la différence entre le FRNG et le BFR), l'entrepreneur cherche au maximum à diminuer le besoin en fonds de roulement, notamment les besoins de financement à court terme de son cycle d'exploitation. Pour cela, il cherche à réduire les postes qui mobilisent le plus de ressources financières ou à accroître ses ressources financières disponibles à court terme.

■ Cela suppose :

– de réduire les délais de paiement accordés à ses clients ;

– d'accroître les délais de paiement consentis par ses fournisseurs ;

– de réduire les stocks intermédiaires des productions réalisées ;

– d'accroître ses **concours bancaires** auprès des établissements de crédit.

■ Ces différents éléments montrent l'importance de la relation qu'entretient l'entrepreneur avec les partenaires extérieurs de l'entreprise (clients, fournisseurs, banques, etc.). Le pouvoir de négociation d'une entreprise vis-à-vis de ses fournisseurs et de ses clients aura une importance toute particulière dans la gestion du fonds de roulement (les grandes entreprises imposent souvent des délais de paiement plus longs à leurs fournisseurs afin de réduire leur BFR).

Concours bancaires courants

Ensemble des dettes contractées par une entreprise auprès de sa (ses) banque(s) en raison des besoins de trésorerie qui proviennent de l'exploitation courante ou des autres opérations d'exploitation de l'entreprise.

■ En développant les ventes directes, les entreprises peuvent aussi réduire les délais de paiement des clients.

■ Le choix du mode de production qui sera retenu par un manager doit prendre en compte les incidences financières qui vont en découler en termes de besoin en fonds de roulement (financement de stocks de produits, etc.).

À retenir !

■ Au même titre qu'un particulier doit équilibrer son budget (dépenses-recettes), une entreprise doit constamment s'assurer de son équilibre financier afin de garantir sa solvabilité et donc sa pérennité. La gestion du fonds de roulement est au centre des décisions opérationnelles qui permettent soit de réduire les décaissements, soit d'augmenter les encaissements.

Places de marché et relations d'échange

Fiche 43

CEJM

Notes

L'essor des TIC (Technologies de l'information et de la communication) et du numérique a entraîné une **dématérialisation des échanges** qui modifie le fonctionnement des marchés.

1 Les différents types de relations d'échange

■ Les relations peuvent être directes entre le producteur-vendeur et l'acheteur (e-commerce). C'est pourquoi l'on parle d'un phénomène de désintermédiation.

■ Cette dématérialisation n'affecte pas uniquement les échanges marchands, elle favorise également les relations non marchandes comme les formalités administratives en ligne.

■ Néanmoins, des plateformes électroniques, appelées places de marché, se développent très rapidement et favorisent des relations indirectes entre vendeurs et acheteurs. On parle alors de phénomène de réintermédiation.

2 La notion de place de marché *(market place)*

■ Une place de marché est une application Web qui joue un rôle d'intermédiaire et permet de mettre en relation des vendeurs et des acheteurs potentiels pour effectuer des transactions de biens et/ou de services.

Ex. : Le site Vinted, créé en 2008 et présent dans 12 pays essentiellement européens, propose aux particuliers de vendre, d'acheter et d'échanger directement des articles de seconde main.

■ Les places de marché sont ainsi des plateformes (marchés virtuels) aux mains d'un opérateur qui transmet la commande et les informations relatives à la livraison au vendeur partenaire et qui sécurise les transactions.

■ Les places de marché se sont multipliées pour essayer de donner aux consommateurs un meilleur accès aux différents sites présents sur le Web (plus de 44 millions de noms de domaines sont enregistrés dans le monde chaque année, soit environ 123 000 par jour).

■ Elles font appel à différents prestataires (qui s'apparentent à de nouveaux métiers) pour offrir de multiples services à leurs usagers : prestataires de paiement en ligne, logisticiens, intégrateurs de flux, éditeurs de solutions, etc.

Notes

A. Les trois intervenants dans une transaction

La plateforme	L'opérateur de la place de marché est généralement rémunéré par une commission.
Le vendeur	Le vendeur gagne en visibilité grâce à la place de marché et dispose d'un canal de distribution supplémentaire. Il a l'assurance d'être payé.
L'acheteur	L'acheteur bénéficie d'un plus large choix de produits et de prix et effectue ses achats dans un cadre sécurisé.

■ La place de marché ne s'occupe pas des tâches relatives au stockage des articles. Sa performance repose sur sa capacité à générer du trafic et à attirer ainsi des clients potentiels pour les offreurs qui passent par elle.

Remarque

La qualité de service et la réputation d'une place de marché sont essentielles à son attractivité.

B. Des plateformes et des relations d'échange multiples

■ Les places de marché peuvent mettre en relation des particuliers ou des professionnels entre eux, voire y associer des administrations. Il existe ainsi des plateformes *BtoC* telles qu'Amazon ou ebay, *BtoB* telles qu'Amazon Business ou Alibaba ou encore *CtoC* telles qu'Airbnb ou Blablacar.

■ Outre des ventes traditionnelles où le prix de vente s'affiche sur la plateforme, il peut y avoir des transactions qui s'opèrent avec des systèmes d'enchères classiques, d'enchères inversées ou sous la forme de troc.

■ On distingue différents types de plateforme :

– plateforme *BtoB (business to business)* : plateforme dédiée aux activités commerciales inter-entreprises ;

– plateforme *BtoC (business to consumer)* : plateforme dédiée aux activités commerciales entre les entreprises et les consommateurs finaux (le grand public) ;

– plateforme *CtoC (consumer to consumer)* : plateforme dédiée aux échanges entre consommateurs finaux. Les consommateurs y échangent donc des biens ou des services directement, sans intermédiaire, gratuitement ou non.

À retenir !

- Le développement d'Internet et l'accès de plus en plus généralisé aux nouvelles technologies modifient profondément les relations entre agents économiques.
- Les places de marché facilitent l'émergence de nouvelles formes d'échanges entre clients finaux et producteurs.

Le développement du numérique : l'impact sur les marchés

Fiche 44

CEJM

Notes

Le développement du numérique induit un certain nombre d'externalités et d'effets sur la structure des marchés et leur régulation. Il impacte, par ailleurs, le marché du travail.

1 Les externalités de réseau liées aux plateformes numériques

■ Les plateformes numériques créent souvent des externalités de réseau. Elles correspondent aux gains qu'il y a à utiliser un réseau et apparaissent lorsque suffisamment de personnes utilisent le réseau en question.

■ La grande taille des plateformes en améliore la qualité et l'intérêt pour l'utilisateur :

– plus les places de marché sont grandes, plus les acheteurs bénéficient de produits ou de services, et les vendeurs accèdent à une clientèle potentiellement plus importante ;

– les grands réseaux sociaux sont aussi intéressants pour leurs utilisateurs : davantage de contacts potentiels à nouer, plus de contenu à trouver sur le réseau (vidéos, etc.).

■ Au-delà de l'intérêt pour les utilisateurs, la taille du réseau améliore la qualité de service de la plateforme. Un plus grand nombre d'utilisateurs fournit des données précieuses qui permettent à la plateforme de mieux connaître le client, donc de mieux cibler les contacts, les publicités, etc.

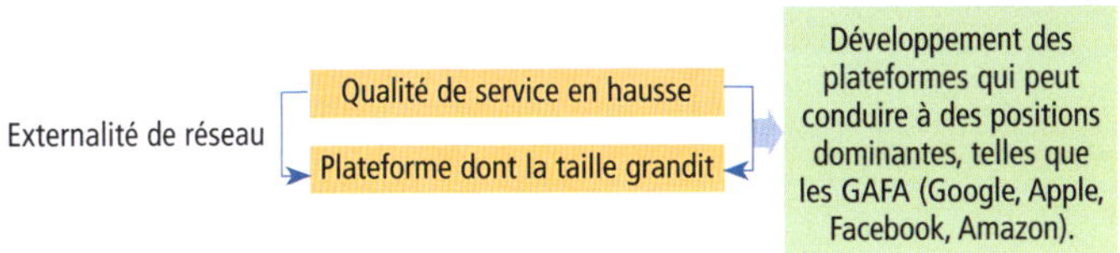

2 Les positions dominantes

A. Les politiques de concurrence

■ L'essor des plateformes numériques entraîne des interrogations quant aux politiques de concurrence. L'émergence de positions dominantes fait craindre des pratiques anti-concurrentielles : abus de cette position dominante pour éliminer la concurrence, pour exercer une pression exagérée sur les fournisseurs ou annonceurs, etc.

Notes

- Mais les risques restent à nuancer :

– les politiques de régulation de la concurrence visent avant tout à protéger les consommateurs. Or, ceux-ci ne sont généralement pas lésés : la grande taille des réseaux améliore la qualité de service, la clientèle n'est pas captive, etc. ;

– il n'y a généralement pas de barrières à l'entrée sur ces marchés : peu de moyens sont nécessaires pour créer une plateforme, la position d'un leader peut être rapidement remise en question, etc.

B. La régulation

- L'essor des plateformes numériques suscite aussi des craintes et problèmes en matière de régulation : difficultés d'imposition, contournement des règles du droit du travail (ubérisation), protection des données personnelles, etc.

Remarque

La France a mis en place en 2019 une taxe sur les grandes entreprises du numérique à hauteur de 3 % sur le CA numérique réalisé en France pour toute entreprise dont le CA dépassera 750 millions d'euros dans le monde, dont 25 millions en France.

3 Des mutations qui impactent le marché du travail

En volume	**Destruction d'emplois** due à l'automatisation de tâches routinières.	Les créations d'emplois compensent-elles totalement les destructions ? → Idées d'un revenu universel, d'une taxation des robots pour y faire face.
	Création d'emplois : nouveaux métiers au sein des secteurs émergents.	
	Possibles relocalisations d'activités du fait de l'automatisation de tâches à faible qualification.	
En structure	L'essor du numérique favoriserait des emplois qualifiés : les moins qualifiés subiraient les destructions.	
	• Ubérisation de certains secteurs. • Précarisation du travail.	

- Ces mutations affectent l'organisation du marché du travail (remise en cause du salariat) et invitent à accompagner ces bouleversements en accentuant la formation aux nouvelles compétences qui seront demain la clé d'un maintien ou d'une entrée dans l'emploi.

À retenir !

- Les externalités de réseau posent des problèmes de régulation nouveaux afin de maintenir un certain degré de concurrence sur les marchés. Le marché du travail se trouve, par ailleurs, confronté à de nombreux bouleversements dont l'évolution des qualifications et l'accélération des transferts d'emplois entre secteurs.

L'évolution des modèles économiques

Fiche 45

CEJM

Notes

La révolution du numérique ne modifie pas seulement les systèmes productifs des entreprises. Elle contribue à remettre en cause le modèle économique traditionnel en transformant la chaîne de valeur et la création de richesses.

1 Les impacts sur la société

■ Au-delà du modèle économique des entreprises, ces évolutions ont des impacts plus profonds sur la société ; dans de nombreux domaines, le développement du numérique remet en question la notion d'achat et de droit de propriété.

■ Par souci économique ou environnemental, les individus privilégient un simple droit d'usage des biens (*ex.* : les systèmes de location de vélos, de voitures, de trottinettes) qui s'oppose au modèle économique traditionnel fondé sur l'acquisition d'un bien ou d'un service. De plus en plus de besoins sont ainsi satisfaits par des modèles d'abonnement ou de location au détriment de l'acte d'achat.

2 Les différents modèles économiques

Modèle « traditionnel »	Produire et tirer des revenus de la vente de sa production.
Quelques nouveaux modèles économiques	**Modèle gratuit financé par la publicité :** maximiser l'audience d'un site pour obtenir une rémunération grâce à des bannières publicitaires payées par des annonceurs.
	Modèle *freemium* : faire adhérer un maximum de gens à un service gratuit pour les rediriger vers un service payant plus complet.
	Modèle de l'abonnement pour un accès : vendre un droit d'usage plutôt qu'un droit de propriété. Courant pour les vidéos ou musiques à la demande : le client n'achète plus un film, mais le droit de le visionner pendant un certain temps.
	Économie collaborative : des plateformes telles qu'ebay mettent différents acteurs en relation et se rémunèrent généralement par des commissions. Toutes ces plateformes ne relèvent pas du domaine marchand : troc, échange de logements pour les vacances, covoiturage, etc.
Relations non marchandes	De nombreux **logiciels sont gratuits** (gratuiciels ou *freeware*) ; certains sont *open source* (on peut accéder au code source du programme et le modifier). Un grand nombre de **MOOCs** (formations ouvertes à distance) sont gratuits.

Notes

3 Les impacts sur les activités traditionnelles

■ Le numérique et les TIC affectent aussi le modèle économique d'activités traditionnelles.

■ Les facteurs clés de succès traditionnels d'une industrie peuvent être remis en cause par l'irruption des nouvelles technologies.

Déclin de certaines activités au profit de nouveaux secteurs émergents soumis à de nouveaux modèles économiques	Des innovations, de nouvelles technologies (effet de création) rendent obsolètes certaines activités (effet de destruction). ***Exemple de création :*** l'hébergement de données.
Transformation du périmètre des entreprises ou de leur métier	Les TIC favorisent le recentrage sur les activités créatrices de valeur et l'externalisation des autres activités (développement des entreprises-réseaux) : une gestion facilitée des relations entre entreprises partenaires permet, par exemple, d'automatiser les commandes entre client et fournisseur avec les systèmes d'échange de données informatisées. Les relations étroites entre entreprises partenaires nécessitent des interconnexions entre les systèmes d'information (SI) qui doivent être compatibles, d'où l'importance croissante des normes et des standardisations.
	Les TIC ont profondément modifié les règles du jeu de certains secteurs : – les plateformes type Uber pour le transport des personnes ; – la vente d'un droit d'usage et non plus d'un droit de propriété : musique, vidéo, transport urbain.

■ Une concurrence potentielle de nouveaux acteurs peut émerger :

– du fait du bouleversement des frontières des marchés traditionnels ;

Ex. : L'essor des banques en ligne au côté des banques traditionnelles.

– ou par le transfert d'une part importante de la valeur ajoutée entre une entreprise et ses principaux fournisseurs.

Ex. : L'essor des véhicules connectés fait des entreprises du secteur numérique de nouveaux entrants potentiels sur le marché automobile.

À retenir !

■ **Le développement du numérique entraîne des changements de modèle économique *(business model)* pour les entreprises, c'est-à-dire la façon dont les entreprises créent de la valeur pour en tirer des revenus.**

La protection des actifs immatériels

Fiche 46

CEJM

Notes

Dans l'économie numérique actuelle, les **actifs immatériels** des entreprises (sites Internet, noms de domaines, logiciels, bases de données, brevets, marques, etc.) prennent une place croissante dans leur stratégie. Ils font partie du **patrimoine de l'entreprise** et sont **source de création de valeur**. Le droit protège ces actifs immatériels.

1 Les titulaires des droits d'auteur

■ Les droits patrimoniaux appartiennent en principe à l'auteur de la création.

Type d'auteur	Propriétaire des droits patrimoniaux	*Exemple*
L'auteur travaille de façon indépendante.	L'auteur	Un auteur crée un roman ou une pièce de théâtre.
Création collective (plusieurs coauteurs)	Droits partagés entre les divers auteurs. Les auteurs sont qualifiés de coauteurs.	Plusieurs spécialistes ont collaboré à un ouvrage en rédigeant chacun une partie de l'ouvrage. ***Ex.* :** scénariste et auteur d'une bande dessinée.
Création composite (plusieurs auteurs indépendants)	L'œuvre découle d'un processus où, à chaque étape, un auteur apporte son originalité. Chaque auteur est propriétaire de son apport personnel.	Pour une chanson, le parolier, le compositeur et l'interprète apportent chacun leur création originale, l'un par le texte, l'autre par la mélodie et ses arrangements et le dernier par l'interprétation de l'ensemble.
Salarié	L'employeur	Le salarié met au point des **inventions** dans le cadre de son travail pour le compte de son employeur avec les moyens de l'entreprise.

■ Les droits moraux sont toujours de la propriété de leur auteur et de ses descendants.

2 Le régime juridique des actifs immatériels

Créations intellectuelles	Régime juridique
Sites Internet	Les sites Web sont protégés par le droit d'auteur lorsque la condition d'originalité est remplie.
Noms de domaines	Le déposant du nom de domaine dispose d'un droit exclusif d'usage de ce nom.

Notes

Logiciels	• Le code source, le code objet et les travaux préparatoires du logiciel **font l'objet d'une protection**. • Les fonctionnalités, algorithmes et interfaces graphiques **sont exclus** de la protection.
Bases de données	Elles combinent deux régimes indépendants de protection : – une protection conforme aux droits d'auteur pour leur architecture ; – une protection spécifique des intérêts économiques du producteur de ces bases.

3 La protection des actifs immatériels

■ La dématérialisation bouscule la diffusion et l'utilisation des actifs immatériels qui se visionnent, se reproduisent, se transmettent sans entrave. Les atteintes au droit de propriété sont ainsi facilitées. Le droit envisage donc des protections adaptées.

A. La protection *a priori*

■ Par la protection *a priori*, le titulaire des droits d'auteur dispose de droits moraux et patrimoniaux.

– Les droits patrimoniaux sont cessibles, transmissibles et démembrables. Ils consistent dans l'octroi d'un monopole d'exploitation ; ainsi, un auteur puis ses héritiers demeurent propriétaires de l'œuvre et des droits d'exploitation y afférents jusqu'à 70 ans après la mort de l'auteur. Ces droits rassemblent un droit de reproduction et un droit de représentation.

Ex. : En 2012, George Lucas a vendu les droits d'exploitation de la marque Star Wars de son entreprise Lucasfilm pour environ 4 milliards de dollars à la société Walt Disney Company.

– Les droits moraux rassemblent un droit de paternité de l'auteur sur son œuvre, un droit de divulgation de l'œuvre, un droit de repentir de l'auteur et un droit au respect de l'œuvre par les tiers. Ces droits sont perpétuels et imprescriptibles.

B. La protection *a posteriori*

■ Avec la protection *a posteriori*, deux actions sont envisageables pour protéger les droits de l'auteur : l'action en contrefaçon sanctionne un délit pénal et l'action en concurrence déloyale se fonde sur la responsabilité civile extracontractuelle.

Remarque

La durée de la protection varie selon la nature de l'actif immatériel. Un brevet d'invention est protégé pendant 20 ans non renouvelables alors qu'une marque peut être protégée pendant 10 ans renouvelables indéfiniment. Enfin, un dessin est protégé 5 ans renouvelables avec un maximum de 25 ans.

À retenir !

■ L'auteur d'une création originale dispose d'un lien fort avec son œuvre et d'une protection privilégiée grâce au droit sur son œuvre. La protection se met en place dès la création de l'œuvre et les actions en contrefaçon et en concurrence déloyale y concourent.

La protection de la personne dans la société numérique

Fiche 47

CEJM

Notes

Dans une société de l'information où de nombreux procédés existent pour collecter des données en grande quantité (manière de surfer sur Internet, cookies, formulaires remplis en ligne avec des données personnelles, etc.), la **vie privée** et le **droit à l'image** des personnes physiques sont mis à mal.

1 Le droit au respect de la vie privée

A. Un droit mis à mal…

■ Les *articles 9 du Code civil et 8 de la Convention européenne des droits de l'homme* qui consacrent le respect de la vie privée doivent être renforcés pour protéger davantage.

Recul de la vie privée dans…	*Exemples d'outils numériques*
les informations collectées	• Les données à caractère personnel *via* des photos, des films ou des écrits. • Les données de connexion. • Les adresses IP de l'internaute.
les procédés utilisés	• Les cookies. • Les spams. • La commercialisation des données.

B. … dont la protection doit être renforcée

■ En France, le droit a recherché un équilibre entre la liberté de circulation de l'information et la protection de la personne. Dès 1978, la CNIL (Commission Nationale Informatique et Libertés) a été créée pour assurer cette protection.

■ Ses quatre missions consistent à :

Informer et protéger	La CNIL informe les particuliers et les professionnels et répond à leurs demandes. Elle met à leur disposition des outils pratiques et pédagogiques et intervient très régulièrement pour animer des actions de formation.
Accompagner et conseiller	La CNIL dispose d'outils pour encourager les organisations à se conformer à des pratiques respectueuses de la vie privée des personnes et de leurs données personnelles. Par exemple : – elle fournit des avis sur des projets de loi ou de décret ; – elle peut certifier la conformité d'un processus de traitement des données.
Contrôler et sanctionner	La CNIL peut accéder à des locaux puis saisir des bases de données. Elle peut infliger des amendes et publier ses sanctions.
Anticiper	La CNIL met en place une veille pour détecter et analyser les technologies ou les nouveaux usages pouvant avoir des impacts importants sur la vie privée.

Notes

- Le droit communautaire a complété la législation en la matière à plusieurs reprises et récemment avec le RGPD (Règlement général sur la protection des données) entré en vigueur en mai 2018.

- Le RGPD a créé un nouveau poste en entreprise : le DPO *(Data Protection Officer)*, délégué à la protection des données, est chargé de faire respecter la vie privée et les droits des salariés.
Les personnes disposent ainsi, sur leurs données personnelles :
– d'un droit au consentement préalable et éclairé sur l'utilisation des données ;
– d'un droit d'opposition au traitement des données ;
– d'un droit d'accès aux données collectées sur leur personne ;
– d'un droit de rectification en cas d'inexactitude ;
– d'un droit à l'oubli par effacement des données ou déréférencement sur les moteurs de recherche.

- Les entreprises collectrices sont soumises à de nombreuses règles :
– désigner un délégué à la protection des données ;
– cartographier les données personnelles collectées ;
– faire évoluer les processus internes afin que la politique de collecte et de traitement soit pertinente et transparente. Elle doit correspondre à la finalité de l'entreprise ;
– sécuriser les données, qui doivent rester confidentielles ;

- Le partenaire privilégié des entreprises reste la CNIL.

- La personne qui utilise à des fins malveillantes des éléments de l'identité numérique d'une personne commet un délit pénal appelé usurpation d'identité.

2 La protection du salarié dans le cadre du travail

- L'employeur peut contrôler davantage le travail de ses salariés en :
– accédant au contenu du disque dur de leur poste de travail ;
– surveillant et chronométrant leur navigation Web ;
– surveillant leurs déplacements ou leur comportement (vidéosurveillance, géolocalisation).

- Pour encadrer ce pouvoir, l'employeur doit respecter le principe énoncé dans l'*article L. 1121-1 du Code du travail* : « Nul ne peut apporter aux droits des personnes et aux libertés individuelles et collectives de restrictions qui ne seraient pas justifiées par la nature de la tâche à accomplir ni proportionnées au but recherché. »

À retenir !

- Du fait du développement des *big data*, les droits français et communautaire ont renforcé leurs dispositifs réglementaires afin de mieux protéger la vie privée des particuliers.

Le contrat de vente électronique

Fiche 48

La dématérialisation des échanges a conduit le droit de la preuve à s'adapter **en intégrant la preuve électronique comme mode de preuve**. Elle donne également naissance à un régime juridique spécifique pour le contrat de vente électronique.

1 L'existence du contrat : le régime de la preuve électronique

■ Depuis 2000, l'*article 1316-1 du Code civil* énonce que l'écrit sous forme électronique est admis en preuve au même titre que l'écrit sur support papier, à deux conditions cumulatives :

Conditions cumulatives	Procédé technique : la signature électronique
❶ Pouvoir identifier la personne qui en est l'émetteur.	La signature électronique suppose l'intervention d'un tiers certificateur et le recours à la cryptographie à clés asymétriques (une clé privée et une clé publique). Elle remplit ces deux conditions.
❷ Pouvoir garantir l'intégrité du contenu du message : pas de faux possible et préservation de cette intégrité dans le temps.	

■ Dès lors, la preuve électronique peut aussi bien servir à constituer un support *ad probationem* (pour se constituer une preuve, mais pas obligatoire) que *ad validitatem* (l'écrit est indispensable à la validité de l'acte sous peine de nullité).

Ex. : Lors d'un achat de bien sur Internet, l'internaute acheteur doit recevoir immédiatement après la conclusion du contrat un mail qui récapitule les principales caractéristiques du contrat (prix facturé et remises éventuelles, objet du contrat, date, heure, identité du vendeur, etc.). Ces éléments serviront de preuve en cas de litige.

■ La Cour de cassation précise qu'un e-mail, ou courrier électronique, n'est pas un écrit électronique au sens du Code civil car il ne remplit pas les conditions de fiabilité exigées. Il ne peut que servir d'indice.

2 Le contenu du contrat de vente électronique

■ Le développement du numérique entraîne la conclusion de contrats de vente par voie électronique avec les consommateurs. Ce sont des contrats spécifiques car le consentement est donné à distance *via* Internet. Afin que l'acheteur/le consommateur/l'internaute soient protégés, le droit de la consommation prévoit des obligations à la charge du cybervendeur.

CEJM

Notes

Notes

Protection accordée	Précisions
Obligation d'information *(article L. 111-1 du Code de la consommation)*	• Le vendeur informe sur son identité, sur le bien et sur les procédés de paiement avant la vente du bien. • Il précise ses modalités de validation de la commande, ses procédés de traitement des données à caractère personnel, etc.
Droit de rétractation du consommateur *(article L. 121-21 du Code de la consommation)*	• Une fois les informations fournies, un délai de rétractation de 14 jours court à compter de la conclusion du contrat. Tant que l'obligation d'information n'a pas été remplie, le délai de rétractation peut être reporté. • Il est d'ordre public, le consommateur ne peut pas y renoncer.
Obligation de résultat de l'exécution du contrat *(article L. 121-19-4 du Code de la consommation)*	• Le professionnel est responsable de plein droit à l'égard du consommateur de la bonne exécution des obligations résultant du contrat conclu à distance. • **Exception :** le professionnel peut s'exonérer de sa responsabilité en apportant la preuve que l'inexécution ou la mauvaise exécution du contrat est imputable soit au consommateur, soit au fait, imprévisible et insurmontable, d'un tiers au contrat, soit à un cas de force majeure.

■ Ces dispositions découlent de la directive communautaire du 25 octobre 2011 transposée par la loi dite « Hamon » du 17 mars 2014. Les jeux et paris en ligne ainsi que les services financiers à distance font l'objet d'une réglementation spécifique.

Remarque

Le professionnel vendeur ne peut pas inclure de clauses abusives dans le contrat. En outre, les clauses limitatives ou exonératoires de responsabilité en faveur du vendeur sont ici prohibées.

3 La formation du contrat de vente électronique

■ Le contrat de vente électronique est un contrat de vente à distance où les parties ne sont pas physiquement présentes. L'*article 1369-5 du Code civil* explique que le contrat est conclu lorsque l'internaute confirme son acceptation et l'envoie. C'est la théorie de l'émission de l'acceptation qui est ainsi validée.

À retenir !

■ Avec Internet et le développement des transactions numériques à distance, le droit a évolué tant sur le régime de la preuve que sur l'encadrement des contrats de vente électronique.

Les contrats de prestation de services numériques

Fiche 49

CEJM

Le développement du numérique rend indispensable le recours par les entreprises à des **services de prestataires informatiques** pour les besoins de leur activité.
Les **contrats de prestation de services numériques** (fourniture d'accès aux réseaux, hébergement de données, maintenance matérielle ou logicielle, développement de logiciels ou de sites Internet, conseils en ingénierie, etc.) se multiplient. Ils présentent des obligations spécifiques.

1 Le contrat de fourniture d'accès aux réseaux

A. Le principe

■ Le fournisseur a pour activité d'offrir un accès au réseau de communication, notamment de permettre une connexion à Internet. Les prestataires fournissent également des services complémentaires de télévision, de téléphonie et des services accessoires (disque de stockage, borne wifi, etc.).

Ex. : Les quatre grands fournisseurs d'accès aux réseaux en France sont Orange, SFR, Bouygues et Free.

B. Le contenu du contrat

Le prix	• Si le client est un consommateur ou un non professionnel, le droit de la consommation s'applique : droit de rétractation, obligation d'information préalable sur le prix et ses composantes, etc. • Si le client est un professionnel, il peut exiger les conditions générales du prestataire afin de débuter des négociations. • En général, comme ce contrat est échelonné dans le temps, le prix à payer prend la forme d'un forfait ou d'un abonnement.
La prestation technique	• La connexion au réseau est une obligation de résultat qui pèse sur le fournisseur. Le client doit s'assurer que sa ligne est éligible au service demandé, mais c'est souvent le fournisseur qui le vérifie. • Le fournisseur garantit également un débit à son client.

2 Le contrat d'hébergement de données

A. Le principe

■ L'hébergeur fournit un service de stockage d'informations et un accès à cette information au bénéfice de son client et/ou du public (cas du site Web).

Notes

Notes

B. Les obligations des parties

Obligations de l'hébergeur	Obligations du client
• Fournir un espace mémoire pour stocker les informations. • Garantir l'accès 24 h/24 aux données. • Maintenir en état le fonctionnement du matériel.	• Payer le prix (abonnement), sauf si l'hébergeur se rémunère par la publicité. • Respecter le droit de la propriété intellectuelle (interdiction des téléchargements illégaux). • Respecter une charte de bonne conduite sur le Net.

■ Le statut juridique d'hébergeur se distingue de celui d'éditeur. À la différence du second, le premier n'est pas responsable de la teneur des informations stockées.

Remarque

La jurisprudence semble s'accorder pour qualifier d'obligations de résultat les obligations de l'hébergeur.

3 Les clauses des contrats de prestation

■ Les contrats de prestation de service numérique conclus entre professionnels sont soumis au droit commun des contrats, mais leur nature impose la rédaction de clauses spécifiques.

Clause	Définition
de confidentialité	Le professionnel du numérique ne doit pas divulguer les informations confidentielles dont il pourra prendre connaissance en manipulant les données de son client.
de réversibilité des données	Elle permet au client de récupérer les données nécessaires pour transférer à un autre prestataire la gestion externalisée de son parc informatique.
de délai d'intervention	Lorsqu'une panne ou une anomalie technique apparaît, le SI de l'entreprise peut être neutralisé ; les parties peuvent prévoir des délais d'intervention selon le type de panne.
de suppléance ou *back up*	Les parties prévoient qu'en cas de panne, le prestataire proposera de manière temporaire un matériel de remplacement.
de droits d'auteur	Elle précise qui conserve les droits d'auteur lors de la livraison du logiciel : son concepteur ou son utilisateur. Elle fait de même lorsque le logiciel fait l'objet d'améliorations dans le cadre de sa maintenance.

à retenir !

■ Internet a donné naissance à de nouveaux métiers et donc à de nouveaux contrats entre les acteurs du numérique : une entreprise peut ainsi notamment demander à accéder au réseau, à entretenir son parc informatique et à faire héberger ses données.

Les caractères du SI dans l'entreprise

Fiche 50

CEJM

Notes

Dans un contexte où les entreprises se livrent à une vive concurrence, l'information, qu'elle soit d'origine interne ou externe à l'entreprise, est devenue une variable stratégique essentielle. Pour qu'elle soit exploitable par l'organisation, il est nécessaire de la formaliser pour l'intégrer dans le processus de décision ; c'est l'une des fonctions du système d'information (SI).

1 Les définitions du système d'information (SI)

Selon	Définition
Robert Reix	Le SI est « un ensemble organisé de ressources techniques, organisationnelles et humaines requises par le traitement des informations nécessaires à la stratégie et aux métiers de l'entreprise. »
Jean-Christophe Peaucelle	Un SI « se définit par l'information qu'il véhicule et par la manière dont il l'exprime sur ses différents supports. C'est un langage de communication d'une organisation, adapté à la nature plus ou moins répétitive de l'information que l'on veut y échanger. »

- On distingue les fonctions du SI (la finalité recherchée par le SI) des dimensions du SI (la façon dont l'information est construite).
- Le SI représente un enjeu interne essentiel de productivité pour une entreprise.
- La sécurisation du SI constitue aussi un enjeu essentiel, notamment vis-à-vis des informations collectées et stockées auprès des parties prenantes (clients, fournisseurs).

2 Les quatre fonctions du système d'information

- Un système d'information complet et efficace regroupe quatre fonctions principales :

– collecter : l'entreprise acquiert des données provenant de son environnement interne ou externe ;

– stocker : le système d'information conserve l'information acquise afin de pouvoir la restituer ;

– traiter : l'information est transformée, analysée, structurée ;

– diffuser : le SI transmet ensuite l'information dans son environnement interne ou externe.

Notes

3 Les trois dimensions du système d'information

■ Le SI doit se structurer à plusieurs niveaux pour remplir ses fonctions :

Dimension technique	Dimension humaine	Dimension organisationnelle
Système informatique qui regroupe des ressources matérielles (machines, ordinateurs et câbles) et immatérielles (logiciels, progiciels, bases de données). C'est le niveau de l'information brute.	Les hommes et les femmes qui conçoivent, traitent et donnent du sens à l'information. Le jugement humain est toujours présent au départ (conception du SI) et à la fin du processus (prise de décision).	Le SI déploie un ensemble de règles, de procédures et de processus pour que l'information aide à la décision ou à l'action.

■ La dimension organisationnelle prend une place prépondérante dans une société marquée par une croissance très importante des quantités d'informations disponibles qui ne présentent pas toutes le même degré d'utilité dans l'aide à la prise de décision.

■ Les progiciels de gestion sont des ressources immatérielles (logiciels intégrés) qui traitent des informations relatives à plusieurs fonctions de l'entreprise. Ils mettent en relation des données afin de décloisonner les services de l'entreprise et de la rendre plus performante.

Remarques

- Le logiciel de SCM *(Supply Chain Management)* intègre l'ensemble de la chaîne logistique d'une entreprise. Cet outil est interne à l'entreprise.
- Le logiciel de CRM *(Customer Relationship Management)* gère de l'information externe (qui provient du client) pour une utilisation interne.

■ Le règlement général sur la protection des données (RGPD) constitue le texte de référence en matière de protection des données à caractère personnel en Europe.

■ Le RGPD a pour objectif principal d'accroître la protection des individus concernés par un traitement de leurs données personnelles (droit à l'effacement, protection des données dès la conception, etc.). Il augmente dans le même temps la responsabilisation des acteurs (entreprises et organismes) qui collectent et traitent ces données.

À retenir !

- Avec la révolution numérique, le système d'information devient une fonction essentielle pour assurer la compétitivité d'une entreprise. Pour être efficace, un tel système doit permettre de collecter, stocker, traiter et diffuser les informations en s'appuyant sur une organisation et des outils spécifiques.

Les apports du SI face aux défis de l'entreprise

Le développement du ***Big Data*** constitue un défi pour l'entreprise. Le SI doit être capable de collecter les données utiles, ce qui peut supposer une sélection préalable, et de les agréger afin de constituer des **informations pertinentes** qui aideront à la **prise de décision** au sein de l'entreprise.

1 Le SI source d'avantage concurrentiel stratégique

A. L'information est une ressource à part

- L'information ne s'use pas lors de son utilisation. À la différence d'une matière première traditionnelle, sa consommation n'entraîne pas sa destruction.
- La production de l'information représente un coût, mais son coût de réplication est nul ou quasi-nul.
- Les deux éléments précédents rendent difficile la valorisation de l'information, contrairement à un bien tangible (immobilisation corporelle de l'entreprise telle qu'un immeuble ou une machine).

> ***Big Data***
> Technologies et pratiques visant à stocker de très grandes masses de données et à les analyser très rapidement.

B. L'information est une ressource différenciante

- Un SI flexible est source de création de valeur pour l'entreprise et peut générer un avantage concurrentiel s'il est mis au service du processus stratégique.

Le SI au service de la création de valeur

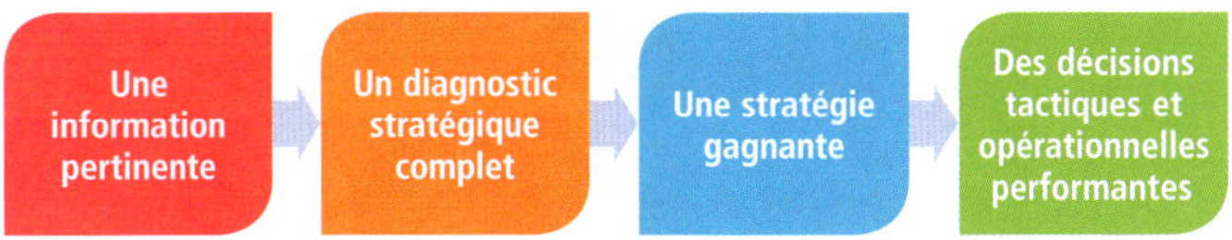

- Le SI doit combiner une fonction d'intégration, afin d'agréger un maximum d'informations et d'assurer une vue d'ensemble de l'entreprise, et une fonction de spécialisation, pour se placer au plus près de là où l'information est nécessaire pour décider et agir vite.

> **Remarque**
> Une information est considérée comme pertinente lorsqu'elle possède les caractéristiques suivantes : fiable, exacte, à jour, utile, disponible et exploitable par le système d'information.

Notes

Notes

2 Le SI, source d'innovation structurelle

■ Face à un environnement ouvert, changeant et incertain, les entreprises ont cherché à gagner en réactivité et peuvent s'appuyer sur le SI pour développer des structures organisationnelles plus souples et adaptables.

Les principales évolutions des structures

Empowerment	Démarche qui consiste à réduire le nombre de niveaux hiérarchiques afin d'accélérer la prise de décision.
Reengineering	• C'est une reconfiguration générale de la structure de l'organisation autour non pas des fonctions mais du processus. • Cette méthode a été mise en avant par Michael Hammer et James Champy.
Structure par projet	• Gestion des activités bâtie autour de la gestion d'un projet. Ce type de structure privilégie une gestion des coûts selon la méthode ABC (analyse des coûts dans le cadre d'une approche fondée sur les processus métiers) et pas seulement selon la méthode des coûts complets (calcul du coût de revient global d'un produit). • En termes de condition de travail, le *coworking* ou travail collaboratif est privilégié. • En termes de mécanisme de coordination, l'ajustement mutuel ou la communication transversale et non pas verticale est mise en avant.
Structure en réseau	• Les frontières de l'entreprise sont redéfinies. Le SI facilite une structure où les fonctions peuvent être externalisées mais les liens restent forts grâce à des partenariats étroits. • On parle d'« entreprise étendue ». Les fournisseurs, les clients, les sous-traitants peuvent co-concevoir, co-innover, co-construire.

■ Ces évolutions cherchent à simplifier la chaîne de décision en facilitant les échanges d'information entre les différentes composantes présentes au sein de l'entreprise, mais aussi avec un ensemble d'acteurs externes impliqués dans une démarche collaborative.

À retenir !

- Un système d'information ne se limite pas à la collecte et au stockage de l'information.
- En combinant une fonction d'intégration et une fonction de spécialisation, le système d'information constitue un facteur clé de succès pour une entreprise en aidant à la prise de décision et à la mise en place d'une organisation plus flexible et adaptable.

Les risques et défis humains liés au SI

Fiche 52

Le SI est un facteur de performance pour l'entreprise mais il pose également des difficultés que le directeur du système d'information (DSI) doit prendre en considération.

1 La typologie des risques liés aux SI

■ Les risques liés aux SI sont de plusieurs types : sécuritaire, opérationnel, juridique, social et financier.

Type de risque	Manifestation
Sécuritaire	**Atteintes au patrimoine informationnel** de l'entreprise : • cyber-attaques ; • diffusion d'un virus informatique ; • vol, piratage, espionnage industriel ; • destruction ou perte des données.
Opérationnel	**Tout événement qui empêche le fonctionnement normal** de l'organisation : • obsolescence ou panne du matériel ; • défaut de maintenance ; • mauvaise gestion des licences logicielles.
Juridique	**L'avènement du numérique a fait évoluer les règles du droit** sur de nombreux points : • négociation et gestion des contrats de prestations informatiques ; • respect de la réglementation en matière de protection des données à caractère personnel ; • etc.
Social	L'outil informatique a envahi les lieux de travail et a entraîné l'**apparition de nouvelles pratiques qui doivent être surveillées** : • intrusion de l'employeur dans la vie privée de ses salariés ; • perméabilité entre les sphères professionnelle et privée (droit à la déconnexion).
Financier	Le SI génère des coûts importants qu'il faut maîtriser : • coût d'acquisition et de maintenance du matériel, des licences logicielles ; • coût de la formation des utilisateurs ; • etc.

2 Le SI, source de crises et de résistance aux changements

■ Au cours de la vie de l'entreprise, sa taille et sa structure évoluent ; avec elle, le SI s'adapte et évolue à son tour.

■ Dans cette épopée entrepreneuriale, le changement de SI peut contribuer à faciliter le changement mais peut également générer des difficultés humaines et managériales qu'il conviendra d'anticiper.

CEJM

Notes

Notes

A. Les crises tout au long de la croissance de l'entreprise selon Larry E. Greiner

■ Greiner identifie cinq crises possibles tout au long des six phases de développement des entreprises.

Le modèle de Greiner

Phase	Crise
❶ **créative**	de *leadership*
❷ **directive**	d'autonomie
❸ **de délégation**	de contrôle
❹ **de coordination**	de bureaucratie
❺ **de collaboration**	de saturation psychologique des salariés
❻ **d'externalisation**	

B. Les facteurs de résistance au changement

■ Le changement peut entraîner une résistance de la part des acteurs en présence. Les types de résistance (selon Michel Crozier notamment mais aussi Kurt Lewin, Paul R. Lawrence, Lester Coch et John R. P. French) peuvent être multiples : résistance psychologique, identitaire, collective, culturelle, politique ou cognitive.

C. Les recommandations pour gérer le changement selon Kurt Lewin

■ Lewin recommande de respecter trois phases de résistance afin de gérer correctement le changement :

1re étape : le dégel	Prise de conscience de la nécessité de changer
2e étape : le changement	Conduite du changement
3e étape : l'enracinement	Adoption et mise en place de la nouvelle organisation

À retenir !

- Le déploiement d'un système d'information performant n'est pas sans risque pour une entreprise. Ces risques sont générateurs de résistance au changement, que cette résistance soit individuelle ou collective.
- Il est nécessaire d'appréhender en amont ces risques pour développer une démarche de gestion du changement qui facilitera la mise en place d'une organisation compatible avec le SI.

Le marché du travail

Fiche 53

CEJM

Notes

Le marché du travail est un marché spécifique sur lequel se confrontent une offre et une demande de travail non homogènes, ce qui conduit à la segmentation du marché.

1 Offre et demande de travail sur le plan théorique

- L'offre de travail est censée être le fruit d'un arbitrage entre temps de travail (les salaires permettent de consommer en contrepartie des efforts produits) et temps de loisir (qui apporte une satisfaction immédiate mais génère un manque à gagner ou coût d'opportunité).
- La demande de travail est une demande de facteur permettant aux entreprises de produire. Elle dépend essentiellement de sa productivité et de son coût. En principe, la demande de travail diminue lorsque le niveau de salaire augmente, ce qui peut conduire les entreprises à automatiser davantage la production.

L'ajustement théorique du marché du travail

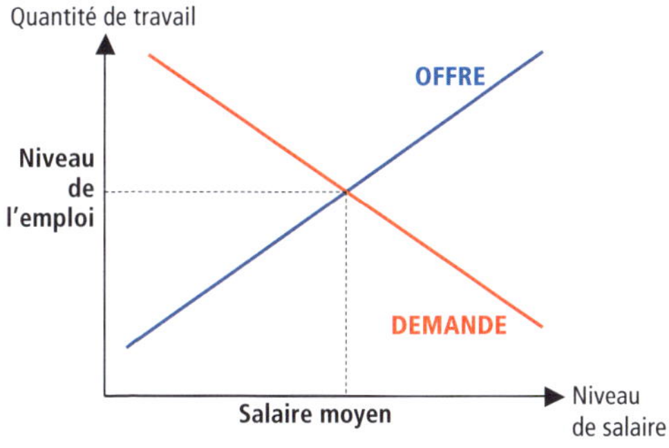

- Selon la théorie économique, un déséquilibre sur le marché du travail se traduit donc par un ajustement du salaire moyen à la hausse ou à la baisse afin de retrouver une situation de plein emploi.

2 Une réalité plus complexe

- Il n'y a pas un mais une multitude de marchés du travail car ce dernier n'est pas homogène, tant du côté de l'offre que de la demande. Il ne peut donc pas y avoir un seul niveau de salaire permettant l'équilibre du marché.

Notes

L'hétérogénéité du travail	
Offre de travail	**Demande de travail**
Différents : – niveaux de qualification des individus ; – parcours et expériences professionnels ; – degrés de mobilité fonctionnelle et/ou géographique ; – etc.	Des profils différents demandés selon : – les compétences, qualités, etc. ; – le degré de spécialisation ; – le temps de travail (temps complet, temps partiel, etc.) ; – le type de contrat proposé (CDI, CDD, intérim) ; – etc.

■ Il peut exister des secteurs où le marché du travail est en tension et où les entreprises peinent à recruter en même temps que perdure un chômage élevé : il y a alors coexistence de personnes au chômage et d'emplois vacants.

■ L'existence d'emplois non pourvus résulte souvent de causes multiples (absence de compétences, conditions de travail, etc.), ce qui limite l'impact des politiques nationales et suppose une réponse adaptée aux spécificités des territoires concernés.

3 Un marché du travail segmenté

■ L'hétérogénéité du travail se traduit par une segmentation du marché qui conduit à distinguer plus particulièrement deux segments :

Marché interne (segment des *insiders*)	Concerne des travailleurs relativement protégés face au chômage : – niveau de qualification élevé ; – contrats de travail relativement stables (CDI) ; – niveaux de rémunération élevés ; – perspectives de promotion.
Marché externe (segment des *outsiders*)	Concerne des travailleurs relativement défavorisés en termes d'emploi, plus susceptibles de connaître des épisodes de chômage : – statuts plus précaires (CDD, intérim, etc.) ; – emplois soumis aux aléas de la conjoncture économique ; – faibles perspectives d'évolution dans l'entreprise.

À retenir !

■ Dans un marché du travail non homogène où cohabitent à la fois des *insiders* et des *outsiders*, la théorie classique de régulation des marchés ne s'applique que partiellement et des déséquilibres peuvent perdurer (chômage et emplois vacants). L'hétérogénéité du travail explique la persistance de différents niveaux de rémunération du facteur travail.

La politique de l'emploi

Fiche 54

CEJM

Notes

Face aux déséquilibres du marché du travail en France, l'État mène une politique de l'emploi qui vise tout à la fois à résorber le chômage et à aider les personnes sans emploi.

1 Un marché du travail en France en partie dual

■ Le marché du travail français est caractérisé par des tendances lourdes, dont une partie est imputable à une segmentation croissante, et l'autre partie à des facteurs structurels importants.

Déséquilibres et tendances lourdes du marché du travail français	
Tendances révélatrices d'une forte segmentation du marché du travail	• Accès à l'emploi difficile pour les personnes ne disposant pas de qualifications professionnelles. • Temps d'accès à un emploi durable de plus en plus long, notamment pour les primo-accédants sur le marché du travail. • Taux d'emploi pour les personnes âgées de plus de 50 ans plus faible que dans les autres pays européens. • Écart persistant de rémunérations entre hommes et femmes. • Temps partiel subi par un nombre croissant d'employés.
Tendances liées à d'autres facteurs	• Niveau relativement élevé du SMIC (par rapport aux autres pays européens) qui pèse sur l'emploi dans certains secteurs à faible productivité. • Tensions sur le marché du travail liées aux règlementations propres à certains secteurs comme des conditions de diplôme pour pouvoir exercer (médecins, pharmaciens, notaires, avocats, etc.). • Ubérisation croissante de certaines activités qui multiplie les formes atypiques d'emplois (indépendants, autoentrepreneurs).

■ Les impacts démographiques expliquent aussi une partie du chômage français avec un différentiel positif entre les entrées sur le marché du travail et les sorties (départs à la retraite).

■ La persistance d'un chômage de longue durée important (supérieur à un an) suggère que les facteurs structurels du sous-emploi sont la cause d'une exclusion d'une partie de la population active du marché du travail (principalement la moins qualifiée).

2 Les politiques actives de l'emploi

■ Également qualifiées de traitement économique du chômage, ces politiques visent à réduire le chômage, notamment en augmentant le volume d'emplois dans l'économie.

Notes

Leviers théoriques visant à réduire le chômage	Réduire l'offre de travail.	Retarder l'entrée sur le marché du travail (allonger la durée des études), réduire l'âge de départ à la retraite, etc.
	Accroître la demande de travail.	Stimuler la croissance et l'activité des entreprises, réduire le coût du travail (SMIC, cotisations sociales), etc.
	Favoriser une meilleure adéquation entre l'offre et la demande de travail.	Développer la formation des individus, accroître la flexibilité du travail, etc.

■ Tous ces leviers ne sont pas nécessairement exploités par les pouvoirs publics ; ainsi, les difficultés de financement des pensions de retraite ont conduit à retarder l'âge de départ à la retraite.

■ Les pouvoirs publics ont cherché à cibler les populations les plus fragiles ces dernières années (jeunes, non qualifiés) et à privilégier les actions suivantes :

– favoriser une meilleure adéquation entre les demandes des entreprises et l'offre de travail, notamment par la politique de formation (élévation du niveau des études, développement de la formation professionnelle, etc.) ou *via* l'action de Pôle Emploi ;

– mettre en place des contrats aidés (ou subventionnés) pour favoriser l'embauche de personnes en situation de précarité par des employeurs publics (ou privés).

3 Les politiques passives de l'emploi

■ Les politiques passives de l'emploi visent à faire face aux conséquences négatives du chômage.

■ L'indemnisation des chômeurs repose sur des leviers tels que le niveau ou la durée d'indemnisation du chômage. La générosité de l'indemnisation se heurte aux contraintes de financement qui pèsent sur les organismes sociaux (financement de l'**Unedic**) et à une éventuelle désincitation au retour à l'emploi.

Unedic
Régime d'assurance chômage créé par les partenaires sociaux en 1958.

■ Le traitement social du chômage est moins mis en avant que par le passé, mais il reste important au regard des mutations extrêmement rapides du travail et consiste notamment à aider les individus en phase de transition professionnelle.

À retenir !

■ Les politiques de l'emploi associent des politiques actives et passives qui cherchent à répondre à la fois aux causes et aux conséquences du chômage. Ce traitement différencié répond à la dualité du marché du travail.

Les sources du droit du travail imposées et négociées

Fiche 55

CEJM

Notes

Le droit du travail régit les rapports individuels et collectifs créés par la relation de travail entre les employeurs et les salariés. Chaque source du droit du travail se positionne dans la hiérarchie des normes : la norme juridique supérieure s'impose à la norme inférieure. Nous les présentons de la plus élevée à la moins élevée.

1 Les sources internationales

A. Les traités internationaux

- Ce sont des conventions internationales signées entre les États.

B. Les normes européennes

Normes	Définition	*Exemple*
Règlements communautaires	Généraux et abstraits, ils s'appliquent immédiatement dans le droit national des États membres.	Les règlements communautaires n° 1408/71 et n° 574/72 régissent la coordination des régimes de sécurité sociale des différents États membres afin de permettre au travailleur d'exercer son droit à la libre circulation dans l'UE.
Directives communautaires	Elles fixent des objectifs à atteindre dans un délai déterminé ; elles nécessitent une transposition dans le droit national par les États membres.	• La directive européenne sur le temps de travail (2003/88/CE) impose aux pays de l'UE de garantir à tous les travailleurs des droits minimaux sur les congés payés, la durée du repos quotidien, etc. • Les pays ne disposant pas encore de lois sur ce sujet sont donc tenus de transposer la directive en droit national.

- Conformément au préambule du traité sur le fonctionnement de l'UE, celle-ci cherche à promouvoir le progrès social et à améliorer les conditions de vie et de travail des Européens.

Remarque

La Cour de justice de l'Union européenne (CJUE), sur saisine de la Commission européenne, d'une institution communautaire, d'un État membre ou d'un particulier selon les cas, veille au bon respect de ces normes.

Notes

2 Les sources nationales

■ Selon le principe de la hiérarchie des normes, la Constitution de 1958 prime sur les autres normes juridiques.

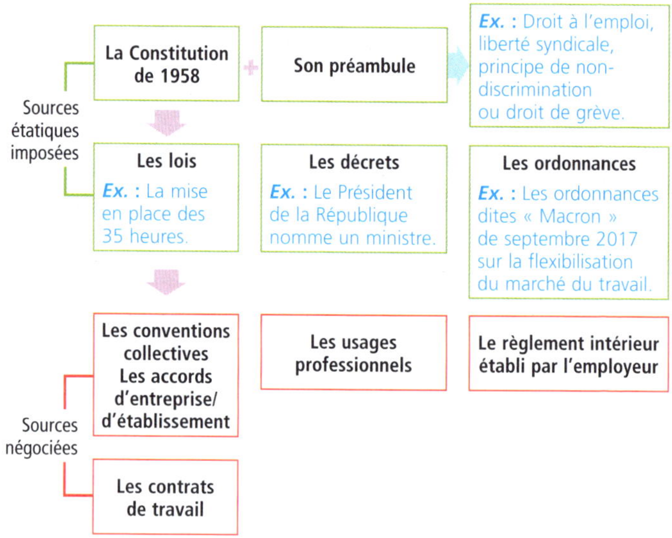

■ Le droit négocié concerne l'ensemble des textes qui résulte de la concertation entre les partenaires sociaux : les organisations syndicales de salariés représentatives (OSR) et une ou plusieurs organisations d'employeurs ou tout autre groupement d'employeurs ou un employeur pris individuellement.

■ La négociation collective vise à trouver un équilibre entre efficacité économique et justice sociale.

■ Le droit négocié, issu de la négociation collective, a pour objectif d'adapter les règles du Code du travail aux spécificités de la branche, de l'entreprise, voire de l'établissement.

■ À titre exceptionnel, un accord d'entreprise peut être moins favorable qu'une loi plus générale si les parties prenantes ont validé l'accord.

À retenir !

■ Le droit du travail est composé de sources internationales et nationales. Certaines sont imposées comme les règlements communautaires ou les lois nationales, d'autres sont négociées comme les conventions collectives pour offrir davantage de flexibilité dans les normes applicables.

Les régimes juridiques du salarié et du travailleur indépendant

Fiche 56

CEJM

Notes

Une activité professionnelle peut s'exercer selon plusieurs statuts. Principalement, nous retiendrons ceux de travailleur salarié et de travailleur indépendant. Avec le phénomène d'ubérisation de l'économie, cette distinction traditionnelle n'est plus aussi nette.

1 Le salariat par un contrat de travail

A. La présence d'un contrat de travail

Subordination

Exécution d'un travail sous l'autorité de l'employeur qui a le pouvoir de donner des ordres et des directives à son salarié, de contrôler le déroulement de ce travail et d'en sanctionner les manquements.

- Le contrat de travail est la convention par laquelle une partie, le salarié, met son travail à la disposition de l'autre partie, l'employeur, moyennant rémunération et dans un lien de **subordination** juridique.
- Le lien de subordination est d'ordre public. Cela signifie qu'il ne peut faire l'objet d'une renonciation par les parties. Lorsqu'il existe dans la relation de travail mais que celle-ci n'est pas considérée comme un contrat de travail, le contrat peut être requalifié et l'employeur peut être condamné pour délit de travail dissimulé.
- La jurisprudence peut s'appuyer sur les indices suivants pour qualifier une relation de subordination :

– le lieu d'exécution du travail ;
– le choix des moyens pour l'exécuter ;
– le propriétaire des outils de production ;
– etc.

B. Le statut de salarié

Qui est concerné ?	Les gérants minoritaires ou égalitaires rémunérés des SARL et les dirigeants des sociétés anonymes, mais également tous les ouvriers, employés, agents de maîtrise, techniciens et cadres.
Statut social	Cotisations obligatoires pour les régimes de protection sociale.
Statut fiscal selon la forme juridique	En principe, l'imposition se fait sur les revenus.

Notes

2 Le contrat d'entreprise ou de prestation de service

■ Une entreprise qui fournit une prestation de service à son donneur d'ordre respecte un cahier des charges mais conserve sa liberté dans l'exécution de sa prestation. Elle n'est donc pas subordonnée à son client mais indépendante.

Qui est concerné ?	Entrepreneurs individuels, **micro-entrepreneurs**, gérants majoritaires de SARL, associés de sociétés de personnes.
Statut social	Possibilité de choisir une fourchette de cotisations.
Statut fiscal selon la forme juridique	En principe, l'imposition se fait soit sur les bénéfices de la société (IS) pour une personne morale, soit sur les revenus perçus pour une personne physique (IRPP). Pour ces derniers, l'imposition dépend encore de la nature des bénéfices : industriels et commerciaux (BIC), agricoles (BA), non commerciaux (BNC).

■ Le nombre de micro-entrepreneurs en France s'est établi à 1,35 million en juin 2018, soit une hausse de 13,4 % par rapport à l'année précédente.

Micro-entrepreneur

Au départ, le statut d'auto-entrepreneur a été créé par une loi de 2008 pour les activités dont le chiffre d'affaires reste faible. Le système a subi quelques réformes pour être finalement rattaché au régime de la microentreprise. On parle donc aujourd'hui de micro-entrepreneur.

3 Des frontières floues

■ Les distinctions entre salariés et travailleurs indépendants s'estompent. Depuis la création du statut d'auto-entrepreneur en 2008 (devenu micro-entrepreneur), les entreprises incitent parfois leurs salariés à devenir leurs fournisseurs ou leurs distributeurs en adoptant ce nouveau statut : le statut change alors que les conditions de travail, donc de subordination, varient peu…

■ Dans le secteur numérique, les plateformes de mise en relation entre prestataires de services et clients (de type Uber) diminuent encore cette frontière : le prestataire de service n'est pas salarié mais est fortement dépendant des conditions de travail imposées par la plateforme.

Ex. : Dans un arrêt « *Take Eat Easy* » du 28 novembre 2018, la Cour de cassation a considéré que le livreur à vélo entrepreneur est, en fait, subordonné dans les faits aux directives de la plateforme *Take Eat Easy*. La relation a donc été requalifiée en contrat de travail.

À retenir !

■ Une personne peut exercer son activité selon plusieurs statuts dont les plus fréquents sont ceux de salarié ou d'entrepreneur indépendant. Le choix de l'un deux confère à la personne un régime juridique, fiscal et social spécifique.

Les contrats de travail

Le contrat de travail individualise la relation de travail et crée des obligations entre les parties. Il doit respecter la réglementation du travail ainsi que les conditions de validité du droit commun des contrats. Plusieurs types de contrat de travail existent dont le plus courant reste le contrat à durée indéterminée. Comme tout contrat, le contrat de travail peut contenir des clauses négociées.

1 Les cinq éléments fondamentaux du contrat de travail

Les parties	• Le salarié est forcément une personne physique. • L'employeur peut être une personne morale (***ex.*** **:** une société) ou une personne physique (***ex.*** **:** un entrepreneur individuel).
Le salaire versé	La rémunération peut se composer d'une part fixe et d'une part variable ainsi que d'avantages en nature.
La fonction occupée	Elle découle de la qualification du salarié : son expérience, ses diplômes.
Le lieu de travail	• Fixe ou variable. • Le contrat de travail peut inclure une clause de mobilité.
La durée du contrat	• Le contrat doit respecter la durée légale du travail. • Il peut être signé à temps partiel. • Le salarié peut effectuer des heures supplémentaires qui sont rémunérées à un taux plus élevé.

■ Ces éléments font du contrat de travail un contrat bilatéral, à exécution successive, à titre onéreux, commutatif et *intuitu personae*.

2 Les types de contrat de travail

CDI	Contrat de droit commun. Durée indéterminée. 88 % des contrats de travail en 2018.	
CDD	Contrat de travail dérogatoire. Durée déterminée.	Conditions de durée, de recours, de renouvellement, spécifiques afin de protéger le salarié.
CTT	Contrat de travail dérogatoire. Travail temporaire. Recours à une entreprise intérimaire.	

■ Citons également quelques contrats de travail particuliers :

– le contrat de chantier ou d'opération est un contrat à durée indéterminée (CDI) ;

– le CDD à objet défini est réservé au recrutement d'ingénieurs et de cadres ;

Notes

– **le CDD senior** s'adresse aux personnes de plus de 57 ans en recherche d'emploi depuis plus de trois mois.

3 Les clauses du contrat de travail

■ En fonction de la protection des intérêts légitimes de l'entreprise et des souhaits du salarié, les parties peuvent négocier des clauses.

A. La période d'essai

■ Réglementée par les *articles L. 1221-19* et suivants du Code du travail, la **période d'essai** est fixée pour une période maximale de deux mois pour les employés et les ouvriers, trois mois pour les techniciens et agent de maîtrise et quatre mois pour les cadres.

Période d'essai
Période de travail pendant laquelle l'employeur vérifie que le salarié remplit les conditions pour occuper le poste confié mais également pendant laquelle le salarié vérifie si le poste lui convient.

■ Chaque partie peut rompre la période d'essai sans motif et sans indemnité, mais doit respecter un délai de préavis. Le salarié touche ses droits aux allocations chômage même s'il est à l'initiative de la rupture.

B. Les clauses courantes

Clause de non-concurrence	• L'employeur interdit à son salarié de pratiquer une concurrence directe ou indirecte contre son entreprise si ce dernier venait à la quitter. • Pour être valable, la clause doit être limitée dans le temps et dans l'espace, ne pas empêcher le salarié de trouver un emploi, comporter une contrepartie financière pour le salarié et protéger les intérêts légitimes de l'entreprise.
Clause de confidentialité	Les parties s'engagent à ne pas divulguer des informations dites sensibles telles que des secrets de fabrication.
Clause de mobilité	Le salarié accepte que l'employeur puisse modifier le lieu d'exécution du contrat de travail ; l'étendue géographique envisagée doit être précise.
Clause de dédit formation	• Clause par laquelle le salarié s'engage à rester une certaine durée au service de l'employeur après que celui-ci lui a financé une formation professionnelle. Si le salarié ne respecte pas ce délai, il devra verser une somme, appelée dédit à l'employeur. • Pour être valable, le montant du dédit prévu doit être proportionné à la durée de la formation proposée.

À retenir !

■ La grande majorité des contrats de travail sont des contrats à durée indéterminée. Ils comportent des clauses permettant de régir les droits des parties dans leur relation de travail. Le CDD et le CTT, contrats précaires, doivent respecter des règles protectrices du salarié.

Les principes de la protection du salarié

Fiche 58

CEJM

Notes

Face à la supériorité de l'employeur sur son salarié (**lien de subordination**), le droit du travail protège le salarié en **rééquilibrant la relation contractuelle** : il impose des **obligations** à l'employeur et confère des **droits** aux salariés. Enfin, le juge s'assure que les clauses du contrat de travail ne sont pas **abusives** ou **déloyales**.

1 Les obligations de l'employeur

- L'*article L. 1121-1 du Code du travail* fixe quatre limites au pouvoir de direction de l'employeur.

Obligation	Explication
Absence de discrimination	L'employeur ne peut exercer des **discriminations** d'ordre religieux, politique, sexuel ou syndical.
Respect d'une obligation de sécurité de résultat	L'employeur engage une **responsabilité sans faute** vis-à-vis de la santé de ses salariés. Il doit tout mettre en œuvre pour éviter tout accident du travail ou maladie professionnelle. La protection du salarié contre le **harcèlement** rentre dans cette obligation.
Respect des libertés fondamentales et de la vie privée	Le salarié dispose de sa **liberté d'expression** ou encore du secret de ses correspondances sur son lieu de travail.
Respect de la bonne foi	L'employeur doit agir dans l'intérêt de l'entreprise.

2 Les droits et libertés du salarié

A. Pour évoluer pendant sa vie professionnelle : la formation

- La formation est le moyen pour un salarié d'acquérir ou d'actualiser ses connaissances, de développer ses compétences et son employabilité. C'est aussi une nécessité pour l'entreprise qui contribue à son financement.

Remarque

Selon l'*article L. 6111-1 du Code du travail*, « la formation professionnelle tout au long de la vie constitue une obligation nationale ».

- La formation du salarié peut passer par des dispositifs tels que le plan de formation de l'entreprise mais aussi le compte personnel de formation du salarié ou encore la validation des acquis de l'expérience (VAE).

Notes

Les dispositifs de formation accessibles aux salariés

Nom du dispositif	Fonctionnement
Compte personnel de formation (CPF)	Le salarié cumule 500 € par an dans la limite d'un plafond de 5 000 €. L'argent accumulé permet de financer une formation pour le salarié. La somme d'argent n'est pas attachée à l'entreprise mais au salarié.
Validation des acquis de l'expérience (VAE)	Toute personne engagée dans la vie active peut obtenir une certification professionnelle par la validation des acquis de son expérience, notamment professionnelle. La certification, qui peut être un diplôme ou un titre à finalité professionnelle ou un certificat de qualification professionnelle, doit être inscrite au Répertoire national des certifications professionnelles (RNCP).
Conseil en évolution professionnelle (CEP)	Le CEP est une offre de services en information, en conseil et en accompagnement personnalisés de projets d'évolution professionnelle. Elle est gratuite, confidentielle et accessible à chaque actif.
Projet de transition professionnelle (PTP)	Mis en place le 1er janvier 2019, ce dispositif permet aux salariés souhaitant changer de métier ou de profession de financer des formations certifiantes en lien avec leur projet.

B. Pour défendre ses conditions de travail

■ Le salarié bénéficie également des libertés consacrées par le préambule de la Constitution de 1958 :
– le droit de grève : cessation totale et collective du travail en vue d'appuyer des revendications professionnelles préalablement présentées à l'employeur ;
– la liberté syndicale : tout salarié est libre d'adhérer à une section syndicale au sein de son entreprise.

■ Le salarié peut également participer aux différentes instances représentatives du personnel : comité social et économique (CSE), délégué syndical.

3 La protection judiciaire du salarié

■ Le Conseil de prud'hommes tranche les contentieux liés au contrat de travail. Il reste impartial mais protège souvent les salariés face aux abus des employeurs dans la rédaction de certaines clauses. Lorsqu'une clause est identifiée comme abusive, elle est réputée non écrite.

Remarque
Le salarié peut également faire appel à l'inspection du travail lorsqu'il estime que ses droits ne sont pas respectés.

À retenir !

■ Le lien de subordination place le salarié en position de faiblesse par rapport à l'employeur. C'est pourquoi le droit prévoit plusieurs dispositifs et obligations qui s'imposent à l'employeur afin de rétablir un équilibre contractuel entre les parties.

Les modifications du rapport d'emploi

Fiche 59

CEJM

Notes

Le contrat de travail est un **contrat à exécution successive** : la relation de travail peut évoluer dans le temps. Le droit tente de protéger le salarié face à ces évolutions.

1 La modification à l'initiative de l'employeur

■ En raison de la force obligatoire du contrat, l'employeur ne peut modifier unilatéralement le contrat de travail, mais la jurisprudence distingue deux cas :

La modification du contrat de travail	La modification des conditions de travail
L'employeur souhaite modifier le lieu, la rémunération ou la qualification du contrat.	L'employeur modifie un élément accessoire au contrat comme les horaires de travail.
↓	↓
Le salarié doit donner son accord. Un refus ne constitue pas une faute.	Le refus du salarié constitue une faute.
↓	↓
Si le salarié refuse la modification, l'employeur peut le licencier pour motif économique ou renoncer à la modification.	Si le salarié refuse la modification, l'employeur peut le licencier pour motif personnel (faute).

■ En cas de modification du contrat de travail, l'employeur doit notifier par écrit le salarié de sa décision. Celui-ci dispose alors d'un mois pour accepter ou refuser. Le silence vaut acceptation de la modification. Si le salarié accepte, la modification est validée ; s'il refuse, l'employeur peut lancer une procédure de licenciement pour motif économique.

■ Les parties peuvent convenir qu'un élément fondamental devienne une simple condition de travail.

Ex. : Le lieu d'exécution du contrat de travail est normalement un élément fondamental du contrat. L'employeur ne peut le modifier sans l'accord du salarié. Mais en présence d'une clause de mobilité acceptée préalablement par le salarié, l'employeur peut modifier ultérieurement le lieu d'exécution du contrat.

2 Le changement d'employeur

■ Selon l'*article L. 1224-1 du Code du travail*, lorsque l'employeur du salarié change du fait d'une fusion ou d'un rachat d'entreprise, tous les contrats de travail en cours au jour de la

Notes

modification subsistent entre le nouvel employeur et le personnel de l'entreprise.

Ex. : Un entrepreneur individuel transforme son entreprise et devient une SARL, puis une SAS. L'entreprise/employeur passe par trois statuts différents. Mais à chaque fois, les contrats de travail en cours sont maintenus.

3 La rupture du contrat de travail

Initiative de la rupture	Dispositif	Régime juridique applicable
Salarié	Démission	Elle doit être écrite et non équivoque.
	Départ à la retraite	Possible dès 62 ans. À 67 ans, le salarié a droit à une retraite complète même s'il n'a pas cotisé tous les trimestres exigés.
Employeur	Licenciement pour motif personnel	Il repose sur une cause réelle et sérieuse inhérente à la personne du salarié. Il peut s'agir d'un motif disciplinaire. L'employeur convoque le salarié à un entretien puis lui notifie son licenciement par une lettre écrite.
	Licenciement pour motif économique	Il résulte d'une suppression ou d'une transformation d'emploi ou d'une modification refusée par le salarié d'un élément essentiel du contrat de travail, consécutive notamment à des difficultés économiques, des mutations technologiques, à une réorganisation de l'entreprise nécessaire à la sauvegarde de la compétitivité, à la cessation d'activité de l'entreprise.
Les deux parties	Rupture conventionnelle	Elle peut être individuelle ou collective. Elle suppose un ou plusieurs entretiens, une signature, quinze jours calendaires pour éventuellement se rétracter et, pour être pleinement valable, la nécessité d'une homologation par l'inspection du travail.

- Le droit cherche à prévenir les **licenciements économiques** en proposant des négociations autour des emplois menacés : gestion des compétences et des emplois, signature de conventions de reclassement, propositions de restructuration, départs volontaires, passage au temps partiel, etc. Ces mesures peuvent être regroupées dans un **plan de sauvegarde de l'emploi** (**PSE**).
- Le PSE est obligatoire dans les entreprises de cinquante salariés minimum lorsque le projet de licenciement concerne dix salariés minimum sur une période de trente jours consécutifs.

À retenir !

- Le rapport d'emploi évolue avec le temps. Il peut être modifié par le salarié ou l'employeur ; il peut y être mis un terme. Dans ce dernier cas, le régime juridique de la rupture dépend de la personne qui en est à l'origine et de ses conditions de réalisation.

De la GRH à la GPEC

Fiche 60

CEJM

Notes

La politique de gestion des ressources humaines (GRH) évolue d'une approche purement quantitative (répondre aux besoins en facteur travail) vers une logique d'anticipation des besoins en compétences pour procurer à l'entreprise un avantage concurrentiel sur son marché (gestion prévisionnelle de l'emploi et des compétences ou GPEC).

1 La gestion des ressources humaines (GRH)

A. Les enjeux de la GRH

- La gestion des ressources humaines regroupe l'ensemble des politiques et des actions qui permettent à une entreprise de disposer en permanence d'un effectif à la fois suffisant et compétent pour réaliser le travail demandé de manière performante.
- La gestion prévisionnelle de l'emploi et des compétences (GPEC) est donc un enjeu essentiel pour le maintien de la compétitivité de l'entreprise en anticipant ses besoins futurs.

B. La mise en œuvre de la GRH

- Souvent identifiée par sa dimension quantitative (recrutements, licenciements, etc.), la gestion des ressources humaines intègre de plus en plus d'éléments en lien avec la gestion qualitative des ressources humaines (cartographie des compétences, besoins en formation des salariés, etc.).
- L'entreprise doit mener un audit de ses ressources existantes avant de définir sa politique en matière de ressources humaines. Il est (relativement) facile de réaliser un audit quantitatif des ressources disponibles (nombre de salariés, nombre d'heures travaillées, etc.), mais il est plus difficile d'établir le bilan des compétences détenues et exercées par l'ensemble des salariés.

2 La GPEC

A. Les enjeux de la GPEC

- La gestion prévisionnelle des emplois et des compétences (GPEC) constitue un enjeu important dont l'objectif est de permettre à une entreprise de trouver un juste milieu entre le coût de sa masse salariale et la richesse créée par les salariés.

GPEC

Démarche d'optimisation de l'allocation des ressources humaines. Elle vise à identifier les besoins à venir d'une organisation et à les mettre en relation avec les ressources actuelles. L'écart entre l'existant et les besoins entraîne la mise en œuvre d'actions d'ajustement (formation, recrutement, etc.).

Notes

■ Les ressources humaines étant une source d'avantage concurrentiel durable, l'entreprise doit favoriser l'émergence d'une main-d'œuvre polyvalente (pour répondre à un environnement de plus en plus complexe), spécialisée (sur les domaines de compétences recherchés), réactive (adaptable), créative (source de création de valeur ajoutée) et disponible (motivée et impliquée).

B. Les outils de la GPEC

■ Dans le cadre de son plan de formation, l'entreprise peut tout d'abord concevoir et mettre en œuvre ses propres actions de formation afin de former elle-même ses salariés en favorisant la montée en compétence et les évolutions possibles de carrière en interne. Ces actions pourront avoir différentes visées :

ACTIONS DE FORMATION À DESTINATION DES PERSONNELS

- Actions permettant une adaptation du salarié au poste de travail
- Actions liées à l'évolution des emplois ou participant au maintien dans l'emploi
- Actions permettant le développement personnel des salariés

■ Par ailleurs, l'entreprise peut faire appel à différents dispositifs :

– la réalisation de bilans de compétences afin que les salariés puissent analyser leurs aptitudes et compétences, définir leurs priorités professionnelles et solliciter les formations en lien avec leurs objectifs de carrière ;

– la validation des acquis de l'expérience (VAE) pour permettre à chaque salarié de faire reconnaître par un diplôme, titre ou qualification, l'expérience professionnelle (et les compétences associées) acquise sur le lieu de travail ;

– le projet de transition professionnelle (PTF) pour permettre aux salariés souhaitant changer de métier ou de profession de financer des formations certifiantes en lien avec leur projet ;

– le compte personnel de formation ou CPF (500 ou 800 euros par an cumulables sur 10 ans) utilisable par le salarié après accord de son employeur pour suivre une action de formation.

À noter

La pénurie de compétences s'amplifie dans les PME. Au premier semestre 2018, plus de 50 % des petites entreprises estimaient que leurs difficultés à recruter constituaient le principal frein à leur développement. Pour y remédier, les entreprises tentent d'augmenter les heures supplémentaires et la polyvalence des salariés en poste.

À retenir !

■ Les différents outils à disposition de l'entreprise pour favoriser un développement constant des compétences de ses salariés (bilan de compétences, VAE, etc.) favorisent la mise en place d'une gestion prévisionnelle des emplois et des compétences, enjeu stratégique du maintien d'un avantage concurrentiel durable.

Les facteurs de la motivation et de la satisfaction au travail

Fiche 61

CEJM

Notes

La motivation des salariés, qu'elle soit individuelle ou collective, est recherchée par l'entreprise pour assurer une meilleure productivité du facteur travail. Différents outils pourront être mobilisés en fonction des facteurs de motivation sur lesquels l'entreprise voudra s'appuyer pour accroître la satisfaction au travail de ses salariés.

1 Les facteurs de motivation selon Maslow, Herzberg et Vroom

■ Dans sa théorie des besoins, Abraham Maslow détermine cinq catégories de besoins, hiérarchiquement structurés, que tout individu cherche à satisfaire successivement et qui sont à la source de sa motivation : les besoins physiologiques, de sécurité, sociaux, d'estime, d'accomplissement de soi.

Abraham Maslow (1908-1970)

Psychologue américain, Abraham Maslow a théorisé une approche de la motivation par la hiérarchie des besoins, souvent représentée sous la forme d'une pyramide (pyramide de Maslow).

La pyramide de Maslow

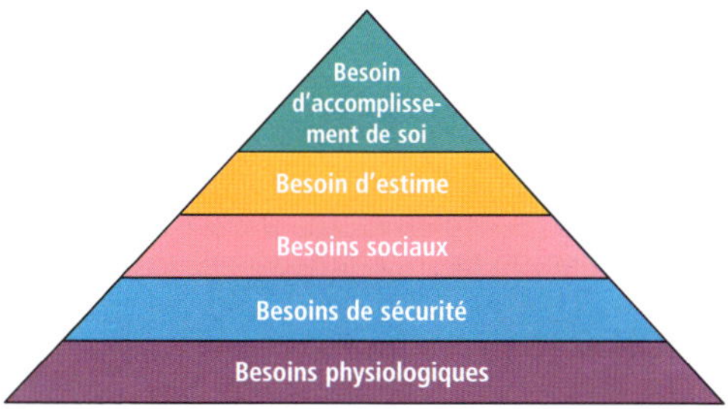

■ Frederick Herzberg distingue les facteurs « de motivation » afférents au contenu du travail (réussite, considération, responsabilité) et des facteurs d'« ambiance » liés au contexte du travail (politique salariale, sécurité de l'emploi, conditions de travail, etc.).

Frederick Herzberg (1923-2000)

Psychologue américain et professeur d'université en management, Frederick Herzberg a contribué par ses travaux à promouvoir le principe d'enrichissement des tâches afin d'améliorer la créativité et la satisfaction du travailleur sur son lieu de travail.

Notes

■ Victor Vroom, dans sa théorie des attentes, explique la motivation des individus selon la récompense qu'ils peuvent attendre des efforts déployés. Elle ne saurait se limiter à un aspect purement financier et doit correspondre aux aspirations du salarié (comme le besoin de reconnaissance).

Victor Vroom (1932)
Psychologue canadien et professeur à l'université de Yale, Victor Vroom développe une approche différente de celle de Maslow ou Herzberg en associant la motivation d'un individu à ses attentes et aux chances qu'il possède de les atteindre.

2 Les outils au service de la motivation des salariés

A. Les facteurs liés à la rémunération

Le système de primes	Des primes, variables en fonction du critère retenu, permettent de mener une politique de rémunération flexible qui lie une partie du salaire aux résultats obtenus de manière individuelle ou collective.
La participation aux résultats	Système (obligatoire dans les entreprises de 50 salariés et plus) permettant aux salariés de percevoir une part des résultats de l'entreprise.
L'intéressement	Avantage financier fondé sur les résultats de l'entreprise distribué à tout ou à une partie du personnel de l'entreprise dans le but d'accroître l'implication.
Le plan épargne entreprise (PEE)	Système d'épargne collectif et facultatif mis en place pour permettre aux salariés de se constituer un capital sous la forme de valeurs mobilières.
Les *stock-options*	Droit accordé à certains salariés d'acquérir dans le futur des actions de leur entreprise à un prix fixé lors de l'attribution du droit et pendant un nombre d'années donné.

B. Les facteurs qualitatifs

■ La motivation n'est pas uniquement liée à des facteurs purement matériels et financiers. Elle intègre aussi des paramètres qualitatifs :
– le contenu et l'environnement du travail : élargissement des tâches, augmentation du degré d'autonomie, ergonomie du poste de travail, etc. ;
– les perspectives d'évolution professionnelle : promotions, montée en compétence, formation tout au long de la vie professionnelle, etc. ;
– l'adhésion à la culture de l'entreprise : motivation collective par le biais du sens donné aux buts poursuivis par l'entreprise (éthique, valeurs, etc.).

À retenir !

■ Pour favoriser la motivation des salariés, les managers peuvent utiliser aussi bien des outils quantitatifs (qui jouent sur la rémunération) que qualitatifs (qui influent sur l'environnement et les conditions de travail). Le choix des outils qui seront utilisés repose sur l'identification des facteurs de motivation sur lesquels l'entreprise voudra agir pour accroître la satisfaction de ses salariés.

Les conditions de travail et leurs évolutions

L'organisation productiviste du travail, qui a prévalu dans le cadre de **l'organisation scientifique du travail** au cours des Trente Glorieuses, a progressivement laissé la place à une nouvelle organisation des conditions de travail prenant mieux en compte les aspirations des salariés.

1 Les composantes des conditions de travail

■ Les conditions de travail sont constituées de l'ensemble des éléments permettant l'exercice d'une activité professionnelle. Elles reposent sur quatre grandes catégories de facteurs :

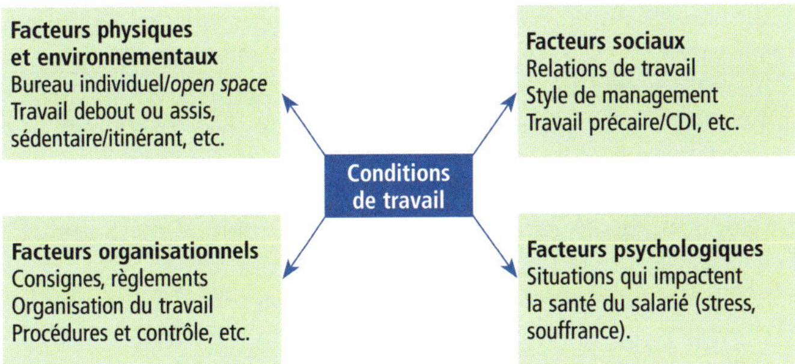

2 Les évolutions des conditions de travail

A. L'organisation scientifique du travail

■ Les Trente Glorieuses ont marqué la prédominance d'une organisation scientifique du travail reposant sur une division verticale et horizontale des tâches dans une optique centrée sur une amélioration continue de la productivité des salariés (ordonnancement des tâches, contrôle du temps et des mouvements, organisation des méthodes et techniques de production).

Organisation scientifique du travail
(ou taylorisme en référence à son principal concepteur, Frederick Winslow Taylor)

Approche visant à améliorer la productivité du travail en analysant le travail de manière scientifique, pour identifier la « meilleure manière » d'accomplir une tâche. Ce travail aboutit à une segmentation et une spécialisation des tâches.

Notes

■ Ce mode de production, adapté à une production de masse standardisée, a été progressivement remis en cause :
– par le développement de la production de services ;
– par le développement d'une demande de plus en plus individualisée ;
– par les inconvénients de ces conditions de travail : démotivation, absentéisme, accidents du travail, *turnover* des salariés (pénibilité, ennui).

B. Les nouvelles formes d'organisation du travail

■ Elles privilégient des conditions de travail différentes axées sur :
– une nouvelle organisation du travail : rotation des salariés sur les postes de travail, élargissement et enrichissement des tâches, travail en équipe, management plus participatif pour impliquer les salariés dans la prise de décision ;
– la mise en place de systèmes de gratification plus incitatifs et plus individualisés : hausse de la part variable de la rémunération, intéressement collectif et/ou individuel ;
– l'amélioration des conditions de vie au travail : sur le lieu de travail (approche ergonomique du poste) ou pour les services proposés aux salariés (crèche, restaurant d'entreprise, etc.) ;
– l'accompagnement des salariés dans une évolution des compétences et donc des carrières (promotion, formation continue) ;
– le développement de l'adhésion à la culture d'entreprise : favoriser la notion d'identité et d'objectif commun, développement des actions en lien avec la politique de responsabilité sociale de l'entreprise, etc.

■ À côté de ce mouvement, des évolutions remettent en cause l'organisation actuelle du travail et agissent positivement ou négativement sur les conditions de travail :
– une remise en cause du salariat comme mode d'organisation de l'entreprise : recours à des auto-entrepreneurs (exemple d'Uber) selon les besoins de l'entreprise ;
– la précarisation du marché du travail : recours aux contrats courts, CDI de mission, etc. ;
– une plus forte mobilité des travailleurs en recherche d'un meilleur équilibre entre vie professionnelle et personnelle.

À retenir !

■ Fondée initialement sur une démarche scientifique de recherche de productivité (taylorisme), l'organisation du travail évolue afin d'intégrer une approche plus qualitative des conditions de travail permettant une meilleure implication et motivation des salariés dans leurs tâches quotidiennes.

Le diagnostic externe et interne

Fiche 63

CEJM

Notes

L'environnement d'une entreprise offre des **opportunités** et présente des **menaces** qu'un manager doit savoir identifier afin d'élaborer la stratégie la plus adaptée. Pour ce faire, il peut s'appuyer sur un **diagnostic interne** (analyse des ressources dont dispose l'entreprise) et **externe** (analyse de l'environnement).

1 L'établissement d'un diagnostic externe et interne

A. Le diagnostic externe et l'analyse de l'environnement

■ L'entreprise doit s'interroger sur sa capacité à pouvoir agir sur les différents facteurs de son environnement. Le modèle PESTEL constitue une synthèse de diagnostic externe.

■ On distingue :

– les facteurs macro-environnementaux (non directement liés à l'entreprise) : croissance économique, environnement sociétal, facteurs juridiques et culturels, etc. ;

– les facteurs micro-environnementaux : spécifiques à une entreprise, en lien avec son environnement direct (marché, concurrents, fournisseurs, etc.).

■ L'environnement est perçu comme une contrainte ou une opportunité selon différents critères parmi lesquels :

– son degré de stabilité : évolutions réglementaires, rythme des innovations technologiques, etc.

– son degré de complexité : multiplicité des concurrents, substituabilité des produits, etc.

B. Le diagnostic interne et les ressources stratégiques de l'entreprise

■ À travers l'analyse des ressources internes tangibles et intangibles, l'entreprise identifie ses compétences distinctives ; ce sont ses **facteurs clés de succès** (FCS) : ils permettent à l'entreprise d'apprécier sa compétitivité et constituent ses principales forces face à ses concurrents.

Facteur clé de succès (FCS)

Élément essentiel (à caractère commercial, technologique, etc.) qu'une entreprise doit maîtriser pour être compétitive dans une activité donnée.

Notes

■ Le concept de chaîne de valeur de Michael Porter permet d'identifier les sources de différenciation que l'entreprise pourra exploiter en fonction des facteurs clés de succès révélés par le diagnostic interne :
– elle pourra y allouer ses ressources internes pour accroître son avantage compétitif ;
– ou envisager une externalisation de certaines activités ;
– ou envisager des stratégies de diversification en développant certains facteurs clés de succès.

2 La synthèse des diagnostics interne et externe

■ Plusieurs outils aident à faire cette synthèse.

A. La matrice SWOT (FFOM)

■ La matrice SWOT (FFOM en français pour Forces, Faiblesses, Opportunités, Menaces) fait la synthèse du diagnostic interne et externe.

La matrice SWOT

Type de diagnostic	Aspects positifs	Aspects négatifs
Diagnostic interne	Forces *(Strengths)*	Faiblesses *(Weaknesses)*
Diagnostic externe	Opportunités *(Opportunities)*	Menaces *(Threats)*

B. La matrice d'Igor Ansoff

■ La matrice d'Igor Ansoff présente les choix stratégiques possibles pour une entreprise en fonction de deux facteurs : la gamme de produits existants ou en développement et la position de l'entreprise sur le marché visé. Cette matrice est donc plus opérationnelle pour un manager qui souhaite développer une stratégie de croissance.

Igor Ansoff (1918-2002)
Économiste et professeur américain d'origine russe, surtout connu pour avoir travaillé sur la stratégie des entreprises.

La matrice d'Igor Ansoff

Marché \ Produit	Existant	Nouveau
Existant	Pénétration de marché	Développement de produit
Nouveau	Développement de marché	Diversification

À retenir !

■ Le diagnostic interne et externe permet au manager de prendre les décisions stratégiques qui vont orienter l'activité de l'entreprise et permettre une allocation interne des ressources disponibles.

La démarche stratégique

Fiche 64

CEJM

La stratégie conduit à la détermination par l'entreprise de choix globaux déclinés en objectifs à atteindre ainsi que des ressources nécessaires pour y parvenir. L'entreprise s'interroge alors sur les domaines d'activités stratégiques qui constituent son cœur de métier.

1 Les définitions de la stratégie

Alfred Chandler (1918-2007)
Historien des affaires américain qui a travaillé dans le domaine de la science du management et de la gestion des grandes entreprises américaines.

■ La notion de stratégie diffère selon les auteurs et les courants de pensée. On peut notamment faire référence aux définitions suivantes :
– la définition d'Alfred Chandler : déterminer les buts et objectifs à long terme d'une entreprise, adapter les moyens d'action et allouer les ressources nécessaires pour atteindre ces objectifs ;
– la définition d'Igor Ansoff : piloter les modifications des relations du système-entreprise avec son environnement et de la frontière de ce système avec ce qui n'est pas lui.

2 Les étapes de la démarche stratégique

■ La démarche stratégique est souvent représentée par le modèle de Harvard (modèle LCAG).

■ La définition de la stratégie est le résultat d'un double diagnostic interne et externe avec les valeurs et aspirations du manager, d'une part, et les valeurs de l'entreprise, d'autre part (responsabilité sociale de l'entreprise).

■ Cette phase achevée, le manager précise les modalités de mise en œuvre de la stratégie choisie, que ce soit en termes d'objectifs, de moyens à mobiliser ou d'actions à réaliser.

Les étapes de la démarche stratégique

- étape 1 — **Évaluation externe :** analyser l'environnement de l'entreprise (menaces et opportunités).
- étape 2 — **Évaluation interne :** identifier les avantages compétitifs potentiels de l'entreprise par rapport à ses concurrents (forces et faiblesses).
- étape 3 — **Identifier les stratégies possibles** à partir de la synthèse des diagnostics interne et externe.
- étape 4 — **Choisir la stratégie à mettre en œuvre,** ce qui implique de définir les actions à réaliser pour accomplir les objectifs fixés.

Notes

Notes

3 Stratégie délibérée et stratégie émergente

■ Henry Mintzberg distingue deux approches de la stratégie :

– la stratégie délibérée est issue d'une démarche active de l'entreprise qui effectue un choix délibéré en fonction de ses capacités et de l'analyse de son environnement. Cette stratégie met en œuvre une planification stratégique pour atteindre les objectifs visés ;

– la stratégie émergente est non planifiée. Les entreprises sont souvent obligées de faire preuve d'adaptation pour pouvoir réagir aux évolutions subites de l'environnement.

■ De plus en plus d'entreprises évoluent vers des stratégies émergentes pour s'adapter et réagir à un environnement rendu incertain et complexe par la révolution numérique et la mondialisation.

4 La notion de domaine d'activité stratégique (DAS)

■ Lorsqu'une entreprise intervient sur différents marchés, la segmentation de ses activités en domaines d'activités stratégiques (DAS) lui permet d'obtenir une vision synthétique de ses activités. Elle pourra donc mettre en place des stratégies spécifiques pour chaque DAS identifié.

■ Les DAS sont généralement définis selon des couples produits/marchés caractérisés par un certain nombre de facteurs communs (fournisseurs, concurrents, consommateurs, technologies, etc.) pour lesquels il est possible de définir une stratégie particulière.

■ Il convient de différencier :

– les critères de segmentation marketing utilisés pour définir le *marketing mix* (composition de sous-groupes de consommateurs ayant des besoins différents à assouvir) ;

– les critères de segmentation stratégique qui permettent de diviser les activités de l'entreprise en segments homogènes régis par des facteurs clés de succès identiques.

■ Parmi les critères d'homogénéité les plus fréquemment proposés pour circonscrire les DAS figurent le métier, la mission, le type de clientèle, l'espace géographique et le circuit de distribution.

À retenir !

■ La démarche stratégique est un processus qui permet à l'entreprise de définir sa stratégie ainsi que les modalités de sa mise en œuvre. Cette stratégie doit pouvoir s'adapter aux évolutions de l'environnement. Il est dans ce cadre important d'identifier les domaines d'activités stratégiques qui seront au cœur de la stratégie future de l'entreprise.

Les options stratégiques globales et par domaine d'activité

Fiche 65

CEJM

Notes

À la suite du diagnostic stratégique, l'entreprise peut définir sa **stratégie globale** ainsi que sa **stratégie par domaine d'activité stratégique (DAS)**, ce qui la conduit souvent à choisir de se concentrer sur son cœur d'activité.

1 Les stratégies globales selon Igor Ansoff

■ Igor Ansoff définit deux grands types de stratégies globales :
– la stratégie de spécialisation : l'entreprise limite son activité à un métier sur lequel elle détient un avantage concurrentiel certain ;
– la stratégie de diversification : l'entreprise se développe sur un marché correspondant à un nouveau métier.

A. Les diverses stratégies de spécialisation

Stratégie	Objectif
Pénétration du marché	L'entreprise vise à accroître sa part de marché dans un domaine particulier.
Élargissement de la gamme	Stratégie qui consiste à couvrir l'ensemble des segments d'un marché donné.
Expansion géographique	Stratégie consistant à couvrir un espace géographique avec un produit identique (ou adapté à la demande locale) pour accroître sa part de marché globale.

B. Les stratégies de diversification

■ Les stratégies de diversification répondent à des logiques qui diffèrent selon la situation de l'entreprise sur son marché initial :
– la diversification de placement : l'entreprise utilise ses ressources disponibles pour investir de nouveaux marchés ;
– la diversification de survie : l'entreprise qui ne dispose pas d'un avantage concurrentiel initial satisfaisant se tourne vers un nouveau marché ;
– la diversification de redéploiement : l'entreprise qui dispose d'un avantage concurrentiel initial se repositionne sur des marchés offrant de meilleurs potentiels de croissance ;
– la diversification de confortement : l'entreprise ne disposant pas d'un avantage concurrentiel initial décisif conforte sa position en se développant sur une activité complémentaire.

2 Les stratégies spécifiques par DAS (Michael Porter)

■ Les principales stratégies associées à une approche par domaine d'activité stratégique, ou « stratégies génériques » selon la classification de Michael Porter, sont les stratégies de domination par les coûts, de différenciation et de concentration/focalisation.

Notes

Stratégie	Objectif
Domination par les coûts	• Développer un avantage compétitif prix par rapport aux concurrents. • Permettre à l'entreprise d'accroître ses parts de marché. Elle peut contribuer à lui assurer un avantage durable du fait des économies d'échelle procurées par l'effet volume.
Différenciation	Quand le prix ne constitue pas le facteur déterminant du choix des consommateurs (**ex. :** l'iPhone), cette politique conduit à une stratégie de segmentation du marché de la part de l'entreprise.
Concentration/ focalisation	Focalisation de l'entreprise sur un segment de son marché afin d'y concentrer ses ressources pour obtenir un avantage compétitif suffisant.

Ex. **:** Sur le marché automobile, certains constructeurs se sont lancés dans une stratégie de domination par les coûts (développement de la marque *low cost* Dacia par le groupe Renault), tandis que d'autres constructeurs optent pour une stratégie de différenciation (Ferrari ou Rolls Royce).

3 Intégration ou externalisation

■ Dans une démarche globale, une entreprise s'interroge sur ce qui constitue son cœur d'activité. Les choix qui s'offrent à elle relèvent de la stratégie d'intégration ou au contraire d'externalisation.

Stratégie	Objectif
Intégration	• L'entreprise cherche à se positionner sur un maximum d'éléments de la chaîne de valeur du produit qu'elle réalise (des matières premières jusqu'à la distribution). • Cette intégration peut être verticale (vers l'amont et/ou vers l'aval) ou horizontale (création de co-entreprises avec un concurrent).
Externalisation	L'entreprise concède à une autre entreprise la réalisation d'une partie de sa production ou d'une fonction particulière (informatique, RH, comptabilité, etc.) pour concentrer ses propres ressources sur son cœur de métier.

4 Synthèse des choix stratégiques

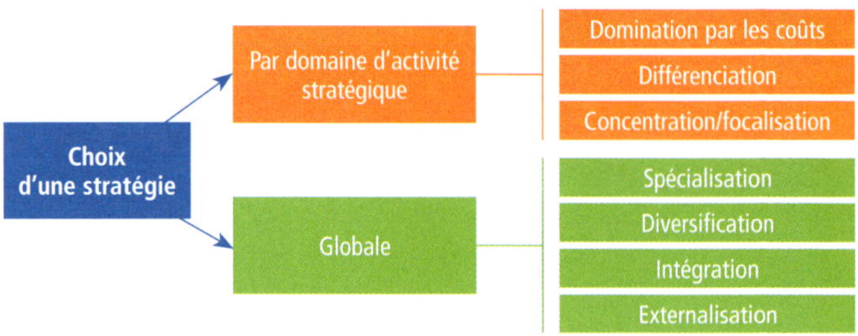

À retenir !

■ Le choix d'une stratégie, qu'elle soit globale ou par domaine d'activité stratégique, peut se faire selon des modalités différentes. L'entreprise décidera notamment de se positionner sur tout ou partie de la chaîne de valeur de son activité (stratégie d'intégration ou d'externalisation).

Les modalités de croissance des entreprises

Fiche 66

CEJM

Notes

Pour se développer, une entreprise peut décider de mener des opérations de croissance externe si elle ne dispose pas en interne des ressources suffisantes pour assurer sa croissance organique. Cela est particulièrement le cas lorsque l'entreprise envisage une stratégie d'internationalisation.

1 Les différentes modalités de croissance des entreprises

■ Pour croître, une entreprise peut s'appuyer sur ses propres ressources, aller rechercher en externe des ressources complémentaires ou combiner les deux modalités de croissance selon la stratégie poursuivie.

Croissance organique ou interne	Développement des ressources et des compétences en interne.
Croissance externe	Acquisition de ressources et de compétences en externe.
Croissance conjointe	Association pour développer des ressources et des compétences en externe.

2 Avantages et limites

■ Chaque modalité de croissance présente des avantages et des inconvénients qu'il importe de bien identifier afin d'effectuer le choix le plus adapté à l'entreprise, à sa culture ainsi qu'à la personnalité de son manager.

A. La croissance externe

Avantages	Limites
• Disparition d'un concurrent, donc moins de pression concurrentielle. • Acquisition de savoir-faire non détenus initialement par l'entreprise. • Croissance rapide de l'entreprise. • Économies d'échelle.	• Capacités financières de l'entreprise limitées pour pouvoir mettre en œuvre ce type de stratégie. • Difficulté à intégrer de nouvelles ressources rapidement et risque de conflit lié à des opérations de rationalisation entre les différentes unités de l'entreprise. • Perte potentielle de pouvoir du manager dans la nouvelle organisation de l'entreprise.

Notes

B. La croissance interne

Avantages	Limites
• Processus progressif adapté aux capacités de l'entreprise. • Croissance qui repose sur de l'autofinancement. • Facteur de motivation des personnels.	• Stratégie longue à produire ses effets. • Problème potentiel de taille critique et de compétitivité face à des concurrents qui développeraient des stratégies de croissance externe. • Développement limité par les compétences existantes au sein de l'entreprise.

3 La stratégie d'internationalisation

■ Dans une logique de production, une stratégie d'internationalisation peut permettre à une entreprise de maîtriser ses coûts de production ou de maîtriser ses approvisionnements.

■ La stratégie d'internationalisation permet aussi d'élargir le marché de l'entreprise, soit en accédant à de nouveaux consommateurs, soit en se positionnant sur des marchés étrangers en croissance. L'entreprise devient alors un producteur « national » dans le pays étranger concerné et évite ainsi les restrictions liées aux importations dans le pays visé.

■ L'internationalisation peut passer soit par l'exportation à partir du pays d'origine de l'entreprise, soit par une implantation directe sur les marchés étrangers, directement (filiale, ***joint-venture*** avec un producteur local) ou indirectement (franchise, licence, accord de distribution avec un partenaire).

Joint-venture

Anglicisme désignant la création d'une société commune à plusieurs entreprises qui s'associent afin de réaliser un projet en commun. Ces entreprises cherchent avant tout à créer entre elles des synergies en mettant en commun leurs compétences et leurs savoirs technologiques.

Ex. : • **Croissance externe :** l'entreprise Blablacar a annoncé en août 2018 le rachat de son concurrent russe Beepcar dans le cadre de sa stratégie de croissance internationale.

• **Croissance interne :** en août 2018, le constructeur automobile Tesla a annoncé la construction d'un site de production en Chine pour répondre à l'importante demande locale de véhicules électriques. Actuellement, les véhicules vendus en Chine sont produits aux États-Unis.

À retenir !

■ Les entreprises se développent par croissance interne et/ou par croissance externe en fonction notamment des ressources dont elles disposent. La stratégie d'internationalisation constitue une modalité particulière de croissance (qu'elle soit interne ou externe).

tes

Notes

ces